Ruth Frenk   Bei uns war alles ganz normal

Ruth Frenk

Bei uns war alles ganz normal

Memoiren einer niederländisch-jüdischen Sängerin in Deutschland

Herausgegeben und Nachwort von Erhard Roy Wiehn

Hartung-Gorre Verlag Konstanz

Umschlag-Titelseite (Foto: Guido Kasper); Umschlag-Rückseite: Ruth Frenk in ihrem Studio in Konstanz (Foto: Joachim Sauer, Medienbureau); Herstellung: BoD GmbH, Norderstedt.

www.ruthfrenk.com

Bibliografische Information Der Deutschen Nationalsbibliothek
Die Deutsche Nationalbibliothek verzeichnet diese Publikation in der Deutschen Nationalbibliografie; detaillierte bibliografische Daten sind im Internet über <http://dnb.dnb.de> abrufbar.

3. Auflage 2026, 1. Auflage 2022, 2023[2]
Hartung-Gorre Verlag Konstanz Germany
ISBN 978-3-86628-762-4 und 3-86628-762-3

Widmung

Für meine Mutter, eine sehr starke und tapfere Frau, die mich nicht durch ihre Krankheit prägte, sondern versuchte, mich auf das Leben vorzubereiten.
Und für Viola Rössler, meine Therapeutin seit 22 Jahren, die mir beibrachte, wie ich mit mir und meiner Vergangenheit umgehen kann, um glücklicher zu leben.

Inhalt

Ruth Frenk: Bei uns war alles ganz normal

Wie es begann

Am 17. Januar 2020 kam der Befund. Der Tumor an meinem rechten Stimmband ist bösartig und muss sofort operiert werden. - Schockstarre, Verzweiflung, Panik. Wie geht es weiter?

Meine Zukunftsvision, bis zum letzten Atemzug unterrichten zu können und umgeben von liebevollen Schülern in der ersten Reihe Mitte eines Opernhauses einzuschlafen, wurde zerstört. Könnte ich überhaupt noch sprechen nach dieser OP? Oder blieb mir nur eine brüchige, verhauchte Stimme, unbrauchbar um weiterzuarbeiten.

Ich hatte Glück im Unglück. Die OP war ein Erfolg, die Stimme wieder brauchbar, wenigstens zum Sprechen, wenn auch nicht mehr zum Singen. Und dann kam Corona!

Das alles bedeutete viel Zeit. Zeit zum Ausmisten, Reflektieren und schließlich zum Schreiben.

Das Schreiben dieser Zeilen war wie ein Rausch und machte süchtig. Die Vergangenheit in Bildern zu betrachten hilft, die Gegenwart zu ertragen. Und es gibt viel zu ertragen, aber auch viel, um mich zu freuen.

Ohne meine Freunde vom BDG Vorstand (Bundesverband Deutsche Gesangspädagogen), die Phoniater Professor Bernhard Richter (Freiburg) und Professor Matthias Echternach (München), hätte ich das alles nicht so gut überstanden. Auch nicht ohne meine Freundin Theresa Jäckh, die mich zum Schreiben dieses Buches inspiriert hat, mich immer wieder angespornt und bei der Durchführung mit viel Geduld unterstützt hat. Dank auch an Rob Snijders für seine Informationen über Jules Vleeschhouwer und an Katja Zaich für ihre Hilfe in Deutsch.

Andrea Kiss scannte die Fotos, Beate Steg-Bayer bearbeitete die Fotos, half mir, die trefflichsten auszuwählen und verbrachte Stunden mit Korrekturlesen. Große Unterstützung bekam ich auch von meinen langjährigen Freunden Jaromira und Ottokar Kirstein, die sich spontan entschlossen, dieses Buch zu sponsern. Und last but not least geht mein ganz großes Dankeschön an Roy Wiehn, der für dieses Buch mit viel Engagement und Liebe die Endredaktion übernahm.

So gibt es im Dunkel immer wieder Licht, man muss nur den Mut, die Kraft und das Glück haben, den Schalter zu finden.

I. Ruth Frenk: Meine Memoiren

"Auuuuuu!" Mit diesem Schrei fiel mein Vater Salomon Frenk mit einem Schlag auf den Boden. Die Kette am Lkw, der ihn und meine Mutter Liselotte Kann nach der Befreiung aus dem Konzentrationslager Bergen-Belsen zurück in die Niederlande bringen sollte, war gebrochen. Neun Monate später, am 20. März 1946, wurde ich in Rotterdam geboren. Ein Wunder, wenn man den Brief liest, den meine Mutter weniger als ein Jahr vor meiner Geburt am 22. Mai 1945 einer befreundeten Familie schrieb. Sachlich berichtet sie darin von den Zuständen, die sie im KZ erleben musste, und von ihrer Befreiung aus dem verlorenen Zug am 13. April 1945. Den Brief beendet sie mit den Worten: "Wir selbst beabsichtigen, so bald wie möglich nach Rotterdam zurückzukehren und werden dann versuchen, wieder ein normales Leben aufzubauen und das Erlebnis in Bergen-Belsen mit all seinen Grausamkeiten und Schreckensbildern aus unserer Erinnerung zu verbannen." (Brief im Anhang, S. 158 ff.)

Dieser Satz lässt tief blicken. Die Schreckensbilder aus der Erinnerung zu verbannen, ist meinen Eltern gut gelungen. Meine Mutter starb, ehe das Alter die Langzeiterinnerung freisetzen konnte. Mein Vater fing mit 80 Jahren an, sich zu erinnern und von seinen Erfahrungen zu berichten. Im Jahre 1993 befragten zwei Studentinnen von der Christelijke Hogeschool Windesheim in Zwolle (Niederlande) ihn über seine Kriegserfahrungen. Das löste plötzlich eine Welle von Erinnerungen aus. Für mich war das schwer zu ertragen. Plötzlich rief er mich jeden Sonntagmorgen an und erzählte mir am Telefon eine Stunde lang über Bergen-Belsen, immer mit dem Spruch: "Du kannst nicht nachempfinden, was man uns damals angetan hat." Nein, das konnte ich nicht und wollte es auch nicht. Zu weit war ich auf meinem eigenen Weg fortgeschritten. Zu viele seelische Konflikte hätte das in meinem Leben verursacht.

Meine Mutter Liselotte war eine gebürtige Frankfurterin. Ihre Mutter war im Wochenbett gestorben und ihr Vater heiratete, nach damaligem jüdischen Brauch die Schwester der Mutter, im folgenden Mutti oder Tante Bertha genannt. Vier Jahre später wurde die Halbschwester meiner Mutter, Emma, geboren. Wenig später starb der Vater. Im Jahr 1928 zog meine Mutter Liselotte nach Rotterdam, um bei einem Verwandten (Kaufmans Huidenhandel) als Chefsekretärin zu arbeiten.

Dort traf sie 1936 meinen Vater, später Boy oder Sam genannt. Sie verliebten sich und heirateten am 17. April 1938. Sechs Monate nach der Hochzeit wurde bei meiner Mutter ein Morbus Hodgkin diagnostiziert, und man gab ihr noch ein halbes Jahr Lebenszeit. Doch sie lebte. Sie überstand sogar die Deportation, das Durchgangslager Westerbork und das KZ Bergen-Belsen, gebar zwei Kinder und war die treibende Kraft hinter meinem Vater, der mehrere blühende Betriebe aufbaute. Sie starb im Alter von 52 Jahren, als ich 16 Jahre alt war.

Die Familie Frenk kam ursprünglich aus Deutschland, genauer gesagt aus Fürth, hatte sich aber schon im 18. Jahrhundert in Rotterdam etabliert. Mein Großvater, Nathan Salomon, war Viehhändler. Er heiratete Sophia van Creveld, deren Familie dort eine bekannte Metzgerei besaß. Ab 1920 arbeitete Nathan unter anderem bei dem Schiffsausrüster Reens & Co. Rotterdam war damals wie heute einer der größten Häfen Europas. Vierzehn Jahre später machte Nathan sich selbständig und gründete unter dem Namen N.S. Frenk eine Firma, die Schiffe mit Proviant und allen anderen notwendigen Produkten versorgte. Diese Firma war sehr erfolgreich.

Mein Vater wurde dazu ausgebildet, das Geschäft zu übernehmen. Er machte Praktika in Großbritannien (Smithfield Meat Market in London), Frankreich (Unilever Fabrik in Nantes) und Spanien (Nestlé-Poch in Madrid), lernte die Sprachen der Länder und hatte eine wunderbare, wilde Zeit. Im Jahr 1936, als er 21 Jahre alt war, wurde er Mitgesellschafter. Von da an hieß die Firma N.S. Frenk & Son.

Mein Vater war Patriot und Mitglied der Rotterdamer Bürgerwache. Mit dem Angriff der deutschen Luftwaffe am 14. Mai 1940, auch "Rotterdam Blitz" genannt, wurde beinahe die komplette Altstadt in Schutt und Asche gelegt. Zwischen 800 und 900 Rotterdamer Bürgerinnen und Bürger verloren ihr Leben. Dieses Ereignis führte unmittelbar zur Kapitulation der niederländischen Regierung.

Durch das Bombardement erlitt mein Großvater ein schweres Trauma und war nicht mehr arbeitsfähig. Mein Vater musste das Geschäft sofort vollständig übernehmen.

In dieser Zeit hatte mein Vater durch einen guten Freund und Kollegen, Louis Speelman, Kontakte zur uruguayischen Botschaft. Speelman war Eigentümer von Speelman Bross und rüstete spanische und südamerikanische Schiffe aus. Außerdem fungierte Speelman seit

1936 als Konsul der Botschaft von Uruguay in Rotterdam. Sein Amt wurde 1940 von P.E.J. Kroos übernommen. Es ist unklar, was mit Speelman, der auch Jude war, in diesen Jahren geschah. Wir wissen aber, dass er 1943 in Auschwitz ermordet wurde. Herr Kroos verlor durch das Bombardement seine Wohnung, und mein Vater half ihm, eine neue Unterkunft zu finden. Vielleicht zollte ihm dieser seine Dankbarkeit dafür, dass er meinem Vater bald darauf eine pro forma Anstellung in der uruguayischen Botschaft besorgte.

Von dort begann mein Vater, falsche Dokumente für Juden zu beschaffen und Unterschlüpfe zu organisieren (siehe Brief von L. van Dijk, S. 168 ff.) Er selbst erhielt außerdem eine Einreisebewilligung für Uruguay. Im nächsten Schritt versuchte er, ein Ausreisevisum bei der Zentralstelle für Jüdische Auswanderung in Amsterdam zu erhalten. So bekamen meine Eltern den Stempel "Freigestellt von Deportation" in ihren Pass und kamen außerdem auf eine sogenannte "Austauschliste". Auf diese Liste kamen die Namen von Menschen, die ein Einreisevisum für ein Land hatten, das sich als neutral aufgestellt hatte, mit Deutschland kooperierte oder diplomatische Beziehungen pflegte. Dadurch waren meine Eltern registriert und hatten später bei der Deportation eine Art Sonderposition: Statt gleich in eines der Vernichtungslager geschickt zu werden, kamen sie in das sogenannte "Sternlager" von Bergen-Belsen.

In Rotterdam wurde die Lage der Juden immer schwieriger. Im Jahr 1941 zogen meine Eltern nach Driebergen, in der Nähe von Utrecht, und lebten in einer Pension. Die Besitzerin, Frau van Ginkel, hatten sie zufällig kennengelernt. Sie war eine alte Jungfer, die Lotte und Boy ohne Zögern in ihr Haus aufnahm. Als meine Eltern deportiert wurden, ließen sie einige Koffer gefüllt mit Haushaltswaren, Erinnerungsstücken wie Fotos und sogar Lebensmittel bei ihr zurück. Obwohl die Niederlande im Jahr 1944/45 einen schrecklichen Hungerwinter erlebt hatten, war bei der Rückkehr meiner Eltern aus Bergen-Belsen nach Kriegsende alles noch da! Frau van Ginkel hatte, im Gegensatz zu vielen anderen Niederländern, nichts an sich genommen und verkauft, ja, die Sachen nicht einmal angerührt. Ein goldenes Herz! Später wurde sie von uns *Tante Ginkel* genannt. Sie passte auf uns auf, wenn meine Eltern ohne uns verreist waren. Sie gehörte zur Familie.

Im Jahr 1942 brach die Regierung von Uruguay die diplomatischen Beziehungen zu Deutschland ab und zog die Botschaftsangestellten aus Rotterdam zurück. Man bot meinem Vater an, sich anzuschließen, er hätte jedoch seine Eltern und das Geschäft zurücklassen müssen. Das kam für ihn nicht in Frage. Meine Eltern versuchten erfolglos, ein Einreisevisum für die Schweiz zu erhalten, sodass sie selbst, mein Großvater und Myra, die Schwester meines Vaters, verhaftet und über die Durchgangslager Vught und Westerbork schließlich nach Bergen-Belsen deportiert wurden.

Viele Jahre später, ich war 45 Jahre alt und lebte bereits seit 18 Jahren in Konstanz, besuchte ich eines der ersten "Seminare für die zweite Generation", das Kinder von Verfolgten des Nationalsozialismus in Doorn (Niederlande) zusammenbrachte. In Deutschland gab es zu der Zeit noch keine Therapeuten, die sich an dieses Thema wagten. Die Niederländer waren da schon weiter. Ich hatte meinen Vater in Rotterdam besucht und ihm gesagt, dass ich zu diesem Seminar gehen wolle. Er war sehr erstaunt und meinte: "Wie das denn? Bei uns war alles ganz normal!" Dass er selbst erst im 80. Lebensjahr beginnen würde, über die Vergangenheit zu sprechen, war ihm damals freilich noch nicht bewusst.

Als erste Person traf ich dort einen jungen Mann, der sich als Micha van Dijk vorstellte. Ich wiederholte den Namen in perfektem Niederländisch, und er war erstaunt über meine Aussprache. Er dachte wohl, ich sei Deutsche. Als ich mich ihm als Ruth Frenk vorstellte, sagte er: "Dein Vater hat meine Eltern gerettet." So erfuhr ich, dass mein Vater viele falsche Papiere für Freunde und Bekannte der jüdischen Gemeinde besorgt hatte. Das war ein sehr emotionaler Start in dieses Wochenende.

Es ging weiter, dass wir in drei Gruppen eingeteilt wurden: 1) Kinder von Überlebenden der Konzentrationslager, 2) Kinder von untergetauchten Eltern, 3) Kinder von Eltern, die ins Exil gegangen waren. Ich gehörte zu der ersten Gruppe. Doch nie zuvor hatte ich mich so identifiziert.

Noch etwas lernte ich: Es gab eine Gruppe von Kindern aus gemischt-religiösen Ehen. Sie wurden von den Nazis verfolgt, weil sie sogenannte "Halbjuden" waren. Nach dem Krieg wurden sie von den Christen als Juden bezeichnet, von den Juden aber nicht gleichermaßen als Juden anerkannt: Eine ideologische Verirrung, die noch Jahr-

zehnte nach Ende des Hitler-Regimes tragische Konflikte verursachte und lange nicht beachtet wurde. Die Teilnehmer meiner Gruppe konnten nicht begreifen, dass ich zufrieden in Deutschland lebte. Am Ende des Wochenendes galt ich als "Holländerin, die so gerne in Deutschland lebt - 100 Meter von der Schweizer Grenze!"

Dieses Wochenende hat mich sehr beeindruckt und geprägt. Zum ersten Mal begegnete ich Menschen, die zu Hause ähnliches erlebt hatten wie ich, und ich lernte, dass meine Verletzungen auch bei anderen genauso entstanden waren. Zurzeit erscheinen mehrere Biografien von Kindern der Second Generation, und es überrascht mich immer wieder, beim Lesen die Ähnlichkeiten zu entdecken.

Nach der Befreiung kehrten meine Eltern und die Tante nach Rotterdam zurück und begannen sofort, ein neues Leben aufzubauen.

Mein Großvater hatte vor dem Krieg in London ein Konto angelegt, worüber mein Vater sehr bald nach seiner Rückkehr in die Niederlande verfügen konnte. So fing er gleich damit an, das Geschäft in Rotterdam wiederaufzubauen. Er konnte alles besorgen: Essen, Trinken, Kleidung. Es fehlte uns an nichts.

Am 20. März 1946 wurde ich geboren, ein Kind der Hoffnung.

Meine Schwester Miriam wurde am 6. Februar 1948 geboren. Wie es sich damals gehörte, hatten wir immer ein Kindermädchen. Meine Eltern verreisten oft, mein Vater war sehr beschäftigt und hatte wenig Zeit für uns. Joti war das letzte unserer Kindermädchen. Sie zog meine Schwester immer vor, bis meine Mutter entdeckte, dass Miriam fürchterlich laut zu schreien pflegte, bis sie das bekam, was sie wollte. Vielleicht bin ich deshalb Sängerin geworden?

Nach dem Krieg setzte mein Vater die Tradition der van Creveld-Familie im Fleischhandel fort. Bald darauf bekam er ein besonderes Angebot: Er sollte die amerikanische Armee in Deutschland mit Fleisch beliefern. Ein Riesengeschäft, das aber bedeutete, dass er nach Deutschland reisen musste. Nach seinen Erfahrungen im Dritten Reich hatte er verständlicherweise große Angst davor und wollte die Reise nicht antreten. Zweimal lehnte er das Angebot ab, dann rang er sich durch und fuhr mit zwei Kollegen in einem großen Oldsmobile Richtung deutsche Grenze. Bei Arnheim bekam er Schüttelfrost und hohes Fieber. Die nackte Angst hatte ihn gepackt. Das Geschäft wurde trotzdem abgeschlossen und formte den Anfang seiner erfolgreichen Karriere.

1. Kindheit und Jugend in Rotterdam 1946-1963

Während meiner ganzen Kindheit wohnten wir in einer großen Wohnung im Zentrum von Rotterdam. An der Vorderseite gab es ein großes Wohnzimmer, ein Esszimmer und ein drittes Zimmer für meine kleine Schwester. Da wurde auch gespielt, und wenn es Besuch gab, aßen wir Kinder dort, getrennt von den Eltern. Auf der anderen Seite der Wohnung war das elterliche Schlafzimmer, ein Badezimmer und zwei kleine Zimmer. Eines für mich und eines für die Haushälterin, die bei uns wohnte. Es gab eine Küche und eine zweite Toilette.

Gegenüber waren das Museum Boijmans van Beuningen, eine große Grasfläche und eine Reihe Geschäfte, die als Notunterkunft dienten, bis Rotterdam wieder einigermaßen aufgebaut war. Inzwischen ist Rotterdam eine ultramoderne Stadt, architektonisch sehr interessant, ganz anders als in der Zeit nach dem Krieg, wo alles noch provisorisch und sehr schlicht war. Mich störte das aber gar nicht, ich kannte ja nichts anderes.

Schon im Jahr 1950 reiste mein Vater nach Argentinien, um Fleisch einzukaufen. Er liebte das Land, die Pampas, die Gauchos, die Freiheit und auch die Frauen.

Doch die Familie sollte nicht ohne ihn in Europa zurückbleiben. Stattdessen gingen wir mit über den Atlantik und warteten auf ihn in Beechhurst, Long Island. Die Reise nach New York war abenteuerlich: Amsterdam, Prestwick (Schottland), Shannon (Irland), Gander (Neufundland) und dann endlich New York. Gander war unser Lieblingsflughafen. Da gab es das wunderbar süße amerikanische Eis, egal wie kalt es draußen war! Zu dieser Zeit konnte man bei der KLM noch seine bevorzugte Stewardess anfordern – und ich durfte immer helfen: Stewardess war damals mein Traumberuf.

Als Vierjährige ging ich einige Monate lang in Beechhurst in den Kindergarten. Da war vieles anders als in Rotterdam. Beispielsweise wurden wir einmal zu einem Kindergeburtstag eingeladen. Am nächsten Tag rief die Gastgeberin meine Mutter an und meinte: "Du hast ja komische Kinder - sie haben gar nichts gegessen!" Auf gut europäische Art waren wir nicht gewohnt, uns selbst zu bedienen, und warteten artig, bis man uns etwas anbot, was aber nicht geschah.

Aber ich lernte schnell und zurück in Rotterdam bediente ich mich im Kindergarten selbst, was dann meine dortige Kindergärtnerin sehr verwunderte. So habe ich schon früh die verschiedenen kulturellen Gepflogenheiten gelernt und dazu noch, dass man es wirklich keinem recht machen kann!

Auch in den folgenden Jahren 1952/53 verbrachten wir ganze Monate in Beechhurst. Mein Vater war in Südamerika. Jedenfalls glaubten wir das.

Im Jahr 2009, zehn Jahre nach seinem Tod, ließ ich viele seiner Dias auf CD einscannen und brennen. Er war ein begeisterter Fotograf und hatte ein penibel geführtes Archiv seiner Bilder angelegt. Alle waren genauestens sortiert und beschriftet. Bis dahin hatte ich sie nie sehen können. Und dann fielen mir plötzlich Fotos von meinem Vater aus dem Jahre 1953 in die Hände: in Israel! Ich hatte nicht einmal gewusst, dass er überhaupt je in Israel gewesen war und sicherlich nicht schon fünf Jahre nach der Staatsgründung. Neben ihm stand auf diesen Bildern eine Frau, die ich als "Lilian" erkannte. Sie wurde zehn Jahre später, sehr bald nach dem Tod meiner Mutter, seine zweite Frau. Diese späte Entdeckung hat mich ziemlich schockiert und wütend gemacht. Geändert hat es nichts mehr, nicht mal das Bild, das ich von ihm hatte und das mein Männerbild so sehr prägte. Erstaunlich war es allemal.

In Rotterdam baute mein Vater weiter seine Geschäfte aus. Bei der Neueröffnung seines Geschäftsgebäudes an der Willemskade in Rotterdam hatte ich meinen ersten öffentlichen Auftritt am 11. Juli 1954. Meine Mutter hatte ein Gedicht verfasst, das ich vortragen durfte: "Kleine potjes hebben grote oren" ("Kleine Töpfe haben große Ohren"). Anschließend übergab ich dem Kompagnon meines Vaters ein Geschenk. Schon damals hat mir das öffentliche Reden gefallen, und angeblich habe ich es überzeugend gemacht.

Der Accountant und gute Freund meines Vaters hatte ein Sommerhäuschen in Reeuwijk, unweit von Rotterdam an den Reeuwijkse Plassen (Seen). Meine Eltern mieteten dort auch ein sehr einfaches Häuschen mit Garten. Groß genug für einen Sandkasten und einen Steg, von dem aus wir schwimmen und mein Vater fischen konnte. Wir sollten ausprobieren, wie uns das Leben draußen auf dem Land am Wochenende gefiel: Wir genossen es sehr, und schon drei Jahre später siedelten wir nach Nieuwkoop, wo die Eltern einen schönen, komfortablen Bungalow hatten bauen lassen. Von da an verbrachten wir alle Wochenenden an den Nieuwkoopse Plassen.

Ein großer Einschnitt in den Kinderjahren war für mich die Zeit der ungarischen Revolution, die vom 23. Oktober bis zum 11. November 1956 dauerte. Die sowjetische Unterdrückung des Widerstandes in der ungarischen Hauptstadt beunruhigte meinen Vater sehr, und auch ich erinnere mich, Angst gehabt zu haben. Die politische Lage in Europa war angespannt. Meine Eltern entschieden sich, diesmal nicht abzuwarten, bis die Welt wieder über ihnen zusammenstürzen würde. Von einem Tag auf den anderen reisten wir ab nach Miami, Florida. Da wohnten wir fünf Monate im Hotel Triton nahe am Strand.

Wir besuchten eine Schule. Eine neue Welt. Morgens wurde die Fahne gehisst, und man sang die amerikanische Nationalhymne *Star-Spangled Banner*. In der Französischstunde lernten wir die Marseillaise, die ich bis heute mit einem grauenvollen amerikanischen Akzent singen kann. Die Zeit in Miami habe ich in guter Erinnerung. Es gab jeden Abend für meine Schwester und mich einen Quarter (25 Cents), um auf dem Weg zum Restaurant, wo wir abends essen gingen, ein Eis zu kaufen. Ich kaufte mir ein Sahneeis. Damit war das Geld verbraucht. Meine Schwester nahm einen Lollipop (Wassereis). Da bekam sie zwei Stück für das Geld. Eins für den Hin- und eins für den Rückweg. Da war ich eifersüchtig. Meine Schwester und ich sind sehr verschieden. Das äußerte sich damals schon in der Auswahl des Eises!

Während wir im Restaurant auf einen Tisch warteten, saßen meine Eltern an der Bar. Wir Kinder durften das nicht, bekamen aber ein Ginger Ale mit einer süßen Kirsche und warteten an einem Tischchen. Bis heute habe ich noch immer das schöne Gefühl, etwas Verbotenes zu tun, wenn ich mich auf einen Barhocker an die Bar setze.

Jeden Abend durften wir im Fernsehen die Popeye-Show anschauen. Eines Tages wurden wir eingeladen, im Studio dabei zu sein. Welche Aufregung! Wie es dazu kam, weiß ich nicht mehr, aber ich erinnere mich an das großartige Gefühl, dort mitmachen zu können. Vielleicht stammt daher meine Liebe zu Soaps!

Sinterklaas, Chanukka und Geburtstagsfeiern

In den Niederlanden gibt es einige wichtige Feste. Sinterklaas, das Fest des heiligen Nikolaus, ist eines davon. Der Überlieferung nach reitet Sinterklaas auf einem Schimmel über die Dächer und kommt mit seinem Helfer Zwarte Piet durch den Schornstein in die Häuser, um den dort wohnenden Kindern Geschenke zu bringen.

Mittlerweile ist die Figur des Zwarte Piet als kinderstrafender Helfer des Sinterklaas (ähnlich dem Knecht Ruprecht) in den Verruf des Rassismus geraten, weil Piet als "Person of Colour" dargestellt wird. In den späten 1940er und frühen 1950er Jahren machten wir uns darüber keine Gedanken. Jedes Jahr kamen Sinterklaas en Zwarte Piet zu uns nach Hause und brachten Geschenke, und wir freuten uns sehr darüber.

Anders als bei den meisten anderen Kindern gingen die Dezemberwochen bei uns zu Hause aufregend weiter, denn nach Sinterklaas kam Chanukka, das achttägige jüdische Lichterfest. Auch da gab es wieder Geschenke, diesmal aber eher pädagogisch wertvolle: ein Buch und nur am ersten Abend. Heutzutage ist es üblich, die Kinder an allen acht Tagen des Chanukka-Festes zu beschenken.

Weiter ging es mit dem Heiligen Abend, der auch für uns sehr festlich war. Die Lieferanten von Frenk & Son brachten uns Weihnachtsgeschenke, vom Fischlieferanten kam eine herrliche Platte mit allem, was man sich wünschen konnte. Der Käselieferant schickte herrlichen Käse, der Gemüsehändler exotische Früchte. Der Höhepunkt des Abends war der Blumenhändler der Firma Bourguignon. Zudem schickten viele Freunde meiner Mutter, die am 25. Dezember Geburtstag hatte, Blumen. Herrlich duftende Bouquets, Orchideen, Pflanzen. Welche Freude! Das ganze Haus wurde ein einziges Blumenmeer.

Am 25. Dezember wurde meine Mutter dann gefeiert. Da die jüdischen Freunde an Weihnachten sowieso nichts zu tun hatten, kamen sie alle sehr gerne zu uns: Erst gab es Kaffee und Kuchen und anschließend Drinks und Häppchen.

Wir Kinder liebten Weihnachtsdekorationen wie Tannenzweige, glänzende Kugeln und Engelshaar und dekorierten damit einmal für den Geburtstag unserer Mutter das Esszimmer. Nur einmal, denn so viel Assimilation gefiel den jüdischen Gästen gar nicht!

Unvergesslich sind auch die jährlichen Kindergeburtstagspartys, viele Gäste, leckeres Essen und immer war ein Zauberer, Clown oder sonstiger Entertainer dabei. Die Tradition der großen Geburtstagsfeiern habe ich beibehalten. Ab meinem 40. Geburtstag wurde alle zehn Jahre in Konstanz groß gefeiert. Wunderbare Erinnerungen.

Pessach-Seder bei Familie Vleeshhouwer

In den 1930er entstanden unter dem Einfluss deutsch-jüdischer Flüchtlinge die ersten liberalen Gemeinden in Amsterdam und Den Haag. Die Kehilla (jüdische Gemeinde) Rotterdam blieb streng orthodox geprägt. Als Heranwachsender war mein Vater stark vom Rotterdamer Oberrabbiner Aharon Davids beeinflusst. Als junger Erwachsener lebten er und meine Mutter, wie viele niederländische Juden, aber ziemlich assimiliert.

Auf Bitte einiger Gemeindemitglieder versuchte mein Vater nach der Machtübernahme der Nationalsozialisten eine Untertauch-Adresse für Oberrabbiner Davids zu finden. Dieser wollte seine Gemeinde nicht verlassen, bekam aber ein Palästina-Zertifikat von der Zionistischen Bewegung. So kam auch er auf die Austauschliste und traf dann etwas später als meine Familie im Lager Bergen-Belsen ein.

Kurz vor seinem Tod sagte Davids zu meinem Vater: "Sorge dafür, dass sie [die Juden Rotterdams] zusammenbleiben. Halte sie zusammen, wenn du hier herauskommst!" Mein Vater hat sich das sehr zu Herzen genommen. Die jüdische Gemeinde Rotterdam wurde nach dem Krieg langsam wiederaufgebaut. Im Jahr 1954 wurde eine neue Synagoge am A.B.N. Davidsplein eingeweiht, einem Platz, der nach Oberrabbiner Davids benannt ist.

Als wir aufwuchsen, lebten meine Eltern bewusst jüdisch, aber nicht sehr religiös. Sie sagten uns immer: "Ihr sollt wissen, was es heißt, Jude zu sein." Daher gab es schon früh jüdischen Unterricht von Mevrouw van Emden-Bolle aus Scheveningen. Sie kam zu uns nach Hause. Wir waren zwei kleine Gruppen von sechs Kindern, deren Eltern nichts mit den orthodoxen Rotterdamer Juden am Hut hatten. Die Situation war verzwickt.

Von 1969-1985 war mein Vater Vorsitzender der jüdischen Gemeinde Rotterdam; er war die treibende Kraft hinter dem Bau des Altersheims "Centraal Tehuis voor Israëlieten in Nederland (CETIN)" (Zentrales Heim für Juden in den Niederlanden). Obwohl er nicht streng orthodox war, hat er sich ganz für die Juden in Rotterdam eingesetzt. Das wurde keineswegs immer geschätzt oder anerkannt. Beim Jubiläum der Gemeinde im Jahr 2007 wurden alle möglichen Leute genannt, nur mein Vater, der so viel für die Gemeinde getan hat, ist dabei offenbar "vergessen" worden. Respekt und Dankbarkeit für einen religiös nicht Gleichgesinnten brachte man ihm nicht entgegen.

Unsere Küche zu Hause war nicht koscher, nur am Freitagabend (Beginn des Schabbats) wollte mein Vater kein Treife (nicht-koschere Speisen) auf dem Tisch. In die Synagoge gingen wir nur an den großen Feiertagen. So macht jeder Jude seine eigenen Gesetze.

Pessach war immer ein besonderes Fest. Beim Seder (Ordnung), der zeremoniellen Abendmahlzeit am Anfang der Pessach-Woche, kommt die Familie zusammen; man liest gemeinsam die Haggada, die Geschichte vom Auszug aus Ägypten; man singt viele Lieder und isst anstelle von Brot eine Woche lang Matze, dünne, ungesäuerte Brotfladen.

Jüdische Familien gab es in meiner Jugend nicht viele. Den Seder feierten wir mit der Familie Vleeshhouwer, Freunde aus dem Lager. Jules Vleeshhouwer war der Sohn des früheren Kantors der Rotterdamer jüdischen Gemeinde, ein tiefreligiöser, orthodoxer Mann mit Bart. Den fand ich sehr interessant, und ich durfte immer an seiner Seite sitzen. Alle elf zeremoniellen Handlungen, die zum Ablauf des Seders gehören, erklärte er ausführlich. Jedes Mal, wenn alle schon froh waren, dass es endlich weiter gehen würde, fragte ich zur Verzweiflung meiner Eltern: "Und warum…?" Also ging es weiter mit Erläuterungen, statt endlich zum Essen und Trinken zu kommen. Der Seder war nie vor ein Uhr nachts zu Ende. Wir aßen Matze mit Eier- und Leberhäkele und sonstige einfache, kalte Speisen. Erst viel später, in New York, lernte ich, dass für die meisten Juden eine reichhaltige warme Mahlzeit zum oft wichtigsten Teil des Seders gehört.

Familie und Ferien

Die Sommerferien verbrachten wir seit 1953 jedes Jahr im Park Hotel Vitznau am Vierwaldstättersee. Der Urlaub fing an mit dem Flug nach Zürich. Dort wurde erst einmal eingekauft. In der Schweiz war nämlich schon mehr und hübschere Kinderkleidung zu bekommen als in den Niederlanden.

Dann ging es zu dem wunderschönen Schlosshotel. Nach heutigen Maßstäben unerschwinglich. Die Gäste waren Familien mit oder ohne Kinder aus Belgien, Frankreich oder England. Jedes Jahr traf man sich dort zur selben Zeit und es entstanden innige Freundschaften. Philippe aus Brüssel, Annemarie aus Paris. Es gab ein kleines Kur-Trio und dann den Bademeister Mario, der jedes Jahr dort arbeitete. Wir liebten ihn heiß und innig. Es gab einen Entertainer, der mit uns Spaziergänge in den Bergen hinter dem Hotel machte oder abends Spiele organisierte: Schwimmen im See, später auch im Pool, Tennis, Minigolf, Gala Abende am 14. Juli, dem französischen Nationalfeiertag, oder am 1. August, dem Schweizer Nationalfeiertag. Als wir älter wurden, schlichen wir uns abends spät aus dem Hotel, um tanzen zu gehen. Dazu musste man den Nachtportier bestechen, damit der Direktor es nicht mitbekommen und unsere Eltern warnen würde.

Als ich zehn Jahre alt war, sah ich in einer Vitrine in unserem geliebten Park Hotel in Vitznau eine schöne Kette mit einer runden Uhr, blau emailliert mit kleinen goldfarbenen Sternen. Ich konnte nicht genug von diesem Stück bekommen und bestaunte es täglich in der Vitrine. Eines Tages lag die Kette beim Abendessen in meiner Serviette. Meine Eltern hatten sie für mich gekauft und sagten mir, dass meine Großeltern, wenn sie noch leben würden, mir diese sicher geschenkt hätten. Das habe ich nie vergessen. Es war eines der wenigen Male, dass meine Großeltern überhaupt erwähnt wurden.

Die Großeltern

Meine Großeltern habe ich nie kennengelernt. Es wurde auch nie über sie gesprochen. Auch nicht über alle anderen verschwundenen Verwandten. Fotos gab es kaum, Erinnerungsstücke wenig. Da ich das Leben mit Omas, Opas, Onkeln, Tanten, Cousins und Cousinen nicht kannte, habe ich es auch nie wirklich vermisst. Im Gegenteil – ich hatte nie das Bedürfnis mich zu vermehren, Kinder zu bekommen und eine neue Familie zu gründen, ganz anders als viele jüdische Holocaust-Überlebende erster und zweiter Generation, die als Lebensziel das Etablieren einer neuen großen Familie hatten.

Das Einzige, was ich bis zu meiner letzten Therapie immer gesucht und gefunden habe, waren Ersatzeltern. Ich habe immer Freunde gefunden, die das bewusst oder unbewusst mitgespielt haben. Wahrscheinlich war es denen auch ein Bedürfnis, mich zu bemuttern, und so wurde ich oft bekocht und mit Gesprächen verwöhnt, wobei die Lücken der physisch und psychisch abwesenden Eltern einigermaßen überbrückt wurden. Die Gedanken an meine Großeltern müssen für meine Eltern sehr schmerzhaft gewesen sein.

Mein Großvater, Nathan Salomon Frenk, hatte die Lage im Jahr 1939 wohl falsch eingeschätzt. Er war der Meinung, dass die Niederlande, genau wie im Ersten Weltkrieg, neutral bleiben würden. Und auch nach dem Einmarsch der Wehrmacht am 10. Mai 1940 konnte sich kaum jemand vorstellen, was noch kommen würde. Spätestens im Jahr 1943 überschlugen sich die Ereignisse:

Meine Großmutter väterlicherseits, Sophie van Creveld, war in den ersten Kriegsjahren an Krebs erkrankt. Sie wurde im Jüdischen Krankenhaus operiert und lag dort gerade nach ihrem Eingriff, als das Krankenhaus am 26. Februar 1943 von den Nazis geräumt wurde. Meine Großmutter wurde ins Loods 24 verschleppt. Loods 24 war die Sammelstelle, wo die verhafteten Juden eingesperrt wurden, bis Züge sie ins Durchgangslager Westerbork brachten. Mein Vater hörte diese Neuigkeiten mit Entsetzen, und mit Hilfe seines Freundes, Herrn Kroos, gelang es ihm, seine Mutter nach Hause zu bringen. Dort starb sie wenige Tage später.

Meine Stief-Großmutter mütterlicherseits, Tante Bertha, hatte Frankfurt im Jahr 1939 verlassen und wohnte seitdem im Sanatorium Dennenoord in Doorn.

Im April 1943 versuchten meine Eltern, in die Schweiz zu flüchten. Sie hatten falsche Personalausweise erhalten und den Judenstern von ihren Kleidern abgetrennt.

Meine Mutter wollte sich noch von ihrer Mutti (Tante Bertha) verabschieden und nahm die Straßenbahn von Driebergen nach Doorn. Nach dem kurzen Besuch begleitete Mutti sie zur Straßenbahnhaltestelle. Dort bekam sie eine plötzliche Lungenblutung und starb an Ort und Stelle. Meine Mutter war gezwungen, sie dort liegen zu lassen, um die Flucht, die trotz allem letztlich nicht gelungen ist, nicht zu gefährden. Unvorstellbar, was in meiner Mutter in dieser Situation vorgegangen sein muss. Sie war eine sehr starke Frau, sehr geliebt und bewundert in Rotterdam nach dem Krieg.

Mitte September 1943 wurde mein Großvater zusammen mit meinen Eltern und seiner Tochter Myra, die Krankenschwester war, verhaftet und nach Westerbork deportiert. Da mein Vater und Myra in Westerbork arbeiten konnten, wurden sie alle vier nicht gleich weitergeschickt. Erst am 13. September 1944 ging es mit dem letzten Judentransport aus den Niederlanden nach Bergen-Belsen. Elend ist mein Großvater Nathan Salomon dort am 22. Februar 1945 an Hunger, Erschöpfung und Krankheit verendet.

Die Tanten van Creveld

Die drei Tanten van Creveld waren Teil meiner Kindheit. Sie waren die einzigen überlebenden Schwestern meiner Großmutter Sophia van Creveld, die 16 Geschwister hatte. Im Krieg waren sie untergetaucht und hatten so überlebt. Wie ihnen das gelungen ist, wurde mir als Kind nie erzählt, und heute gibt es niemanden mehr, den ich fragen kann. Die Tanten wohnten später in der Breitner-Straße, ganz in unserer Nähe.

Tante Loes machte den Haushalt, kochte und backte wie eine Weltmeisterin: herrlichen Boterkoek mit Ingwer; zu Purim Hamansohren, wie die Hamanstaschen in den Niederlanden genannt werden. Groß war mein Erstaunen, als ich viel später herausfand, dass das Fastnachtsgebäck in der Schweiz ganz ähnlich aussah und genauso schmeckte. Tante Jules war eine sehr robuste Dame. Sie arbeite in einem Labor. Wenn wir sie besuchten, zauberte sie schöne Farben in Reagenzgläsern und versuchte mir zu erklären, wie diese zustande kamen. Chemie war und wurde aber nie meine Stärke. Tante Beccie (Rebecca) war die Stille der drei Damen. Sie arbeitete im größten Zimmer des Appartements und betrieb da einen Kosmetiksalon. Ich glaube nicht, dass sie ihn mir je gezeigt hat.

In der Wohnung der Tanten traf ich des Öfteren auch einen jungen Herrn namens Theo Scholten, ein netter Mann. Sehr viel später stellte sich heraus, dass er der Lebenspartner von Isaac (Ies) van Creveld war, dem jüngeren Bruder der drei Tanten und Lieblingsonkel meines Vaters. Ies muss eine schillernde Figur gewesen sein: Kunstsammler, Kunsthändler, Intellektueller, Bankbeamter, Pazifist und Homosexueller. Am 9. Juni 1937 war er nach Spanien gegangen, um im spanischen Bürgerkrieg gegen den Faschismus von General Franco zu kämpfen. Dort wurde er verwundet. Obendrein verlor er seine niederländische Staatsbürgerschaft, weil er in den ausländischen Militärdienst gegangen war.

Zurück in der Heimat war es Ies indes gelungen, bis 1944 der Verhaftung durch die NS-Besatzung zu entgehen. Er war, wie rund 28.000 niederländische Jüdinnen und Juden, in diesen Jahren untergetaucht. Beinahe die Hälfte der versteckten Juden wurden aufgespürt und verhaftet. Ies war einer von ihnen. Wie viele andere wurde er verraten - von den eigenen Landsleuten. Grund dafür war neben Judenhass und schlichter Niederträchtigkeit häufig Gier nach persönlicher Bereicherung. Denn unter Reichskommissar Arthur Seyß-Inquart, der später in Nürnberg als Kriegsverbrecher verurteilt wurde, hatten die deutschen Besatzer in den Niederlanden ein besonders perfides System entwickelt: Jeder, der eine Jüdin oder einen Juden finden konnte und deren Versteck verriet, erhielt sieben Gulden fünfzig als "Finderlohn" oder "Preisgeld". Dieses Prämiensystem war leider sehr erfolgreich und einer der Gründe dafür, dass die Niederlande mehr jüdische Todesopfer aufweisen als jedes andere westliche Land: Rund 80% der vormals blühenden jüdischen Gemeinden wurden ausgelöscht.

Während also gerade irgendwer sieben Gulden fünfzig für den Verrat an Ies kassierte, wurde dieser am 15. Juli 1944 verhaftet und verschleppt. Lange hat man uns an den heroischen niederländischen Widerstand glauben lassen – ein Märchen, das jeder Realität entbehrte. - Zuerst brachte man Ies nach Vught, von dort aus nach Westerbork und dann nach Bergen-Belsen. Aus dem Zug warf er einen letzten Brief an seinen Freund Theo Scholten. Der Brief wurde gefunden und an Theo weitergeschickt:

"Morgen früh werde ich nach Zelle [Celle in Niedersachsen, rund 25 Kilometer von Bergen-Belsen] geschickt. Ich bin so aufgewühlt, dass ich keinen ordentlichen Brief schreiben kann. Ich habe immer die Hoffnung gehabt, Dich noch einmal zu sehen, aber jetzt wird meine Hoffnung wohl sehr gering." Am 24. Februar 1945 wurde Ies in Bergen-Belsen ermordet. (Brief im Anhang, S. 164 ff.)

Zur Hochzeit meiner Eltern hatte er ihnen ein kleines Gemälde des Expressionisten Max Beckmann geschenkt. Ich habe dieses Gemälde mit dem Titel "Begegnung" immer sehr bewundert. Zu meinem fünfzigsten Geburtstag überraschte mich mein Vater damit, und seither hängt es in der "Holländischen Ecke" meines Esszimmers über der silbernen Tee- und Kaffee-Garnitur meiner Mutter

Familie Reens

Als kleines Mädchen besuchte ich häufig Eva und Herman Reens, Verwandte aus der van Creveld Familie. Sie hatten ein großes Haus in der Nähe von Amsterdam, drei Söhne und einen Hund. Ich war sehr gerne dort und fühlte mich geliebt. Die tragische Geschichte dieser Familie erfuhr ich erst Jahrzehnte später.

Eva und Herman waren während der NS-Zeit mit den drei Kindern zusammen mit einer anderen Familie in der Nähe von Amsterdam auf einem Bauernhof untergetaucht. Die Angst und das Eingesperrtsein – es war die Hölle für sie. Die Eltern stritten sich fortwährend und haben sich nach dem Krieg zwei Mal scheiden lassen – danach aber jedes Mal wieder geheiratet. Sie konnten nicht mit - und nicht ohne einander.

Paul, der älteste Sohn, hat im Versteck des Bauernhofes stundenlange Näharbeiten im Halbdunklen verrichten müssen. Später entwickelte er eine Augenkrankheit und wurde fast blind. Er war davon überzeugt, dass es die Folge dieser Näharbeiten war. Paul war mein Lieblingsvetter. Als ich in Amsterdam zu studieren begann, fing auch er gerade ein zweites Studium an: Medizin. Er war zwar schon ausgebildeter Agrarökonom und hatte in Kanada als solcher gearbeitet, doch hatte es ihn im Jahr 1963 wieder nach Amsterdam gezogen. Er wurde dort für mich wie ein großer Bruder und mein engster Vertrauter. Paul bildete sich nicht nur zum Arzt aus, sondern wurde Psychiater, der sich insbesondere mit Holocaust-Traumata beschäftigte. Er selbst kannte es aus eigener Erfahrung.

Auch nach unserer gemeinsamen Zeit an der Universität Amsterdam blieb der Kontakt sehr eng. Ich war immer ein bisschen verliebt in Paul, und auch er hatte mich sehr gern. Obwohl seine sexuelle Identität immer etwas unklar war, heiratete er Marga. Sie sah mir ein bisschen ähnlich und war immer eifersüchtig auf mich. Wenn ich in der Gegend war, sorgte ich auch immer dafür, dass Paul nur Augen für mich hatte. Das gefiel Marga ganz und gar nicht. Gemeinsam bekamen sie ein Kind, ein Mädchen, das kurz nach der Geburt starb. Die Ehe überstand diese Tragödie nicht, und von da an hatte Paul nur männliche Begleiter. Mit Marga blieb er bis zum Ende in tiefer Freundschaft verbunden.

Auch Paul und ich hatten weiterhin ein enges Band. Im Sommer 2002 sollte ich nach Griechenland fahren, um einen Kurs zu geben.

Mein Bauchgefühl aber sagte mir, dass ich nach Holland wollte. Ich rief Paul an, ob er Zeit für mich hätte, sagte Griechenland ab und fuhr nach Zandvoort an die Nordsee, wo er eine zweite Wohnung hatte, die er mir zur Verfügung stellte. Die ganze Woche über haben wir sehr viel geredet, sind am Meer spazieren gegangen, haben gelacht und geweint. Er hat mir den Bauernhof gezeigt, wo er die schreckliche Zeit des Untertauchens verbracht hatte und mir alles erzählt. Durch seine Augenkrankheit fühlte er sich sehr einsam und von der Welt abgeschnitten. Er hatte große Angst, bald nicht mehr über sich selbst und sein Ende bestimmen zu können.

Am Tag nachdem ich wieder in Konstanz angekommen war, rief Marga mich an und sagte mir, man habe Paul an seinem geliebten Strand tot aufgefunden. Ich fuhr sofort wieder zurück nach Amsterdam zu seiner nicht-jüdischen Beerdigung, die an Jom Kippur stattfand. Jom Kippur ist der höchste jüdische Feiertag, der Versöhnungstag, den man gewöhnlich fastend in der Synagoge mit Gebet und Gesang verbringt. Beerdigungen gehören sicher nicht dazu. Paul hatte diesbezüglich wohl nichts festgelegt, und Marga hat bewusst oder unbewusst den Jom Kippur erfolgreich verdrängt. Dennoch kamen zu Pauls Beerdigung rund 300 Menschen. Darunter auch viele jüdische Freunde, die eine Pause vom Jom-Kippur-Gottesdienst gemacht hatten, um sich gebührend von ihm zu verabschieden. Alle hatten Paul geliebt. So vielen Menschen hat er helfen können, ihre Holocaust-Traumata zu bewältigen. Ihm selbst ist es wohl nicht gelungen, diese hinter sich zu lassen.

Über all dies sprach man bei uns zu Hause nicht. Ich spürte es aber. Ich merkte, dass es bei uns anders war als bei anderen Kindern. Oft meinte ich sogar, ein adoptiertes Kind zu sein. Ich fühlte mich nicht geliebt und litt viel an psychosomatisch bedingten Bauchschmerzen. Mein vegetatives Nervensystem ist immer sehr schwach geblieben. Bei wichtigen Konzerten hatte ich später immer ähnliche Bauchschmerzen, wobei ich immer sagte: "Mein vegetatives Nervensystem weiß nicht, dass ich nicht nervös bin!"

Meine Schulzeit

Mit elf Jahren kam ich aufs Rotterdamsch Lyceum. Mein Vater war 30 Jahre vorher auch auf dieser Schule gewesen. Manche Lehrer waren immer noch da. Die Schüler kamen fast alle aus gutbürgerlichen Familien. Im Jahre 2017 gab es ein Klassentreffen in den Niederlanden. Die früheren Kameraden reisten als graue Eminenzen an, aus Schweden, Belgien, Frankreich, aus der Schweiz und ich aus Konstanz. Viele von ihnen hatten große Karriere gemacht als Diplomaten, Direktoren von internationalen Firmen, als Ärzte oder Rechtsanwälte. Als ich mich so unter ihnen fand, als erwachsene Frau, bemerkte ich erst, in was für einer Gesellschaft ich mich damals bewegt hatte. Als Sängerin war ich zwar wieder eine Außenseiterin, aber jetzt empfand ich das durchaus als etwas Positives.

In der Schule fühlte ich mich eher wie ein Sonderling. Ich war das einzige jüdische Kind in meiner Klasse. Es war "fast" kein Thema, aber immer unterschwellig da. Obwohl wir samstags normal zur Schule gingen, blieben wir an Rosch ha-Schana (Neujahrsfest) und an Jom Kippur (Versöhnungsfest) zu Hause. Das fanden die anderen Kinder vielleicht komisch. Richtige Probleme gab es aber eigentlich nur mit den Sportvereinen: Fast alle meiner Mitschüler waren Mitglied des Yacht- und Rudervereins "Koninklijke Roei- en Zeilvereeniging De Maas" in Rotterdam. Ich interessierte mich nie sonderlich für das Rudern und wollte dem Club nicht unbedingt beitreten. Das war insofern ein Glück, als Juden in diesem Verein - zwölf Jahre nach dem Zweiten Weltkrieg! - kein Mitglied werden konnten. Meine Eltern sagten mir das damals nicht, als ich es später aber erfuhr, war ich schwer getroffen.

Als meine Schwester Miriam im selben Jahr zusammen mit ihrer Schulfreundin Patsy Veder das Reiten beginnen wollte, stießen meine Eltern auf das gleiche, verstörende Problem: Auch in der Kralingsche Manège mochte man keine Juden als Mitglied aufnehmen. Patsys Vater Anton Veder, ein bekannter Reeder in Rotterdam und Schulfreund meines Vaters, rettete die Situation. Er drohte damit, seine Mitgliedschaft zu kündigen, wenn man "Frenk" nicht akzeptieren würde, und noch dazu, die Gründe für seinen Austritt öffentlich bekannt zu machen. Da ging plötzlich alles. Meine Schwester hat ihr Leben den Pferden verschrieben. Für mich war Reiten nie ein Vergnügen: Wenn das Pferd nach rechts ging, fiel ich links herunter. Das fand nur meine kleine Schwester lustig. Meine Mutter fand hingegen, dass ich auch einen Sport brauchte, allerdings einen, bei dem der Weg zum Boden nicht so weit ist. So lernte ich Tennis spielen und habe viele Jahre gerne und gar nicht so schlecht gespielt.

Eines der wichtigsten Ereignisse im Leben eines jüdischen Jungen ist die Bar Mitzwa (wörtlich Sohn der Pflicht). Mädchen feiern mit zwölf Jahren ihre Bat Mitzwa (wörtlich Tochter der Pflicht). Zu meiner Zeit war es in unserer Gemeinde noch nicht üblich, die Bat Mitzwa öffentlich zu feiern.

Ich hatte also wirklich keine Ahnung, was geschah, als an einem Sonntag, dem 9. März 1958 (17. Adar 5718), meine Mutter in unserem Sommerhaus in Nieuwkoop anfing, groß zu kochen. Es war ihr sehr wichtig, dass ich draußen blieb und ihr nicht im Weg stand. Gegen Mittag kamen einige Autos vorgefahren. Da waren meine drei Tanten van Creveld, Tante Ginkel und der Rabbiner Vorst. Es war meine Bat Mitzwa! Ich brauchte nichts tun, als die Rede des Rabbiners anzuhören und Geschenke in Empfang zu nehmen. Ich bekam eine schöne Goldkette, die ich bis heute immer trage.

Heute wird im liberalen Judentum die Bat Mitzwa der Mädchen häufig so gefeiert wie die Bar Mitzwa der Jungen. Viele Frauen meines Alters haben ihre Bat Mitzwa mit fünfzig Jahren in dieser Weise nachgeholt. Für mich war das keine Option. Meine jüdische Identität hatte schon andere Wege gefunden, sich zu festigen.

Seit meiner Geburt hatte ich eine Schwäche in der Wirbelsäule. Es war nötig zu operieren, um den Rücken zu stärken. Im Jahr 1958 war das eine abenteuerliche Angelegenheit. Anfang Juli fand die OP statt. Danach lag ich vier Monate eingegipst im Bett, glücklicherweise in Nieuwkoop, wo eine Krankenschwester mich betreute und ich sogar auf die Terrasse geschoben werden konnte, um frische Luft zu schnappen und Sonne zu tanken. Ein Lehrer kam regelmäßig, um mich zu unterrichten. Meine arme kleine Schwester wurde wohl sehr von mir ausgenutzt. Ich konnte nichts tun, und sie musste immer springen, wenn ich etwas wollte. Wenigstens war die OP erfolgreich. Allerdings musste ich fortan ein medizinisches Korsett tragen, um meinen geschwächten Rücken zu stützen. Dieses Korsett wurde dann nach sechs Monaten eine Corsage, etwas bequemer und eleganter. Für meine Bauch- und Rückenmuskulatur wurde diese Rüstung aber eine Katastrophe. Sie wurde nur geschont, nie benutzt oder entwickelt.

Unglücklicherweise erlitt meine Mutter im Sommer 1958 einen Schlaganfall, von dem sie sich nur sehr langsam und nicht vollständig erholte.

Als ich wieder aufstehen durfte, war ich um einiges gewachsen – auch in die Breite – und musste wieder lernen zu laufen und mich zu bewegen. Das Schuljahr wurde eine Qual. Ich konnte meinen Schulranzen nicht selbst tragen, konnte kaum ohne Hilfe von einer Klasse in die andere gehen. Bald gab ich auf, konzentrierte mich auf meine Reha-Maßnahmen und wiederholte die Klasse.

Die Schulzeit habe ich trotzdem in guter Erinnerung. Ich wurde führend im Debattierclub und stellvertretende Vorsitzende der Schülervertretung. Ich half dabei, "Bunte Abende" zu organisieren, schrieb Texte für das Schülerkabarett und liebte die damit verbundenen Proben und Auftritte.

Zu Hause vertrat ich meine Mutter, so gut ich konnte. Mein Vater brachte häufig Geschäftsgäste zum Mittagessen nach Hause, ich hieß sie bei uns willkommen und umsorgte sie wie eine Erwachsene. Auch zu großen Empfängen, zur Börse und anderen offiziellen Terminen begleitete ich meinen Vater. Dabei habe ich viel gelernt, und die Fähigkeit, eine gute Gastgeberin und Spezialistin im Smalltalk zu sein, ist mir geblieben.

Sommer und Herbst 1962

Israel hatte für uns immer eine besondere Bedeutung. Mein Vater belieferte schon früh die ersten Schiffe der neuen israelischen ZIM-Linie. Die Kapitäne und Geschäftspartner kamen zum Mittagessen zu uns nach Hause, und so hörte ich viel über das neue Land. Ich war voller Begeisterung und voller zionistischer Träume. Meine Mutter meinte, ich solle selbst mal schauen, wie es dort ist, und kontaktierte ihre gute Freundin Vida Simons in Tel Aviv. Dorthin flog ich am 8. April 1962 für drei Wochen. Damals war das eine große Reise, zumal ich das erste Mal allein in der Fremde war.

Bei Vida Simons und ihrem Mann Fred fühlte ich mich sofort wohl. Fred war vor dem Krieg rechtzeitig mit seinen Eltern von Rotterdam nach New York geflohen. Dort heiratete er am 18. Januar 1944 Vida Corcos, die aus einer sephardischen Familie stammte. Bald darauf ging er für die amerikanische Armee nach Deutschland. Er war im Nachrichtendienst beschäftigt und verhörte Deutsche in den Orten, die bereits vom NS-Regime befreit worden waren, überwiegend in Belgien und Frankreich, später auch in Deutschland.

Nach dem Krieg lebten die beiden einige Jahre in Rotterdam. Aus dieser Zeit stammte die Freundschaft meiner Mutter mit Vida. Anita, die älteste Tochter der Simons, wurde sechs Monate nach mir in Rotterdam geboren. Wir spielten zusammen im Sandkasten und sind bis heute engstens befreundet.

Im Jahr 1951 entschieden Vida und Fred, nach Israel auszuwandern. Seine Mutter war schon eine Zionistin gewesen und hatte sogar einen der Zionistischen Kongresse besucht. Die Geschichten von Freunden und Bekannten über den Krieg reichten ihm, und er wollte nicht länger in Europa bleiben. Die ersten drei Jahre in Israel lebten sie in einem einfachen Moschav, einer Siedlung auf dem Land, die ihren Besitz genossenschaftlich teilt. Später arbeitete Fred in Tel Aviv bei der Holländischen Bank Uni, dann in Jerusalem als Direktor des bekannten Van-Leer-Instituts. Dieses wurde 1959 von der niederländischen Industriellenfamilie van Leer gegründet und ist bis heute ein bedeutendes Zentrum für Geistes- und Sozialwissenschaften, das sich um eine Einbindung der Öffentlichkeit in die Diskussion heikler politischer und sozialer Fragen in Israel bemüht.

Meine erste Reise nach Israel war für mich persönlich ein großer Erfolg, in vieler Hinsicht fand ich innerlich Versöhnung und eine Heimat. Vida und Fred wurden meine wichtigsten "Ersatzeltern". Vida war eine mütterliche Frau mit großem Herzen, sehr pragmatisch und eine wundervolle Hausfrau. Die Atmosphäre im Hause der Familie Simons war eine andere als bei uns in Rotterdam, und ich liebte die Herzlichkeit, Offenheit und Wärme, die mir entgegengebracht wurde.

Anita, die Älteste von vier Kindern, und ich befreundeten uns sofort, obwohl wir in ganz anderen Welten lebten. Ich kam an mit einem Koffer voller Kleider, enger Röcke und Schuhen mit hohen Absätzen. Und natürlich langen Nägeln mit Nagellack, etwas, was ich bis heute liebe und pflege. Anita und alle anderen Altersgenossen in Tel Aviv trugen Jeans oder Shorts und liefen in Sandalen herum. Sie waren sportlich und leger gekleidet. Anita war eine begeisterte Pfadfinderin.

Die hebräischen Pfadfinder (Ha'Tzofím) sind eine unpolitische zionistische Bewegung, die sich mit den Zielen der weltweiten Pfadfinderbewegung identifiziert. Sie nahm mich abends mit zu ihrer Gruppe. Dort saßen wir gemeinsam am Lagerfeuer, und ich sang die mir unbekannten Lieder irgendwie mit und fand alles wunderbar.

Ich reiste durch das ganze Land, traf viele Leute und fühlte mich sehr wohl. Jüdin zu sein war hier ein anderes Gefühl als das, was ich in den Niederlanden spürte. Nach dieser Reise träumte ich oft von einem Leben in Israel, doch ich habe nie den Absprung nach Israel geschafft.

Mit 16 Jahren war ich ein richtiges Pummelchen. Das belastete mich sehr, und so verbrachte ich im Juli 1962 drei Wochen in der Zürcher Klinik Bircher-Benner. Mein Vater war in Vitznau, meine Mutter zu krank, um ihn zu begleiten. Nachdem ich meine Kur erfolglos hinter mich gebracht hatte, durfte ich auch eine Woche ins Park Hotel.

Am 1. August, dem Schweizer Nationalfeiertag, gab es ein Dinner mit Tanz. Als ich nachher auf meinem Zimmer war, dachte ich: "Ach, ich gehe nochmal schnell zu meinem armen Vater, der so allein ist, ohne meine Mutter." Das wurde eine große Überraschung, denn mein Vater war gar nicht allein. Er hatte sich eine nette Dame angelacht und so überraschte ich die beiden in flagranti. Der Schock war heftig. Tagelang sprach ich nicht mehr mit meinem Vater. Als ich wieder in Rotterdam war, bemerkte meine Mutter, dass etwas nicht stimmte. Sie hat sofort verstanden, was los war, und versuchte mir als Sechzehnjähriger zu erklären, meinen Vater so zu akzeptieren, wie er war. Sie konnte ihm keine Ehepartnerin mehr sein, und obwohl es ihr sicher wehgetan hat, hatte sie Verständnis für ihn. Ich nicht!

So wurde Vitznau der Ort, mit dem ich meinen ersten sommerlichen Flirt und die erste große Verletzung in meinem Leben verbinde, letztere durch meinen Vater, der für mich durch dieses Ereignis von seinem erhabenen Podest des perfekten Familienmanns stürzte. Ich habe mich damals unbewusst entschieden, nie die betrogene Ehefrau zu werden. Dann lieber die Dritte im Bunde. Es hat ganze 40 Jahre gedauert, bis ich das verstanden habe und endlich eine feste Bindung eingehen konnte. Dazu brauchte es drei Therapien und eine lange Reihe von Liebhabern.

Nach dem Sommer ging es meiner Mutter immer schlechter. Sie starb am 1. Oktober 1962 zwischen den höchsten jüdischen Feiertagen, dem jüdischen Neujahrsfest und Jom Kippur. Da habe ich meinen Vater zum ersten Mal weinen sehen. Viele Freunde waren zur Beerdigung gekommen. Ich erinnere mich auch, dass Tante Emma, die Halbschwester meiner Mutter, aus New York eingeflogen war. Tante Emma ging meinem Vater in diesen Tagen mächtig auf die Nerven. Sie hatte wohl erwartet, dass sich die Tradition genau wie bei ihrem Vater fortsetzen würde und mein Vater sie jetzt heiraten würde. Der hatte allerdings anderes vor.

Mein Vater Salomon Frenk

Jeden Sonntagnachmittag saß mein Vater im Wohnzimmer und putzte seine Pfeifen. Er war ein sehr starker Raucher; Zigaretten, Zigarren, Pfeifen. Den ganzen Tag hindurch. Meine Mutter lag auf der Couch und las ein Buch oder eine Zeitschrift, Schallplatten mit Symphonien und Klavierkonzerten von Mozart und Beethoven hörten sie beide. Aber nicht nur das Pfeifenputzen war seine Leidenschaft.

Er war ein begeisterter Fotograf. Alle Events in der Familie wurden ausgiebig fotografiert und dokumentiert: Die Fotos wurden entwickelt und fein säuberlich in Alben geklebt. Alles in dreifacher Ausführung: einmal für ihn selbst, einmal für meine Schwester und einmal für mich. Vom Tag meiner Geburt bis zu meinem 40. Lebensjahr. 34 Alben, schwarz eingebunden, nummeriert und genauestens beschriftet. Diese Alben bekamen wir allerdings nie zu Gesicht. Er bewahrte sie in einem riesigen Banktresor auf. Kurz vor seinem Tod habe ich den Tresor geleert und die Alben mit nach Hause genommen. Angeschaut habe ich sie bis jetzt noch nicht. Als zu traurig und schmerzend empfand ich die große Liebe für uns, die aus diesen Alben spricht, die er uns aber niemals emotional vermitteln konnte. Jetzt erst, bei meiner Schreibarbeit, lerne ich diese Fotoalben zu schätzen. Die genauen Angaben und die Vollständigkeit. Danke, Papa!

Die Vorbereitungen zum Abitur begannen. Trotz der schwierigen Lage zu Hause versuchte ich, normal in die Schule zu gehen, am schulischen Leben teilzunehmen und zu lernen. Die Worte Trauer und trauern kamen bei uns nicht vor. Wie denn auch? Niemand kümmerte sich um meine kleine Schwester und mich. Noch war mir nicht klar, dass ich nicht nur meine Mutter, sondern auch meinen Vater verloren hatte.

Mein Vater arbeitete sehr viel, wie immer, und ging abends oft weg. Er machte Bekanntschaft mit einigen Damen. Eine davon, Sybille, eine sehr sympathische und hübsche Engländerin, stellte er uns sogar vor. Im Dezember flog er nach Südamerika für Geschäfte, wie wir dachten. Da kam plötzlich ein Brief mit einem Bild von einer Dame, Lilian Stromer-Klein, und der Mitteilung, dass diese Dame mit nach Holland kommen und er sie heiraten werde. Das war vier Monate nach dem Tod unserer Mutter. Wir waren entsetzt, doch ahnten wir nicht, wie das alles weitergehen würde.

Geboren im Jahr 1910, war sie, wie meine Mutter, fünf Jahre älter als mein Vater. Kinder hatte sie keine, nur zwei Nichten, Töchter ihrer Schwester. Diese liebte sie wie die eigenen Kinder und sorgte dafür, dass mein Vater sich intensiv, vor allem finanziell, um sie kümmerte.

Es musste wohl schiefgehen, als diese uns völlig fremde Frau in unser Haus mit zwei pubertierenden Mädchen kam, die gerade ihre Mutter verloren hatten.

Pubertät in der Zweiten Generation ist eine schwierige Sache. In der Pubertät setzt man sich von den Eltern ab, man kämpft und sucht die eigene Identität. Es ist aber fast unmöglich, sich von Eltern, die den Holocaust überlebt haben, in dieser Form abzusetzen. Eltern, die so Schreckliches erlebt hatten, will oder kann man nicht mehr verletzen – egal, was sie einem selbst antun.

Mein Vater hatte zwei geliebte und viel gebrauchte Sprüche, mit denen er jede Diskussion vermeiden konnte. Einer davon lautete: "Es ist keine Schande hinzufallen, aber es ist eine Schande, einfach liegen zu bleiben." Das mag für seinen Lebensweg gegolten haben, aber für uns pubertierende Töchter war das nicht gerade befriedigend. Noch schlimmer war der Spruch: "Pour discuter, il faut d'être d'accord" (François de La Rochefoucauld: "Um diskutieren zu können, muss man sich erstmal einig sein.")
De La Rochefoucauld war ein französischer Literat, der mit seinen aphoristischen Texten als Vertreter der französischen Moralisten gilt. Unerträglich für mich. Mit diesem Spruch vernichtete mein Vater jede mögliche Diskussion, ob es um Politik, Gesellschaft oder sonst was ging.

Dazu kam noch das Fernsehen. Mit viel Mühe hatten meine Schwester und ich unseren Vater im Jahre 1958 davon überzeugt, einen Fernseher zu kaufen. Schon bald entdeckte mein Vater, dass man beim Fernsehen nicht reden musste. Das machte es zu seinem liebsten Freizeitmedium. Ich konnte mich erst nach dem Tod meines Vaters wirklich abnabeln. Sein Tod kombiniert mit einer letzten schrecklich unglücklichen Liebesaffäre brachten mir eine mächtige Depression ein. Erst danach konnte ich mit Hilfe meiner Therapeutin die notwendige Abnabelung erreichen, die ein emotionelles Weiterwachsen erlaubte. In meinem Fall war das die Chance, endlich eine feste Bindung einzugehen.

Zu Hause mit Lilian war unsere einzige gemeinsame Sprache Deutsch; wir sprachen ein "Spausswasser"-Deutsch, wie wir es nannten. Schuldeutsch mit viel niederländischen Ausdrücken. Sprudelwasser heißt auf Niederländisch übersetzt Spuitwater, ein bisschen verdeutscht wird es dann zu Spausswasser, und niemand versteht es. Lilian sprach ein k.u.k.-Deutsch mit ungarischem Akzent. Missverständnisse waren vorprogrammiert. Dazu kam noch, dass Lilian mit 54 Jahren gerade mitten in den Wechseljahren steckte und sich zu allen möglichen, aber meistens unmöglichen Momenten auf Grund ihrer Hitzewallungen die Kleider vom Leib riss. Für uns pubertierende holländische Mädchen ein äußerst peinlicher Anblick!

Am 28. März 1963 wurde Hochzeit gefeiert; groß und pompös. Die Freunde der jüdischen Gemeinde waren zwar anwesend, aber die richtige Hochzeitsstimmung kam wohl nicht auf.

Als mein Vater im Jahre 1999 gestorben war, sichteten wir die vielen Papiere und Unterlagen und fanden einen Ehevertrag. Dieser war im Februar des Jahres 1963 unterschrieben, sechs Wochen vor der Eheschließung. Der Vertrag beinhaltete, dass das ganze Erbe uns, seinen Töchtern, zustehen und Lilian bei Tod oder Trennung leer ausgehen würde. Ich bin sicher, dass Lilian nichts von diesem Vertrag gewusst hat, bis sie in Rotterdam angekommen war und ihre Existenz in Montevideo bereits aufgegeben hatte. Zurück konnte sie nicht. Also hat sie unterschrieben und sich entschieden, so viel Geld wie möglich auszugeben, damit für uns am Ende nichts übrigbleiben würde. Das ist ihr nicht ganz gelungen. Als sie im Februar 1999 starb, schüttelte unsere Notarin mir nach der Beerdigung die Hand und sagte mir leise: "Sie haben aber ein Riesenglück gehabt. Wenn ihr Vater früher gestorben wäre, wäre wohl nichts übriggeblieben." Lilian war in Rotterdam nicht sehr beliebt.

Viele Jahre hatte sie uns von dem wunderbaren Leben in Ungarn vorgeschwärmt. Nichts war so gut und prächtig wie Budapest. Als 1988 die Grenzen geöffnet wurden, freute ich mich für sie und sagte: "Wie toll, dass die Ungarn jetzt endlich vom Kommunismus befreit sind!" Da brach es endlich aus ihr heraus, wie schrecklich die Ungarn sich in der Nazizeit benommen hätten und wie sehr sie alles Ungarische hasste. Da war sie schon 78 Jahre alt und sagte endlich die Wahrheit, worunter sie seit 1945 gelitten hatte.

Emilia Livia (Lilian) Frenk-Stromer-Klein

Nach dem Tod meines Vaters fand ich fünf Akten betreffend: Entschädigungssache Frenk, Emilia Livia / Land Rheinland-Pfalz. Erst jetzt, 20 Jahre später, beim Schreiben meiner Memoiren, habe ich diese Akten gesichtet. Nie hat sie uns von ihren Leiden während des Krieges erzählt. Hätte ich sie besser verstanden? Wäre ich liebevoller mit ihr umgegangen? Ich weiß es nicht. Nur weiß ich, dass es mir ein Anliegen ist, ihre wahre Geschichte hier kundzutun:

Akteninhalt

Akten des Bezirksamtes für Wiedergutmachung, Mainz (grün): Vorgeheftet findet sich der Formularantrag nach BEG der Frau F. vom 31.1.1957: Sie wurde am 31.9.1910 in Budapest geboren, hat keinen erlernten Beruf, heiratete offenbar zweimal, ihr Mädchenname war Stromer, ihr erster Familienname Klein, ihr zweiter Frenk. Sie lebt jetzt als Putzmacherin in Montevideo (Uruguay) und begehrt in dem Antrag Entschädigung wegen Schadens an Freiheit sowie an Körper und Gesundheit.

Blatt 10: Eidesstattliche Versicherung der Frau F. vom 25.5.1957, abgegeben vor der U.R.O.: Sie sei am 31.8.10 in Budapest geboren und mit Herrn Klein verheiratet gewesen, mit dem sie nach Einmarsch der deutschen Truppen in Budapest wohnte. Sie sei im April 1944 von der Wehrmacht aus ihrer Wohnung herausgeholt und angewiesen worden, in ein Judenhaus in der Bezeredigasse 19, 3. Stock, zusammen mit anderen Juden zu übersiedeln. Für jeden Insassen hätten 2 qm Raum zur Verfügung gestanden. Sie hätten dieses sogenannte Judenhaus nur zwei Stunden am Tage, und zwar von sechs bis acht Uhr abends und sonst nur in dringenden Fällen verlassen dürfen. Jeder habe auf der linken Brustseite das Judenabzeichen tragen müssen. Sie sei hier bis Ende September oder Anfang Oktober 1944 geblieben. Zu dieser Zeit seien mehrere SS-Leute erschienen, hätten sie mit Gewalt die Treppen heruntergedrängt und sie und die Insassen benachbarter Häuser im Theatergebäude eingesperrt. Dann hätte sie zusammen mit vielen tausend anderer Juden auf dem Theaterplatz antreten und hier drei Tage pausenlos stehen müssen.

Danach sei sie in das inzwischen völlig ausgeraubte Judenhaus in der Bezeredigasse 19 zurückgebracht worden, wo sie noch vier weitere Wochen blieb. Dann seien Anfang November 1944 sämtliche Juden auf der Landstraße in Marsch gesetzt worden.

Sie selbst sei während des Marsches geflüchtet und habe bis zur Befreiung im Jahre 1945 illegal versteckt unter menschenunwürdigen Verhältnissen in mehreren Häusern in Budapest gelebt. Sie habe sich falsche Papiere beschaffen können, in denen sie als Christin ausgegeben war, habe auch in christlichen Häusern versteckt gelebt. Nach der Befreiung sei sie bis Mai 1948 in Budapest geblieben, dann über Zürich und Paris nach Uruguay ausgewandert, wo sie Ende 1948 angekommen sei.

Ihr Ehemann, Laszlo Klein, 1903 in Ungarn geboren, den sie am 20.5.1943 heiratete, wurde im April 1944 in Budapest von den Deutschen verhaftet und zur Zwangsarbeit abtransportiert. Im Mai 1944 kam er in ein Ghetto, dann bis 15.8.1944 in das Konzentrationslager Auschwitz, von dort im Januar 1945 nach Theresienstadt, dann bis 25.1.1945 nach Sachsenhausen-Oranienburg und schließlich nach Bergen-Belsen, wo er am 27.4.1945 angeblich an Typhus gestorben sein soll.

Durch die vielen Aufregungen und Entbehrungen der Inhaftierung und des illegalen Lebens sei ihre Gesundheit vollständig ruiniert worden. Sie sei vorher völlig gesund gewesen, sei durch das Leben in Kellern, und feuchten, kalten Räumen ohne Fenster, einmal auch ohne Türen, durch die schlechte und mangelhafte Ernährung und die vielen Ängste und Aufregungen derart krank geworden, dass sie laut ärztlichem Attest in ihrer Arbeitsfähigkeit bedeutend gemindert sei.

Sechs bis sieben Jahre zog sich der Prozess um die Wiedergutmachung hin. Endlose Gutachten von Ärzten, die sie nicht verstehen wollten, der deutsche Staat, der nichts bezahlen wollte. Welch schrecklicher Frust, welche Wut da entstanden ist!

Nach der Hochzeit meines Vaters stand noch immer mein Abitur im Vordergrund. Zwei Wochen vor dem schriftlichen Teil habe ich mich in unser Haus in Nieuwkoop zurückgezogen und gelernt. Das Gleiche nochmal zwei Wochen vor dem mündlichen Teil. Das Resultat war erfolgreich, ich bestand! Vor allem die maximalen Punkte für Niederländisch, Englisch, Deutsch und Französisch haben sehr geholfen. Und auch die Nachsicht der Schule war wichtig, die meine Situation kannte und da und dort ein Auge zudrückte.

Das neue Leben konnte beginnen!

2. Meine Studienzeit 1963-1974

Das wilde Amsterdam der 1960er Jahre

Studieren in den 1960er Jahren hat wenig mit dem Studieren heutzutage gemein. Zum Studieren ging man damals in eine neue Stadt, weit weg von zu Hause. Zimmer waren noch zu bekommen, Wohngemeinschaften nicht üblich. Studieren konnte man was und wie lange man wollte. Fröhliches Studentenleben gehörte dazu. Als junge Frau wurde man beim Studium in Amsterdam selbstverständlich Mitglied der A.V.S.V., der offiziellen weiblichen Studentenverbindung. Das "Ontgroenen", die Initiierungsriten, waren bei den Damen sehr milde, bei den Herren sehr auf Alkoholkonsum ausgerichtet und manchmal auch sehr roh und mit körperlicher Gewalt verbunden.

In der A.V.S.V. wurde hauptsächlich geredet und manchmal gesungen. Der Verband war in sogenannte "Dispute", kleinere Clubs, unterteilt, die mehr oder weniger prominent waren. Ich kam in den Disput, der sich "Hiawatha" nannte.

Beim Singen wurde ich gleich von einer Studentin, die Gesang studierte, auf meine Stimme angesprochen. Zu meiner Freude bot sie an, mich zu unterrichten. Gesangsunterricht hätte ich schon früher gerne gehabt, aber mit 15 fand man mich noch zu jung, und danach wurde es im Trubel der letzten Jahre vergessen.

Bei einer alten jüdischen Dame in der Tintoretto-Straße in Amsterdam-Süd, Frau Karpf, bekam ich ein Zimmer. Bad und Küche durfte ich mitbenutzen. Da gab es gleich große Probleme. Ich war nicht gewöhnt, selbst den Haushalt zu führen, und in ihren Augen nicht ordentlich genug. In meinem Zimmer wollte ich alles schräg stellen. Frau Karpf stellte jeden Tag alles wieder gerade. Männerbesuch war nicht gestattet. Außerdem hatte sie drei Schlösser an der Haustür, die nachts abgeschlossen sein sollten.

Ich war nicht sehr gerne dort, aber für eine 17-Jährige fand mein Vater eine sturmfreie Bude noch zu früh. Die Lage änderte sich nach einem Jahr, als Frau Karpf eines Nachts schon alle Schlösser abgeschlossen hatte in der Annahme, dass ich schon zu Hause sei. War ich aber nicht und so stand ich um zwei Uhr morgens vor der Tür und konnte nicht hinein.

Daraufhin durfte ich mir ein eigenes Zimmer suchen – ganz nach meinem Gusto – und fand eine gute Adresse in der Churchill-Laan.

Ach ja, das Studium gab es auch noch! Ich hatte mich für Soziologie entschieden, obwohl ich keine Ahnung hatte, was das beinhaltete. Themen und Vokabular waren für mich völlig unverständlich, die Vorlesungen meistens langweilig.

Bis heute verstehe ich nicht, wieso an deutschen Universitäten kaum Wert auf Sprache und Präsentation gelegt wird. Schulungen in Sprechen und Präsentation haben keinen Platz im Curriculum. An der Universität Konstanz habe ich ein- oder zweimal mit viel Erfolg meinen "Besser Sprechen"-Kurs im Studium Generale gegeben. An der Privaten Zeppelin-Universität in Friedrichshafen habe ich zwei Jahre diese Kurse abgehalten. Eine lebendige Vorlesung besucht man einfach gerne, und es bleibt mehr im Gedächtnis hängen. Die Art, wie man etwas vermittelt, ist oft wichtiger als der Inhalt.

Anfang der sechziger Jahre kam die neue Antibaby-Pille auf den Markt. Das gab uns jungen Menschen plötzlich eine ungekannte sexuelle Freiheit. Aids gab es noch lange nicht, man konnte sich höchstens eine Gonorrhö zuziehen, aber die war schnell mit einer Penicillin-Spritze behoben. Ich entschied mich also, so bald wie möglich diese neuen Möglichkeiten auszuprobieren und suchte mir einen netten jungen Mann aus, um mich entjungfern zu lassen. Mein Vater und Lilian konnten keinen unserer Boyfriends je ausstehen und haben die meisten auch erfolgreich verjagt.

Nach einem Jahr Soziologie wechselte ich zur Volkswirtschaft, aber auch da versagte ich völlig.

Im Studentenleben versagte ich keineswegs. Amsterdam während der sechziger Jahre war großartig. Man konnte sich auch als Frau angstfrei bewegen. Mein Nachbar in der Churchill-Laan war ein sehr intelligenter, linker, etwas älterer Student, der mich unter seine Fittiche nahm und mich mit der PROVO-Bewegung bekannt machte. Die PROVO war in den Niederlanden eine gesellschaftskritische Protestbewegung, die 1965 aus einem Zusammenschluss verschiedener anarchistischer Gruppierungen entstand, nachdem es zu einer gewaltsamen Auseinandersetzung zwischen Polizei und einer dieser Gruppen gekommen war. Von da an zielte die PROVO darauf ab, das elitäre Establishment, das spießige Bürgertum und vor allem die staatlichen Behörden und Autoritäten zu provozieren, unter anderem um deren Gewaltbereitschaft zu beweisen. An den Wochenenden wurden Versammlungen auf dem Spui, die sogenannten Happenings, eine der wichtigsten

Formen der Aktionskunst der 1960er Jahre, in Amsterdam veranstaltet, außerdem gab es nächtliche Straßenfeste. Für mich war das eine neue Welt, in der es mir besser gefiel als bei den Damen der A.V.S.V.

Meine linksgerichteten Freunde merkten schon schnell, dass es bei uns in Nieuwkoop am Wochenende leckere Barbecues gab und kamen dazu dann auch gerne mal wieder ins bürgerliche Lager. Mein Vater und Lilian waren nicht begeistert.

Mit 18 Jahren wollte ich unbedingt meinen Führerschein machen. Ich liebte das Autofahren und freute mich auf die Freiheit, die mir ein eigenes Auto geben würde. Der Führerschein hatte seine Tücken, aber nach einigen Versuchen war es geschafft. Jetzt musste noch ein Auto her. Mein Vater meinte, dass ich einen Teil davon schon selbst verdienen sollte, und so bekam ich im Sommer 1967 einen Job bei Casa Academica. Im Winter wohnten dort Studenten, im Sommer wurde es ein von Studenten betriebenes Hotel für Touristen.

Die Arbeit an der Rezeption des Hotels gefiel mir sehr gut. Am besten die Frühschicht. Da musste ich zwar um sechs aus dem Haus, aber das Auschecken und die Abrechnungen machten mir mehr Spaß als den ganzen Abend dort herumzuhängen und nach Mitternacht noch mit der Straßenbahn nach Hause fahren zu müssen. Zu wissen, wie eine Hotelrezeption funktioniert, hat mir später viele Vorteile beschert. Und natürlich das Auto, ein kleiner grüner Mini Morris, mit dem ich jetzt stolz durch die Länder fuhr.

Inzwischen hatte ich mehr Interesse am Singen als an der Volkswirtschaft. Meine Lehrerin aus der Studentenverbindung nahm mich mit zu ihrem Lehrer, Jan Keizer, einem der damals angesehensten Gesangslehrer in den Niederlanden. Bei ihm bekam ich zweimal im Monat eine halbe Stunde Unterricht! Nicht sehr effektiv. Auf meinem Zimmer in der Churchill-Laan hatte ich mein Klavier und schmetterte unentwegt Mozart-Arien und was mir sonst an Noten in die Hände kam. Meinhard Kraak, der damalige Assistent von Keizer, versuchte mich weiterzubringen. Leider ohne viel Erfolg.

Eine Gesangsausbildung sollte damit anfangen, dem Schüler klarzumachen, welche Körperteile beim Singen gebraucht werden, wo die Luft herkommt und wo sie hinfließen muss; welche Muskeln aktiv oder passiv eingesetzt werden. Die Verbindung von Ton mit Vokalen und Konsonanten. Was macht mein Gehirn, was mein Bauch, was die Lippen und was die Zunge? Dass man beim Singen denken muss, ist für die meisten Menschen eine große Überraschung. Wie wichtig die Gedanken sind, die den Ton nachher steuern und färben. Singen ist eine sehr komplexe und direkte Art, Musik zu machen. Gesang zu unterrichten ist nicht so einfach und außer viel Einfühlungsvermögen braucht man auch ein gutes Ohr und eine Vorstellung, wie der Ton klingen sollte. Das ist bei jedem einzelnen Menschen verschieden. Das macht die Beurteilung auch so schwierig und individuell. Von all meinen vierzehn Gesangslehrern haben leider die wenigsten eine Ahnung von der Kommunikation dieser Elemente gehabt. Trotzdem habe ich viel gelernt und setze alle meine Erfahrungen in meinem Unterricht ein. Das Lernen über die Stimme und den Unterricht hört nie auf. Für mich ist das nie langweilig. Im Gegenteil, es fasziniert mich immer wieder.

Außer in der A.V.S.V. wurde ich auch Mitglied in der Zionistischen Studentenbewegung und besuchte manchmal die Liberale Jüdische Studentengruppe mit dem bekannten Rabbiner Jacob Soetendorp. Dort traf ich Paul Spier, wir befreundeten uns und tranken manchmal einen Kaffee zusammen. Er studierte Mathematik, und außer unserem Jüdisch-Sein hatten wir nicht viel gemeinsam. Als ich Amsterdam verließ, übernahm er mein Zimmer in der Churchill-Laan. Der Anfang einer langen Beziehung, aber das ahnten wir damals nicht.

Im ersten Jahr an der Uni bekam ich durch die Zionistische Studentenbewegung die Möglichkeit, einige Wochen nach Israel zu gehen und in einem Kibbuz zu arbeiten. Das war ein neues großes Abenteuer. Mit meiner Gruppe landete ich in einem Kibbuz in Afula. Die Unterbringung war sehr dürftig. Betttücher bekamen wir erst kurz vor der Abreise, nach drei Wochen. Waschen mussten wir uns draußen mit dem Gartenschlauch. Als Lohn für unsere Arbeit bekamen wir Schokolade, Seife, Zigaretten, die ich verschenkte, und natürlich Verpflegung.

Die Arbeit bestand aus Landarbeit. Morgens wurden wir in der Frühe auf die Felder gebracht, mussten Bananenstauden schneiden und das Unkraut bei den Weinreben aus der Erde ziehen. Beides war für mich eine körperliche Überforderung. Aber ich tat mein Bestes und wenn ich müde wurde, setzte ich mich hin und sang Mozart-Arien für die Kollegen. Nach einigen Tagen war es der Leitung klar, dass aus mir keine Landarbeiterin wurde, und ich wurde in die Haushaltsabteilung versetzt. Auch das war kein Erfolg. Vom Putzen hatte ich genauso wenig Ahnung. Schließlich endete meine Arbeit beim Bügeln mit den schwangeren Frauen. Abends saßen wir um das Lagerfeuer und dort hatte ich viel Erfolg mit einem Lied, das ich gerne sang: "L'ombrelle et le parapluie" von Henri Salvador. Es wurde ein großer Erfolg: "Para" heißt Kuh auf Hebräisch, und alle waren davon überzeugt, dass ich über Kühe und nicht über Sonnen- und Regenschirme sang.

Nach drei Wochen ging es zurück nach Tel Aviv. Vida und Fred Simons wohnten im Sommer in Ra'anana, damals ein kleines Dorf, wo sie ein Haus mit Garten besaßen. Dort habe ich vier Wochen mit Vida verbracht. Jeden Nachmittag saßen wir auf der Veranda. Sie machte Handarbeiten, ich redete. Über den Tod meiner Mutter, den Tod ihrer guten Freundin, über die neue Ehe meines Vaters und das blöde Studium. Kann ich Gesang studieren und Sängerin werden? Was, wenn ich keinen Erfolg habe, wie würde mein Leben dann aussehen und vor allem, was würde mein Vater dann sagen? Weder Lilian noch mein Vater wollten, dass ich Musik studiere. Lilian war eifersüchtig, sie wollte auch nochmal jung und frei sein und nur allzu gern selbst auf einer Bühne stehen. Und mein Vater wollte mich vor Enttäuschung bewahren und konnte sich eine Tochter auf der Bühne nicht vorstellen.

Vida hat mir das Leben gerettet, weil sie mir endlos zuhörte. Das hatte bis dahin noch nie jemand gemacht. Und dafür bin ich ihr bis heute dankbar.

Nach diesen Ferien war mir klar, dass ich keine Geschäftsfrau werden wollte und fing an, nach Wegen zu suchen, um meinen Traum zu verwirklichen: Sängerin werden.

Im langweiligen Genf 1966-1969

Wie verschieden können Geschwister wohl sein? Meine Schwester und ich hatten außer unseren Eltern sehr wenig gemeinsam. So extrovertiert ich bin, so introvertiert ist meine Schwester; ich war immer rund und ein bisschen barock, meine Schwester gertenschlank. Das gab schon in der Kindheit Grund zur Eifersucht: Miriam bekam jeden Morgen einen großen Teller Grießbrei zum Frühstück, den sie hasste; ich liebte den Brei, aber bekam nur ein symbolisches Häppchen. Diese Eifersucht setzte sich lange und auf vielen verschiedenen Ebenen fort.

Für mich war sie immer meine kleine Schwester, eine Rolle, die sie nicht gerne spielte.

Heute sind wir beide über 70 und wir haben es endlich geschafft, liebevoll und mit viel Respekt und Toleranz miteinander umzugehen.

Miriam machte schon mit 16 Jahren ihr Abitur am Rotterdamsch Lyceum. Danach ging sie für ein Jahr nach Grenoble und von dort aus nach Genf, um an der bekannten Dolmetscherschule zu studieren.

Um die Ferien mal wieder zusammen zu verbringen, reisten wir im Sommer 1966 nach Viareggio in der Toskana. Wir fuhren mit dem Zug von Rotterdam aus und nahmen unsere Mofas mit, damit wir dort mobil wären.

Unser Ziel war es, Italienisch zu lernen, und so nahmen wir Unterricht an einer Sommerschule. Miriam, die schon in Genf auf der Dolmetscherschule war und gut Französisch sprach, und ich ohne diese Kenntnisse, kamen in verschiedene Klassen. Morgens waren wir in der Schule, nachmittags am Strand. Beide wollten wir Diät machen und nahmen wenig Essen mit zum Picknick am Strand. Das gefiel der italienischen Familie, der wir jeden Tag am Strand begegneten, gar nicht und so wurden wir wie zwei weitere Familienmitglieder mitgefüttert. So war die Diät auch in diesem Sommer nicht erfolgreich. Noch dazu kam, dass ich die italienischen "Dolci" entdeckt hatte und sie jeden Tag aufs Neue probieren musste.

Nicht weit von Viareggio liegt das Dorf Torre de Lago, berühmt durch Giacomo Puccini, der dort gelebt und komponiert hat. Jedes Jahr gibt es ein Open Air Puccini Festival, und so zogen wir auf unseren Mofas durch die Pinienwälder und hörten dort La Bohème. Wir begegneten zwei der Orchestermusiker, die uns einluden, nach Florenz zu kommen, um sie zu besuchen. Wir schrieben einen Brief in unserem besten Italienisch und kündigten unseren Besuch an. Vierzehn Tage später nahmen wir den Zug nach Florenz.

Keiner der beiden Musiker war am Bahnhof. Also liefen wir zum Theater und fragten nach, ob man unsere Kavaliere anrufen könnte. Tatsächlich kam der Cellist angerannt. Unser Brief war wohl nicht angekommen. Er löste es elegant und zeigte uns Florenz. Auf den Treppen der Kirche Santa Croce rief ich voller Begeisterung in meinem neu erworbenen Italienisch aus: "Io ho perduto il mio petto a Firenze." ("Ich habe meinen Busen an Florenz verloren.") Allen lachten, und er meinte, es sei noch genügend übrig. Das Wort "petto" bedeutet in altem Italienisch Herz, aber in modernem Italienisch Busen. So kann man sich irren. Später am Abend gab es ein unvergessliches Abendessen, das wir mit unserem Taschengeld nicht hätten bezahlen können, und eine Opernvorstellung: *Adriana Lecouvreur* von *Cilea* mit Magda Olivero.

Der zweite Kavalier, ein Geiger, war inzwischen auch über unsere Anwesenheit informiert worden und stieß dazu. Nach der Vorstellung wollten die beiden Herren uns nach Fiesole in die Berge hinter Florenz ent- und dort wahrscheinlich auch verführen. Wir hatten keine Ahnung, was Fiesole war, und dachten, es sei wohl ein Nightclub oder ähnliches. Großer Irrtum und es kostete viel Mühe und Überredungskraft, die Herren von dem Missverständnis zu überzeugen.

Auf dem Rückweg in die Niederlande mussten wir einen kurzen Halt in Genf einlegen. Miriam brauchte eine neue Bleibe, und so lernte ich zum ersten Mal den Ort kennen, an dem ich bald darauf die drei frustrierendsten Jahre meines Lebens verbringen sollte.

Besonders beeindruckt hat mich bei diesem Besuch die jüdische Gemeinde von Genf, die hauptsächlich sephardisch geprägt war, also von Juden, die ursprünglich aus Spanien, Portugal und dem Maghreb kamen. Bis dahin kannte ich nur die aschkenasischen Juden aus meiner eigenen Umgebung. Die jungen sephardischen Juden, viele von ihnen Marokkaner, waren dunkel und sehr hübsch. Wir gingen Freitagabend im jüdischen Restaurant in Eaux-Vives essen. Nach dem Kiddusch, dem Segen über Wein und Brot, wurde viel gesungen. Wieder eröffnete sich eine neue Welt für mich.

Zurück in Rotterdam berichtete ich begeistert über diese Entdeckungen, und mein Vater packte die Gelegenheit beim Schopf und schlug mir vor, mal ein paar Monate das rote Amsterdam zu verlassen. Mein Studium war ohnehin nicht so erfolgreich, und in Genf sollte ich wenigstens mein Französisch aufbessern.

Und so vermietete ich meine Zimmer in der Churchill-Laan an Paul Spier und zog nach Genf. Ich konnte nicht ahnen, dass Paul in einer späteren Lebensphase eine Hauptrolle spielen und am Ende die Liebe meines Lebens werden würde.

In Genf angekommen schrieb ich mich an der Universität für Französisch ein und am Conservatoire de Genève für Gesang. Mein Gesangslehrer wurde Pierre Mollet, der nächste in einer langen Reihe von gutmeinenden, aber unfähigen Lehrern. Monsieur Mollet versuchte mich davon zu überzeugen, legato (gebunden) zu singen. Legato ist das

Binden von Tönen, das durch den Luftstrom und die richtige Artikulation erzielt wird. Leider konnte er mir nicht vermitteln, was es damit auf sich hatte. Ich verstand beim besten Willen nicht, was er mit diesem Legato wollte und dachte, er meint "leicht oder hell" und fing an zu drücken und zu pressen, alles Sachen, die sehr kontraproduktiv für eine gesunde Stimmentwicklung sind.

Doch da war noch ein anderes Problem, auf das ich nur zufällig aufmerksam gemacht wurde: Eines Tages war Monsieur Mollet nicht da und wurde von seiner Assistentin vertreten. Sie machte das, was Monsieur Mollet schon längst hätte machen müssen, sie fühlte mal an meinem Oberkörper genau nach und fragte erstaunt, was ich da wohl unter meiner Bluse hatte. Das war die Korsage, die ich seit meiner Rückenoperation im zwölften Lebensjahr immer getragen hatte. Niemand hatte mich je darauf aufmerksam gemacht, dass ich diese ausziehen könne und als junge, erwachsene Frau nur einen BH und Höschen brauchte und nicht einen solchen Panzer. In den Turbulenzen zu Hause nach dem Tod meiner Mutter war das einfach untergegangen. Die Folge war, dass sich meine Bauch- und Rückenmuskulatur und damit auch ein sicheres Körpergefühl nicht mit mir entwickelt hatte und mich nicht selbstständig stützen konnte. Eine denkbar schlechte Voraussetzung für den Gesangsunterricht.

Es ist immer problematisch für Gesangslehrer am Anfang der Ausbildung mit Frauen zu arbeiten. Am Anfang der Ausbildung geht es hauptsächlich um den Körper, und zwar vor allem um denjenigen Teil, der Hirn und Bauch verbindet. Schon immer, aber noch mehr seit der MeToo-Bewegung, ist es für einen Lehrer unmöglich, ein junges Mädchen anzufassen. Umgekehrt ist es meist weniger problematisch. Außerdem ist es schwer für gestandene Sänger, sich in die Frauenstimme einzufühlen. Ich halte es für sehr wichtig, dass meine Tenöre und Bässe, nach der Grundausbildung bei mir, mit einem Lehrer weiterstudieren, der ihnen die Feinheiten des spezifischen Faches aus eigener Erfahrung vermitteln kann.

Nach einem Jahr bei Monsieur Mollet schlossen sich dann auch noch meine Stimmbänder nicht mehr und der HNO-Arzt empfahl mir dringend einen Lehrerwechsel. Das wurde dann Mademoiselle Fasanino, eine alte, sehr skurrile Dame, die mich sehr gerne hatte. Sie stellte immer ihr Mittagessen auf den Herd, ehe ich zur Stunde kam, und überzog dann so lange, dass alles anbrannte und die Küche öfters voller Rauch war. Nach zwei Jahren bei Mademoiselle Fasanino war mir klar, dass in Genf keine Sängerin aus mir werden würde.

Am Conservatoire gab es einen Dozenten, Robert Kornmann, der ein fabelhafter Korrepetitor und Musikkenner war. In seinen "Music appreciation classes" lernte ich Mahler und Strauss kennen. Er nahm mich mit in die Oper, wenn er Kritiken schreiben musste und zwei Karten hatte. Von ihm lernte ich auch, in der Pause ein Glas Sekt zu trinken, wenn es bis dahin gut war, und zwei Gläser, um es bei weniger Erfolg durch den Rest des Abends zu schaffen. Mit Chormitgliedern des Grand Theaters führte Kornmann die Petite Messe Solemnelle von Rossini auf. Ich durfte mitsingen. Mein erstes großes musikalisches Erlebnis.

Im Theater von Genf gab es eine Tanzklasse für SängerInnen, die von Serge Golovine gegeben wurde, einem französischen Tänzer und Choreografen russischer Herkunft. In den 1950er Jahren war er ein Star des Grand Ballet des Marquis de Cuevas. Er trat in der ganzen Welt auf. 1962 gründete er seine eigene Truppe und von 1964 bis 1968 war er Ballettmeister in Genf. Ich hatte großen Respekt vor ihm, aber konnte seinen Ansprüchen keineswegs gerecht werden. Dreimal in der Woche versuchte ich mich am Ballett, um dann völlig erschöpft nach Hause zu kommen.

Émile Jaques-Dalcroze war ein Schweizer Komponist und Musikpädagoge, der während der ersten Hälfte des 20. Jahrhunderts eine neue Methode rhythmisch-musikalischer Erziehung entwickelt hatte. Dabei ging es darum, die gegenseitige Wirkung von Musik, körperlicher Betätigung und emotionalem Empfinden zu stärken. Mit Übungen sollten dabei rhythmisches Verständnis einerseits und musikalische Interpretationsfähigkeit andererseits geschult werden. In Genf gab es ein Jaques-Dalcroze Zentrum, das auf diese Methode spezialisiert war. Dort besuchte ich nach der Tortur des klassischen Balletts Kurse, die auch sinnvoll und realistischer an meine körperlichen Fähigkeiten angepasst waren.

Genf war in vieler Hinsicht der totale Gegensatz zu Amsterdam: In Teilen sehr calvinistisch geprägt, konservativ und äußerst wohlhabend. Neben New York City sind in Genf die weltweit meisten internationalen Organisationen angesiedelt, u.a. die UNO und die Weltgesundheitsorganisation (WHO). Trotz des hohen Ausländeranteils, der beinahe die Hälfte der Stadtbevölkerung ausmacht, hatte Genf aber nicht unbedingt ein internationales, weltoffenes Flair: Die Genfer Gesellschaft schien sich nur ungern mit den ausländischen Studierenden oder Diplomaten zu vermischen. Ich fühlte mich daher trotz meiner Anbindung an die Universität und meiner Freundinnen sehr isoliert. Damals war mir aber nicht bewusst, dass nicht meine Kommunikation das Problem war, sondern eher die Abschottung der Genfer Gesellschaft, zu der ich keinen Zugang fand.

Trotzdem habe ich in Genf drei Freundinnen getroffen, die mich lange in meinem Leben begleitet haben: Joyce, eine blonde südafrikanische jüdische Pianistin; Susan, eine New Yorkerin und hochbegabte Sängerin; und Hiewet. Sie kam aus Äthiopien, hatte in Istanbul Gesang studiert und landete zur gleichen Zeit wie ich am Conservatoire in Genf. Wir vier wurden unzertrennlich, studierten und sangen zusammen und genossen das im Vergleich zu Amsterdam äußerst bescheidene Studentenleben in Genf so intensiv wie möglich.

Hiewet hatte einen sehr netten äthiopischen Freund, Mike, der jedes Jahr nach Genf kam, um Äthiopien bei der WHO zu vertreten. Er brachte seinen Sekretär Fissaha mit, und beide führten uns öfter zum festlichen Essen aus. Fissaha und ich verliebten uns. Er wollte mich seinen Eltern vorstellen, und so wäre ich fast in Äthiopien gelandet. Das war mir aber doch zu abenteuerlich. Liebevoll habe ich diese Initiative abgelehnt.

Leider sind beide Männer im Jahre 1974 der Revolution in Äthiopien zum Opfer gefallen. Sie gehörten wohl zum aristokratischen Gefolge des absolutistischen Herrschers Kaiser Haile Selassi.

Nach einem Jahr in Genf meldete sich Paul Spier wieder. Als Student hatte er bei Metaalhandel J.A. Magnus NV-Amsterdam gejobbt. Dann wurde er von der Continental Ore Corporation mit einem für die damalige Zeit großartigen Gehalt von 2000 Franken angeworben. Er verabschiedete sich von Amsterdam und dem Mathematikstudium und zog nach Lausanne um.

Er wohnte in Morges, eine halbe Stunde entfernt von Genf. Wir sahen uns nun häufiger am Wochenende, machten Ausflüge und verliebten uns ein wenig. In den nächsten Ferien nahm ich ihn mit nach Rotterdam, damit er auch meinen Vater und Lilian kennenlernen konnte. Mein Vater war Mitglied eines Schützenvereins und liebte Pistolen. Als erstes zeigte er Paul seine Pistolen. So ein Willkommen hatte er nicht erwartet. Nach einem Jahr wechselte Paul innerhalb der gleichen Firma nach Luxemburg. Das war das vorläufige Ende der Liebesgeschichte.

Nach meinem dritten Jahr in Genf entschloss ich mich, mein Sänger-Glück an der Accademia Musicale Chigiana in Siena zu probieren. Ich wollte mit meinem Mini Morris dahinfahren, und statt der geplanten drei Tage brauchte ich für diese 700 Kilometer nur einen Tag. Mein Zimmer in Siena war noch nicht frei, und so besuchte ich Freunde in Viareggio, die sich freuten mich wiederzusehen. In Siena traf ich hauptsächlich auf Sänger und Sängerinnen aus Amerika, die alle technisch ausgesprochen gut waren und neben sehr schönen Stimmen auch ein selbstbewusstes und professionelles Auftreten hatten. Mir wurde klar, dass ich zum Gesangsstudium am besten nach Amerika gehen sollte. Viele der amerikanischen Sänger in Siena waren dort mit der Sommerschule der North Carolina School of the Arts und hatten Unterricht bei Rose Bampton. Das war eine andere Welt, als ich sie aus Genf kannte.

Rose Bampton war eine gefeierte Sängerin an der Metropolitan Opera in New York. Sie unterrichtete an der Manhattan School of Music in New York. Noch in Siena nahm ich einige Privatstunden bei ihr und merkte sofort, dass ich bei ihr in New York weiterstudieren wollte. Miss Bampton war einverstanden. Jetzt war ein Feuer in mir entfacht: Ich wollte Sängerin werden! Allerdings nicht unbedingt eine berühmte Diva. Ich spürte, dass das Singen viel in mir bewegte und mir guttat, und so wollte ich einfach singen, egal was und wo. Dass es äußerst schwer ist, sich eine Existenz in der Musik aufzubauen, war mir damals nicht klar und auch völlig nebensächlich.

Sofort rief ich meinen Vater an und erzählte von dem Plan, nach New York zu ziehen. Verständlicherweise war er am Telefon nicht so schnell von dem Nutzen dieses Plans zu überzeugen, und so entschloss ich mich, nach Rotterdam zu fahren, um ihm persönlich zu erklären, dass dies der beste Weg für mich wäre. Es war ein Glücksfall, dass meine Tante Myra zufällig in Rotterdam war, als ich mit meinem Anliegen erschien. Myra lebte seit vielen Jahren in New York und war begeistert von der Idee, mich eine Weile bei sich zu haben.

Um ihm die Entscheidung zu erleichtern, machte ich einen Deal mit meinem Vater: Er bezahlte mein Studium an der Manhattan School of

Music, und ich würde endlich, sechs Jahre nach meinem Abitur, ernsthaft einen Studienabschluss erarbeiten.

Bei meiner Abschiedsfeier in Genf war die Atmosphäre plötzlich eine andere als in den vorherigen drei Jahren. Alle fanden es sehr schade, mich aus ihrer Runde zu verlieren. Noch dazu traf ich einen interessanten Herrn, der sich sehr schnell zum fabelhaften Liebhaber entwickelte, und so verließ ich Genf doch noch etwas wehmütig.

Im September 1969 flog ich voller Erwartungen in die neue Welt, New York City, USA.

New York, that never sleeps 1969-1974

Tante Myra Pinkowitz-Frenk

Meine Tante Myra war in Rotterdam geboren und aufgewachsen. Sie hatte eine Ausbildung als Krankenschwester gemacht und arbeitete im Jüdischen Krankenhaus. Als dieses im Februar 1943 von den Nazis geräumt wurde, hatte Myra zufällig ihren freien Tag.

Mitte September desselben Jahres wurde sie zusammen mit meinem Großvater und meinen Eltern verhaftet und via Westerbork nach Bergen-Belsen deportiert. In beiden Lagern arbeitete sie als Krankenschwester und hat so überlebt. Schwer traumatisiert und mit lebenslangen, schrecklichen Rückenschmerzen war sie nie im Stande, über ihre Erlebnisse zu sprechen. 1950 wanderte sie nach New York aus, arbeitete dort im New York Hospital und spezialisierte sich auf Frühchen.

Am 22. Februar 1962 heiratete sie Theo Pinkowitz. Theo war ein Berliner Jude, der 1938 in die Niederlande geflüchtet war. Dort lebte und arbeitete er in einem Kloster in der limburgischen Stadt Reuver, nahe der deutschen Grenze. Als die Nazis im Jahr 1940 die Niederlande besetzten, wurde er nach Westerbork gebracht. Dort hat er es mit harter Arbeit geschafft, den ganzen Krieg in Westerbork zu bleiben und so zu überleben. Er heiratete in Westerbork Gerda Magnus, bekam im Jahr 1951 den Sohn Yves, und wanderte 1953 nach New York aus. Er und seine Frau litten beide an einem posttraumatischen Syndrom. Im Jahr 1955 entführte Theos Frau Sohn Yves nach Haiti. Nach sechs Monaten wurden die beiden gefunden. Die Eltern trennten sich, und von da an lebte Yves bei seinem Vater. Nachdem Myra in das Leben der beiden eingetreten war, hat sie den Jungen mit viel Liebe großgezogen. Heute lebt er mit seiner Familie in Los Angeles.

Als ich im Jahr 1969 nach New York kam und erstmal bei der Familie Pinkowitz in Kew Gardens wohnte, wusste ich von all diesen Dingen nichts. Jedes Jahr am 14. April bekam Myra - sie hasste es, wenn ich sie *Tante* nannte - Blumen von ihrem Freund Jules Bingham. Jules war eine skurrile, sympathische Figur. Ein Freund des Hauses, der auch in Bergen-Belsen gewesen war. Myra freute sich über die Blumen. Als ich fragte, zu welcher Gelegenheit sie diese bekam, schwieg sie. Sie sagte es mir nie. Erst viel später wurde mir bewusst, dass der 14. April die Befreiung Bergen-Belsens war - die Wiedergeburt.

Tante Emma in New York 1945-1981

Auch Tante Emma, die Halbschwester meiner Mutter, wohnte in New York. Noch immer unverheiratet, lebte sie in einer Pension auf der 100 West End Ave bei Mrs. Lawrence. Da kam ich jeden Tag mit Bus oder Subway vorbei, wenn ich von meinem späteren Apartment in die Musikhochschule fuhr. Einmal in der Woche besuchte ich sie außerdem zum Mittagessen. Eine Woche nachdem ich im September 1969 nach New York gekommen war, hatte sie eine letzte Augenoperation und war danach endgültig erblindet. Die Ablösung der Retina hatte schon in ihrer Jugend in Frankfurt begonnen. Sie hatte immer schlecht gesehen, aber nach dieser Operation war es vorbei.

Für mich war es ein traumatisches Erlebnis, abends mit dem Taxi von Kew Gardens ins Mount Sinai Krankenhaus an der First Ave fahren zu müssen. Es war keine gute Gegend und machte mir Angst. Ich war noch keine New Yorkerin, und Emma war mir zu dem Zeitpunkt auch noch nicht so vertraut. Glücklicherweise war die Betreuung von meiner nun blinden Tante hervorragend. Nach ihrer Entlassung aus dem Krankenhaus bekam sie eine Schulung und lernte sogar, wieder selbständig mit dem Bus zu fahren. Sie wurde von einer Reihe älterer jüdisch-deutscher Damen der "Selfhelp Community Services" betreut, mit denen sie sich blendend verstand.

Emma war in Frankfurt am Main aufgewachsen. Als Jüdin wurde ihr 1933 die Aufnahme eines Studiums verweigert, was sie zur Auswanderung nach England veranlasste. Dort lebte Emma zweieinhalb Jahre, zunächst als Au-pair, später als Sprachlehrerin und gelegentlich als Haushaltshilfe. Ende 1935 besuchte sie meine Mutter in Holland, bevor sie im Frühjahr 1936 nach Belgien ging, um in Antwerpen als Sekretärin zu arbeiten. Von hier aus versuchte sie noch einmal zu Weihnachten 1936, ihre Mutter und ihre Großmutter in Frankfurt zu besuchen. Obwohl sie noch immer einen gültigen deutschen Reisepass besaß, wurde ihr an der belgisch-deutschen Grenze die Einreise nach Deutschland verweigert. 1937 wurde ihr Pass endgültig nicht mehr verlängert und 1938 erschien ihr Name auf einer im Deutschen Reichsanzeiger veröffentlichten Liste ausgebürgerter Personen. Sie besaß zwischenzeitlich einen belgischen Staatenlosenpass.

Als im Mai 1940 die deutsche Armee in das neutrale Belgien eindrang, konnte Emma am 12. Mai 1940 über Brüssel nach Frankreich fliehen. Der Zug, den sie ab Brüssel nehmen wollte, fuhr jedoch nicht, wie erhofft, nach Paris, sondern endete in einem kleinen Dorf bei Toulouse. Mit einigen Tagen Verzögerung gelangte sie anschließend von hier aus ins Lager Gurs in Südwestfrankreich, am Fuß der Pyrenäen.

Emma konnte das Lager Gurs nach kurzer Zeit verlassen. Sie lebte noch bis 1942 in Frankreich zusammen mit Verwandten aus Pirmasens, die sich auch bis nach Südfrankreich durchgeschlagen hatten. Schließlich setzte sie nach Casablanca über und fand ein Schiff, das sie in die USA bringen würde. Dieses landete aber in Kuba, wo sie als Deutsche zwei Jahre in Havanna interniert wurde. Dort fand sie Beschäftigung als Lehrerin für Englisch. Während ihrer Zeit in Kuba musste sie sich zweimal an den Augen operieren lassen.

Die Schriftstellerin Ursula Krechel widmete Emma ein kleines Porträt in ihrem Buch Landgericht (2012). In diesem Buch schreibt Ursula Krechel, dass Emma verheiratet gewesen und ihr Mann nach Theresienstadt deportiert worden sei. Als Frau Krechel im Jahre 2013 im Literaturhaus Thurgau, dem Bodman-Haus in Gottlieben (CH) aus ihrem Roman las, sprach ich sie darauf an: "Ich bin die Nichte Emma Kanns: Sie war nie verheiratet. Im Gegenteil, Emma hatte immer eine etwas lesbische Neigung, was man in der Zeit natürlich nicht öffentlich leben konnte. Es gab keinen Mann, sie war nie in Theresienstadt, und ich finde, dass die dichterische Freiheit hier ein bisschen zu weit gegangen ist." Frau Krechel war leider uninteressiert und ignorierte mich und die Einschätzung meiner Tante.

Nach Kriegsende 1945 konnte Emma endlich in die Vereinigten Staaten einreisen und lebte fortan in New York. Dort arbeitete sie wieder als Sekretärin und widmete sich aktiv dem Schreiben von Gedichten.

Emma und ich verstanden uns gut, und ich ging gerne zu ihr. Zu meiner Tante Myra ging ich häufig am Freitagabend zum Abendessen. Wann immer ich auch kam, es war nie früh genug. Stets wurde ich begrüßt mit: "Warum bist du jetzt erst da?" Mir ging das gebührend auf die Nerven. Erst viel später habe ich verstanden, dass das der Ausdruck ihrer Liebe zu mir war.

Von Genf nach New York zu ziehen war schon abenteuerlich. Die Tatsache, dass ich dort von der Familie aufgefangen wurde, war natürlich sehr beruhigend und hilfreich. Außer den beiden Tanten gab es noch Lou Reens, den jüngsten Bruder von Paul, in Wilton, Connecticut. Auch da wurde ich liebevoll aufgenommen. Lou war Rechtsanwalt und verheiratet mit Paula, einer waschechten New Yorker "Jewish Princess".

Sie hatten zwei kleine Söhne, Danny und Brian. Gerne verbrachte ich gelegentlich das Wochenende in Wilton. Eine willkommene Abwechslung vom lauten Manhattan. Paula und Lou waren Mitglied in einer humanistisch-jüdischen Gemeinde, ein moderner Zweig des Judentums. Im Gegensatz zu Deutschland ist in den USA liberales Judentum in all seine Formen möglich und akzeptiert. Zu Bar Mitzwa hielt Danny ein Referat über Spinoza, eine Verbindung von Judentum und den Niederlanden.

Leider sind die beiden im Erwachsenenleben in zwei Extremen gelandet; Danny wurde ein überzeugtes Mitglied von "Jews for Jesus", einem amerikanischen evangelikalen Missionswerk, und Brian ein ultra-orthodoxer Chassid in Bet Shemesh. So kann es gehen. Nach einer Weile wurde mir klar, dass ich meistens als Babysitter fungierte, wenn ich in Wilton war, eine Rolle, die mir nicht passte, und so ging ich nur noch selten hin.

Manhattan School of Music 1969-1972

In New York musste ich erstmal an der Manhattan School of Music vorsingen. Die Hochschule war gerade umgezogen nach 130 Claremont Avenue, die Manhattan School of Musik in der Nähe von Harlem. Von Kew Gardens aus musste ich dreimal in der Subway (U-Bahn) umsteigen. Am Anfang war das eine große Aufregung, aber nach einigen Wochen fühlte ich mich schon zu Hause und war auf guten Wegen, eine echte New Yorkerin zu werden. Zum Vorsingen hatte ich eine Arie von Christoph Willibald von Gluck, "Iphigénie en Tauride", in französischer Sprache mitgebracht: "O toi, qui prolongeas mes jours". Das machte großen Eindruck und obwohl ich das Rezitativ zu Hause vergessen hatte und schnell auf ein Stückchen Papier schreiben musste, wurde ich ins zweite Jahr aufgenommen.

So etwas ist heute, im Jahr 2020, nicht mehr möglich. Um einen Ausbildungsplatz an einer Musikhochschule zu bekommen, muss eine junge Sängerin schon eine ausgebildete Stimme haben, technisch fast vollendet und am besten gertenschlank sein. Je jünger, desto besser. Dass eine Stimme reifen muss mit dem Menschen, dass psychische und physische Entwicklung miteinander Hand in Hand gehen, wird wenig beachtet. Viele landen so zu früh im Beruf und halten dann die Anspannungen nicht lange aus.

Auch für damalige Verhältnisse war es eigentlich ein ziemlicher Erfolg, direkt ins zweite Jahr aufgenommen zu werden. Dass man mich hätte ablehnen können, ist mir damals gar nicht eingefallen. "Ich war doch schon da!", dachte ich. Dieses Selbstbewusstsein ist mir leider sehr schnell abhandengekommen. Lampenfieber spielte eine große Rolle in meiner weiteren Entwicklung. Da ich immer einen fröhlichen und selbstbewussten Eindruck machte, kam niemand auf die Idee, dass ich mich innerlich ganz klein und unfähig fühlte und von immensen Versagensängsten geplagt wurde.

Mein Vater war nicht unschuldig an diesem Gefühl. Schon als Kind nannte er mich oft "Schaf", ein Tier, das nicht für seine Intelligenz bekannt ist. Die Angst zu enttäuschen war tief in mir verankert und machte einen Misserfolg fast unausweichlich.

Tief in meiner Erinnerung hat sich ein Workshop mit dem berühmten französischen Bariton und Lehrer Pierre Bernac verankert. Ich sollte "Les Papillons" von Ernest Chausson singen. Der kleine Saal der Hochschule war gefüllt mit Kollegen, Sängern und Pianisten, Lehrern und Publikum. Als ich das Gedicht von Jean Richepin vorgetragen hatte, bekam ich spontanen Applaus. Das Singen hingegen wurde zum Fiasko – bedingt durch Angst und Lampenfieber. Ich bekam dann auch ein D, das entspricht wohl einer Vier, und schämte mich zutiefst. Sprechen und Singen setzen ein stabiles Nervensystem voraus. Das meine reichte fürs Sprechen, lange Zeit aber nicht zum Singen.

Das amerikanische Universitätssystem war damals schon mit Credits organisiert, wie in Europa erst nach der Bologna-Reform im Jahr 1999. Sechs Jahre nach meinem Abitur bekam ich in New York nur sechs Credits aus meinen bisherigen Studienjahren gutgeschrieben. Nach drei Monaten fand ich eine Bleibe in einem typisch New Yorker Brown Stone, nicht so weit entfernt von der Schule in 333 W. 88 Street, eine unvergessliche Adresse, die fast nicht auszusprechen war. Ich teilte ein Zwei-Zimmer-Appartement mit einer Musical-Schauspielerin, die oft unterwegs war. Und so lernte ich, wie man in New York als Studentin leben kann.

Zu meiner Freude war meine Freundin Susan inzwischen auch in New York. Wir sahen uns oft, unternahmen viel zusammen und telefonierten endlos.

New York bot viele Möglichkeiten, Konzerte und die Oper zu genießen. Es wurde in der Schule schon bald bekannt, dass, wann immer es für irgendetwas ad hoc Karten gab, ich stets Ja sagte. Vier bis fünf Mal in der Woche konnte man mich in der Carnegie Hall oder im Lincoln Center antreffen. Mich interessierte alles außer Musical. Die Liebe dazu kam erst viel später. Mit diesen vielen Konzertbesuchen habe ich die Grundlage für meine umfangreichen und sehr guten Repertoire-Kenntnisse gelegt, wovon ich in meinem ganzen weiteren Berufsleben profitiert habe.

Als Studentin musste ich mir auch etwas Geld dazuverdienen. So üppig war mein Budget nicht. Erst fand ich eine Projektstelle als Übersetzerin für Französisch-Englisch in einer Offshore Oil Drilling Company. Unglaublich, was man sich als junger Mensch so zutraut. Aber warum nicht? Ich war gut und schnell! So schnell sogar, dass der Job leider geschwind erledigt war und ich wieder einen neuen Job suchen musste.

Ich meldete mich bei Berlitz School of Languages an, um möglicherweise Niederländisch zu unterrichten. Ein Jahr später bekam ich plötzlich einen dringenden Anruf von der Schule. Ich sollte mich sofort melden. Berlitz hat eine eigene, sehr effiziente Methode des Unterrichts. Man unterrichtet seine Muttersprache und vermittelt die Sprache nur mit Sprechen und Wiederholen. Nichts Geschriebenes, keine Grammatik.

Für Geschäftsleute, die schnell eine Sprache lernen müssen, um sich im Ausland verständigen zu können, gab es die sogenannten "Total immersion courses". Drei Lehrende beschäftigten sich acht Stunden pro Tag mit dem armen Schüler. Man ging zusammen essen, einkaufen usw. Nach einer Woche konnten die meisten sich schon gut in der neuen Sprache verständigen. Für so einen intensiven Kurs in Niederländisch brauchte man mich dringend. Statt einer Woche Einführung in diese "direkte Methode" wurde ich nach drei Tagen schon auf den Schüler losgelassen. Da entdeckte ich, dass ich eine geborene Lehrerin bin. Es machte mir viel Spaß, und ich habe dort viel gearbeitet und später auch Englisch und Deutsch unterrichtet. Mein Englisch war damals akzentfrei. Ich sprach wie eine Muttersprachlerin. Mein Deutsch hingegen war etwas abenteuerlich, das störte aber niemanden mehr.

Einen anderen Job hatte ich in den Sommerferien 1970 bei Rizzoli, dem italienischen Buchladen auf der 5th Avenue. Den Job bekam ich durch einen Landsmann, Theo Post van den Burg, der schon lange bei Rizzoli arbeitete und den ich dort zufällig kennengelernt hatte, als ich eines Tages in die Buchhandlung kam, um nach einem kleinen Wörterbuch zu suchen. Da kam Theo auf mich zu und fragte, wie er mir helfen könne. Ich nannte ihm mein Anliegen und er zeigte auf das entsprechende Büchlein, das direkt vor mir lag. Daraufhin sagte ich: "Ich habe wohl mit meiner Nase geschaut", was sich im Englischen merkwürdig anhört, denn es ist ein typisch niederländisches Idiom, das ich einfach so übertragen hatte. Theo lachte und antwortete mir gleich auf Holländisch. Wir wurden sofort gute Freunde, und er sollte noch eine große Rolle in meinem Leben spielen.

Als ich bei Rizzoli anfing, hatte ich keine Ahnung von amerikanischer Literatur, und nachdem ich auf Nachfrage eines Kunden, der ein Buch über Backgammon wollte, lange bei den Kunstbüchern gesucht hatte, wurde ich in die Zeitschriftenabteilung abgeschoben. Das war mir recht, denn dort fand ich es sehr angenehm, da ich wenigstens sitzen und, wenn nichts los war, die internationalen Magazine selbst lesen konnte. Außerdem war immer Zeit für ein Schwätzchen mit den Kunden, was mir viel Spaß machte.

Die Manhattan School of Music war eine wunderbare Alma Mater. Der Unterricht war gut strukturiert, die Lehrer erstklassig. Viele waren noch rechtzeitig geflüchtete Europäer und freuten sich, mit mir Deutsch sprechen zu können. Mein Lehrer für die Geschichte der Oper war Dr. Joseph Braunstein. Er hatte in Wien noch unter Richard

Strauss an der Wiener Staatsoper und bei den Wiener Symphonikern Geige gespielt.

Ihm und seiner Frau, Emmy Gross, gelang im Jahre 1940 die Flucht über Italien in die Vereinigten Staaten. Bis zu seiner Pensionierung im Jahr 1957 arbeitete er als Forschungsbibliothekar in der Musikabteilung der New York Public Library in der 42nd Street. Danach unterrichtete er Musikgeschichte an der Juilliard School, der Mannes School for Music und der Manhattan School of Music. Für die Musica-Aeterna-Konzerte im Metropolitan Museum, die von seinem guten Freund Frederic Waldman dirigiert wurden, schrieb er von 1961-1985 die Programmnotizen. Das gleiche machte er auch für die Kammermusik-Gesellschaft im Lincoln Center. 1982, als er schon 89 Jahre war, wurde er zur Pensionierung gezwungen. Seine Wut darüber bleibt mir in lebendiger Erinnerung.

Meine Lehrerin an der Manhattan School, Miss Rose Bampton, war eine wunderbare, sehr herzliche Dame. Sie war mit dem kanadischen Dirigenten Wilfrid Pelletier verheiratet. So groß Rose war, so klein war Maestro Pelletier. Sie bewohnten ein sehr großzügiges Apartment auf der 57th Street. Ein Stockwerk höher wohnte der weltberühmte Pianist Vladimir Horowitz, der mit Wanda, der Tochter von Arturo Toscanini, verheiratet war. Später erbte Miss Bampton den Toscanini-Flügel und stellte den in ihr Studio an der Manhattan School of Music, wo er bis heute steht.

Unvergesslich waren die jährlich wiederkehrenden "Trim the Tree Parties". All ihre Studentinnen wurden eingeladen, den fünf Meter hohen Weihnachtsbaum zu schmücken. Jeder Baumschmuck hatte eine Geschichte. Dann wurde gesungen, der Maestro am Klavier. Die schönen, mir damals noch unbekannten Christmas Carols. Nachher gab es ein Buffet und viel zu trinken. Aus Rotterdam hatte ich ein Paket mit holländischen Sinterklaas-Spezialitäten bekommen und ich brachte Miss Bampton davon eine Schachtel Spekulatius. Nach einigen Tagen bekam ich eine handgeschriebene Dankeskarte. Ich habe viel "für das Leben" von Rose Bampton gelernt, leider gehörte eine solide Gesangstechnik nicht dazu.

"Wie finde ich eine Gesangslehrerin und wie werde ich sie wieder los", ist der Titel meines ungeschriebenen Buches zu diesem Thema. Als junger Mensch sucht man sich einen Lehrer oder eine Lehrerin in der Annahme, dass diese wissen, wie und was zu unterrichten ist, und

man denkt, dort in guten Händen zu sein. Nichts ist weniger wahr. Gesangslehrerin ist keine geschützte Berufsbezeichnung. Jede Kirchenchorsängerin kann sich Lehrerin nennen, auch wenn sie keine Ahnung von der Stimmproduktion, dem Sängerberuf oder dem Repertoire hat. Es ist ein russisches Roulette, ob man sofort jemanden findet, der einen dahin bringen kann, wozu man die Veranlagung mitbringt. Heutzutage wird in den Hochschulen Physiologie der Stimme unterrichtet, das ist schon mal ein Anfang.

Die Arbeit mit einer Gesangslehrerin ist eine sehr intime Angelegenheit. Man redet viel über Körper und Seele. Die Stimme ist ein sehr direktes Medium. Das führt dazu, dass beim Unterrichten meistens eine Bindung entsteht, die schwer wieder zu lösen ist. Man liebt und verdankt ihr viel, denn schließlich gibt sie dir eine Stimme. Da ist die Trennung schwer zu gestalten. Ich bin aus Liebe und Treue immer viel zu lange bei meinen Lehrerinnen geblieben, obwohl sie mir schon lange nichts mehr beibringen konnten. Damit habe ich viel kostbare Zeit verloren.

Bei vielen LehrerInnen habe ich versucht die Feinheiten des Operngesangs zu lernen, darunter auch sehr namhaften, wie Rose Bampton, Richard Fredricks und natürlich Frau Kammersängerin Erika Köth. Weit bin ich für die Stunden gefahren: von Genf nach New York, von New York nach Konstanz, von Konstanz nach Graz und nach Neustadt an der Weinstraße. Von allen habe ich etwas gelernt. Alle haben dazu beigetragen, dass ich eine sehr versierte Lehrerin geworden bin.

Selbst habe ich immer versucht, meinen Schülern zu sagen, dass sie auch zum Kaffee kommen können, wenn sie mich sehen wollen oder etwas mit mir besprechen möchten, aber nicht mehr unbedingt zur Gesangsstunde. Die Reaktionen darauf sind sehr unterschiedlich. Manche Schüler sind beleidigt, wenn ich vorschlage, dass sie mal woanders hingehen sollen, und fühlen sich rausgeschmissen oder verstoßen. Andere können sich nur trennen, wenn ich als die Böse fungiere. Wieder andere sind auch dankbar und kommen später wieder, um zu zeigen, wie sie gewachsen sind.

An den Hochschulen ist die Lage noch verzwickter. Die Hochschulen suchen LehrerInnen, die so bekannt oder berühmt wie möglich sind und direkt aus dem Beruf kommen. Ob sie pädagogische Qualitäten haben, ist Nebensache. Und so werden die wenigsten Hochschulschüler richtig auf den schweren Beruf des Sängers vorbereitet und enden mit viel Enttäuschung im Chor oder in anderen Berufen.

Nach einigen Monaten in New York bemerkte ich, dass Jüdisch-Sein dort eine sehr viel einfachere Sache war, als ich es in den Niederlanden und in Genf erfahren hatte. In New York war und ist das Leben stark von Juden geprägt – noch heute leben in New York, nach Jerusalem, in absoluten Zahlen mehr Juden als in irgendeiner anderen Stadt der Welt. Es war nichts Besonderes, jüdisch zu sein. Das war eine große Erleichterung für mich. Ich fühlte mich erstmals befreit von der Schwere, die ich in meinem Elternhaus wie ein Joch auf den Schultern spürte. Auch war ich befreit vom Anderssein während meiner Jugend in Rotterdam.

Am meisten verkehrte ich in der Congregation Shearith Israel, auch bekannt als Spanische-Portugiesische Synagoge in 2 West 70th Street. Es ist die älteste Synagoge in den Vereinigten Staaten. Der Kantor war zu dieser Zeit Abraham Cardozo, der 1914 in Amsterdam geboren wurde. Er kam aus einer sephardischen Rabbinerfamilie. Im Jahre 1939 hatten er und seine Frau Irma das Glück, Lehrer und Kantor in Surinam zu werden. So entkam er als einziger seiner Familie dem Holocaust. Abraham und seine Frau hatten ein sehr offenes Haus. Die niederländischen Juden, die es nach New York verschlagen hatte, trafen sich dort. So hatten hier auch Vida und Fred Simons geheiratet und später meine Tante Myra und Theo. Am Freitagabend, der Abend vor dem Schabbat, war ich häufig bei ihnen eingeladen. Es wurde viel gesungen und lecker gegessen. Der Umgang war herzlich und liebevoll.

Als mein Vater mich im Januar 1969 besuchte, überzeugten ihn die Cardozos, dass ich nicht in einen Brown Stone leben konnte. Das sei viel zu gefährlich. Und so besorgten sie mir ein Studio Apartment in den Lincoln Towers, eine erstklassige Adresse inklusive Doorman. Das Studio kostete damals 180,00 US-Dollar im Monat. Heute weit über 2000,00 US-Dollar. Von den Lincoln Towers aus ist man in zehn Minuten in der Oper. Es war der ideale Standort für mich. Ich wohnte im 15. Stock und fühlte mich dort pudelwohl.

Neue Bekanntschaften in New York zu machen, insbesondere männliche, war gar nicht so einfach. Also wurde ich Mitglied eines internationalen Clubs und lernte da Leute aus allen Ländern kennen. Einer davon war Guy, ein junger Belgier, der Diamantschneider war. Er hatte rote Haare, einen roten Bart und war ziemlich orthodox. Am Schabbat reiste er nicht und blieb deshalb oft das ganze Wochenende bei mir. Da ich keine koschere Küche hatte, gab es nur kaltes Essen und Thunfisch aus der Dose. Das langweilte mich schon bald, und ich entschied, beim koscheren Metzger ein Steak zu kaufen und ihn damit zu überraschen. Das Steak war köstlich, und er war begeistert. Einige Wochen später, als ich bei Irma Cardozo stolz darüber berichtete, klärte sie mich auf, und ich lernte, dass ein Steak erst koscher ist, wenn es mehrere Stunden lang in Salzwasser gelegen hat, damit das Blut entweicht. Dass der Geschmack darunter leidet, dürfte wohl klar sein. Guy wird nie wieder so ein gutes Steak gegessen haben. Bald darauf schenkte er mir ein Stofftier mit Musik, und mir wurde klar, dass wir in sehr verschiedenen Welten lebten.

Im internationalen Club lernte ich etwas später Nathan kennen, einen sehr netten Israeli. Er war doppelt so alt wie ich, was ich sehr interessant fand. Er war Journalist und arbeitete bei den United Nations. Eine neue Welt. Wir waren sehr verliebt. Als wir an Weihnachten einen Spaziergang im Central Park machten, traf ich dort eine Kommilitonin von der Schule, die zu mir sagte: "Oh Ruth, wie schön, dass dein Vater zu Weihnachten hier ist!" Die Schellen fielen mir von den Augen, und ich habe dem armen Nathan gleich den Laufpass gegeben. Das hat ihn sehr verletzt. Als ich ihn Monate später zufällig wieder traf, habe ich mich für mein Benehmen entschuldigt. Mein Verhalten war ihm gegenüber wohl nicht sehr fair!

Zusammen mit meiner Freundin Susan suchte ich weiter. Eines Tages füllten wir einen Bogen für ein Partnergesuch aus. Liberal, offen und modern, wie ich mich einschätzte, waren mir alle Nationen, Hautfarben, Religionen usw. genehm. Auf das Gesuch antwortete eine ganze Reihe indischer Ärzte, Studenten oder schon fertig Studierte. Alles sehr nette junge Männer, aber nicht das, was ich eigentlich suchte. Eigentlich sehnte ich mich doch schon damals nach einem jüdischen Mann. Nur die jüdischen Männer waren mir oft zu jüdisch wie Guy, und die nicht-jüdischen waren einfach nicht jüdisch genug. Das machte die Partnerwahl schwierig.

In der Schule gab es Kurse für "self-awareness", eine Mischung aus sich spüren lernen, Bewegung-in-der-Gruppe und Selbstbewusstseins-Training. Ich liebte diese Stunden bei Miss Bilderback und machte auch sehr tiefgreifende Erfahrungen. In mancher Übung lernte ich, mich als Teil der Gruppe zu fühlen und nicht als die Außenseiterin, wie ich es seit meiner Jugend empfunden hatte. Die Gruppe lief stumm durch einen Raum. Die Aufgabe war, auf den anderen zuzugehen und sich mit den Handflächen zu berühren. Zu meinem Erstaunen kamen viele auf mich zu, um mich zu berühren. Das hat großen Eindruck auf mich gemacht und mir sehr geholfen, mich in Gruppen wohler zu fühlen als vorher.

Auch setzte ich meine Tanzstunden fort, diesmal im Mary Anthony Dance Studio in Greenwich Village. Die Stunden dort waren dem Modern Dance gewidmet und halfen uns, unser physisches, spirituelles und emotionales Zentrum zu finden. Auch Yoga-Stunden halfen, weiter an mir zu arbeiten. Körperarbeit ist für die Bühne unerlässlich, darüber hinaus inspirierte sie mich sehr und machte mir große Freude.

Bis heute bin ich immer begeistert, eine neue Art der körperlichen Entwicklung zu entdecken. Nach dem klassischen Ballett und der Dalcroze-Methode machte ich viele Jahre Yoga, Modern Dance, Feldenkrais, sogar Akrobatik und Drum Fitness, also Fitness in allen Formen.

In dieser Zeit wurde plötzlich die Atkins-Diät bekannt. Dr. Atkins hatte große Erfolge mit seinem Buch *Diät-Revolution,* das sich 15 Millionen Mal verkaufte. Atkins schlug vor, beim Essen auf Kohlenhydrate nahezu komplett zu verzichten und stattdessen nur noch Eiweiße und Fette zu essen. Das führte zu einer unbestrittenen Gewichtsreduzierung, und darüber hinaus sollte durch die ketogene (kohlenhydratarme) Ernährung der Stoffwechselprozess positiv beeinflusst werden. Da mein Gewicht immer noch ein Problem für mich war, machte ich einen Termin bei Dr. Atkins und fing mit der Diät an. Das wurde ein großer Erfolg. Ich verlor viele Kilos und fühlte mich pudelwohl. Dann machte ich einen großen Fehler: Ich nahm eine Einladung meiner Freundin Paula aus der Hochschule an, ihren Freund, Nicolas Flagello, einen italienischen Dirigenten, in Rom zu besuchen. Ohne Kohlenhydrate gibt es in Rom nicht viel zu essen und meine neu erworbene Figur war sehr schnell wieder etwas fülliger. Trotzdem war die Reise ein wunderbares Erlebnis.

Im November 1971 gab Maria Callas ihre berühmten Master Classes in Juilliard. Es war fast unmöglich, Eintrittskarten dafür zu bekommen. Lange stand ich in der Reihe, und zufällig traf ich dort Robert, einen Nachbarn aus dem 30. Stockwerk in meinem Wohnhaus, den Lincoln Towers. Wir bekamen die Karten und genossen die außergewöhnliche Master Class. Robert war ein Opernliebhaber der besonderen Klasse. Er hatte eine große Diskographie, und wir verbrachten viel

Zeit zusammen, um verschiedenste Aufnahmen von berühmten Arien anzuhören. Heute ist das kein Problem: Auf YouTube bekommt man alles! Aber in meiner Studienzeit war so ein Bekannter wahres Gold wert. Natürlich verliebte ich mich in Robert, der nicht nur Frau und Kind hatte, sondern sich gerade auch zu einem homosexuellen Leben bekannt hatte. So blieb es bei schönen freundschaftlichen Abenden mit vielen Arien.

In der Musikwelt trifft man häufig wunderbare homosexuelle Männer. Sie verstehen uns Sängerinnen sehr gut, sind empfindsam und haben auch viel Empathie. Viele von ihnen sind Connaisseurs der Oper und wunderbare Gesellschaft für festliche Abende. Bis heute freue ich mich, solche guten Freunde zu haben. Wenn man in diesen Kreisen verkehrt, trifft man allerdings leider kaum mehr heterosexuelle Männer, und das ist dann auf Dauer auch nicht befriedigend.

Im letzten Jahr meines Bachelor-Studiums wurde mir klar, dass ich neuen gesangstechnischen Input brauchte und kam zu Lorraine Nubar, die bis heute eine bekannte Kollegin ist. Sie versuchte mir zu helfen. Geblieben ist nur eine kleine Katze.

Die Katze Poes 1973-1987

Als ich eines Tages zur Gesangsstunde kam, hatte Lorraines Katze gerade Junge gekommen. Die lagen so süß und klein im Körbchen, dass ich es mir nicht verkneifen konnte und sagte: "Ach, sind die niedlich: So was würde ich auch gerne haben!" Und schon ging ich mit einem Körbchen und einer süßen, kleinen, weißen Mischlingskatze nach Hause. Ich nannte sie "Poes" (gesprochen: "Pus"), das niederländische Wort für Katze. Das war der Anfang einer langen Odyssee. Da ich im 15. Stock der Lincoln Towers im Zentrum von Manhattan wohnte und die Katze nie rausging, mussten erst einmal die Krallen herausoperiert werden. Das war damals üblich. Poes hatte lange weiße Haare, die überall hängen blieben. Eines Nachts gab es plötzlich ein Riesengeschrei. Eine Taube war ins Zimmer geflogen, und Poes ging auf sie los. Ich sperrte Poes ins Badezimmer und eilte im Nachthemd zum Portier. Ich habe nämlich große Angst vor allem, was flattert. Der Portier fing die Taube, brachte sie hinaus, und es kehrte wieder Ruhe ein.

Einige Tage später kam ich nach Hause. Das Fenster war offen. Poes lief draußen auf dem schmalen Fensterbrett – und das im 15. Stock! Ab da gab es Fliegengitter.

Als ich mich im Jahr 1974 entschied, nach Europa zurückzukehren, musste Poes natürlich mit. Sie brauchte Impfungen und einen eigenen Pass. Ehe ich nach Konstanz ging, machte ich erst Station in Madrid, wo meine Schwester damals wohnte.

Poes hatte die schlechte Gewohnheit, wenn ihr etwas nicht gefiel, ihre Manieren zu vergessen und nicht ihr Katzenklo zu benutzen. Das wurde in Spanien und später auch in Konstanz eine ziemliche Katastrophe.

Von Madrid ging es nach Rotterdam und dann per Flugzeug und Zug nach Konstanz.

Nach einigen Jahren war ich sehr oft unterwegs, Touristenreisen, Konzertreisen. Nicht so einfach mit einem Haustier. Freunde haben Poes eine Weile übernommen, bis sie nach 13 Jahren an Diabetes gestorben ist. Nie mehr ein Haustier für mich, aber ich habe sie doch sehr gerne gehabt!

Die letzten Jahre in New York

Im März 1972 war es dann endlich so weit: Ich gab mein Graduation Recital. Ein anspruchsvolles Programm, unter anderem mit Schumanns "Frauenlieben und Leben" und Liedern von Henri Duparc. Es war ein großer Abend mit anschließendem Fest. Es war ein wunderschöner Abschluss meines schulischen Lebens.

Meine Freundin Susan arbeitete als Sekretärin bei William Stein, der eine Ein-Mann-Agentur für junge amerikanische Sänger betrieb, die eine Karriere in Europa anstrebten. Zwei Mal im Jahr nahm er zehn Sänger mit und organisierte verschiedene Vorsingen an den deutschen und österreichischen Theatern. William Stein hatte meinen Liederabend gehört und stufte ihn als "heroisch" ein. Er meinte, dass mein Auftritt der einer gestandenen Sängerin gewesen sei, dass ich aber keine Ahnung von Technik hätte. Er hatte recht. Seine Empfehlung zum neuen Lehrer war Richard Fredricks, Bariton an der New York City Opera. Er unterrichtete öfters seine Schüler in meinem Appartement. Ich durfte dann zuhören und lernte vieles. Meine Stimme entwickelte sich stetig, aber auch mit Richard Fredricks kam ich nicht viel weiter.

Nach meinem Abschied von der Manhattan School of Music suchte ich mir erstmal einen Job. Ich wurde Lehrerin für Musik und Französisch in einem Montessori-Kindergarten in Greenwich Village. Diese armen kleinen Kinder von wohlhabenden Eltern mussten Französisch lernen, obwohl sie noch kaum Englisch sprachen. Auch war mein Bachelor in Musik nicht gerade die praktische Vorbereitung auf diese Aufgabe, und so blieb ich in diesem Job nur drei Monate, bevor ich zurück zu Berlitz ging. Es war mir klar, dass ich mit Erwachsenen besser zurechtkam als mit Kleinkindern. Vorher machte ich noch eine kurze Erfahrung in der Gastronomie.

Nicht weit von Lincoln Towers war ein Restaurant, das Crêpes Breton hieß und diese auch servierte. In kurzen bretonischen Dirndln servierten die Damen dort die Pfannkuchen. Ich wurde engagiert und fing am ersten Tag zum Lunch an zu arbeiten. Voller Elan servierte ich die Teller mit Pfannkuchen, meine üppige Figur in Dirndl fand große Bewunderung und ich bekam 10,00 Dollar Trinkgeld! Erst nach der Arbeit sagten mir die Kollegen, dass ich zum Anlernen da gewesen sei und daher weder Lohn bekommen würde noch das Trinkgeld behalten dürfe. Ich war beleidigt und ging mit meinen 10 Dollar nach Hause. Als ich abends zurückkam, war ich gefeuert. So geht das in den Vereinigten Staaten, von sozialer Gerechtigkeit keine Rede.

Inzwischen hatte ich außerdem noch andere Probleme. Mein Studentenvisum war abgelaufen, und jetzt musste ich mich für eine sogenannte "Greencard", die amerikanische Aufenthaltsgenehmigung, bewerben. Die war schwierig zu bekommen. Die einzige Lösung, die mir schließlich blieb, war eine Heirat. Mein holländischer Freund Theo war inzwischen Amerikaner geworden und bot mir seine Unterstützung an: So heirateten wir am 31. Oktober 1973 in der City Hall in Lower Manhattan standesamtlich. Myra war unsere Zeugin, die Ringe bekamen wir von Anita. Der Tag war unvergesslich, wir mussten uns nicht verstellen und nichts vortäuschen.

Nur Tante Emma verstand die Welt nicht mehr. Sie sagte: "Du schläfst mit Männern, mit denen du nicht verheiratet bist und nicht mit dem, mit dem du verheiratet bist!" So kann sich die Welt ändern.

Nach der Hochzeit gingen Theo und ich zu mir nach Hause, wo ich ein Festessen vorbereitet hatte. Zufällig kam der Klavierstimmer an dem Tag vorbei. Er witterte, dass es was Besonderes zu feiern gab, nachdem Mario, Theos Partner angerufen hatte, um uns zu gratulieren, und er überraschte uns mit den "Tulpen aus Amsterdam" auf dem Klavier. Nachher gingen wir in die Metropolitan Opera und hörten

Donizettis "L'elisir d'amore", der Liebestrank. Passender hätte es nicht sein können. Im Juni 1979 haben wir uns scheiden lassen. Da wohnte ich schon lange in Deutschland.

Mario di Maria, Theos Partner, arbeitete zu dieser Zeit für Sol Hurok, die größte und wichtigste Künstleragentur in Amerika. Am 3. März 1974 sang Maria Callas ihren letzten Abend in New York. Ein Programm mit italienischen und französischen Arien und Duetten. Der Tenor war Giuseppe di Stefano. Mario betreute La Callas und hatte uns Karten besorgt. Die Carnegie Hall war gefüllt mit ihren Fans und, obwohl sie viel gesprochen und nur wenig gesungen hat, war ihre Ausstrahlung überwältigend. Nachher wurden Theo und ich ihr als Paar vorgestellt. Das war für alle eine komfortable Lösung. Heute kann man sich dieses Versteckspiel – Gottseidank – kaum mehr vorstellen.

Meine Freundin Anita aus Tel Aviv war mit ihrem Mann Marduch im Jahr 1968 in die USA gezogen. Sie wohnten in Forest Hills. Marduch studierte am Pratt Institute, das eine der bedeutendsten Kunsthochschulen in den USA war. So hat auch er, wie ich, unerwarteterweise einen künstlerischen Weg eingeschlagen. Anita wurde Editorin beim hoch angesehenen Verlagshaus Harpers & Row. Kurz nach seinem Abschluss wurde Marduch schwer krank. Er starb im Januar 1973 mit 28 Jahren. Ein herber Schlag. Anita ging für die Beerdigung einige Wochen nach Israel zurück. In dieser Zeit machten Anitas Oma und ich den Umzug für sie in eine neue Wohnung, ein Studio in den Lincoln Towers. So kam sie in eine neue Umgebung zurück, was ihr half, sich an die neue Situation zu gewöhnen.

Eines schönen Tages traf ich zufällig meinen Freund Ewoud Quispel auf der Straße. Ewoud kam aus Den Haag. Sein Onkel Gerard van Walsum war bis 1965 Bürgermeister von Rotterdam gewesen. Viel später erfuhr ich, dass Ewoud in Niederländisch-Indien geboren und als Kind während des Krieges in japanischen Konzentrationslagern eingesperrt war. Auch er hatte eine posttraumatische Belastungsstörung aus dieser Zeit. Im Jahr 1973 war Ewoud in New York und studierte Dirigat in Juilliard. Arbeit als Dirigent hatte er nicht und als ich ihn auf der Straße traf, sagte er mir: "Ruth, wenn du Geld verdienen willst, gehe zu Traveller International. Die brauchen Leute wie dich im Moment dringend."

Zum ersten Mal flogen große Jumbo-Charter-Maschinen von Europa nach USA und brachten hunderte Touristen aus den Niederlanden, Deutschland und Frankreich für billige Fünftagesreisen nach New York. In den letzten Jahren war der Dollarkurs ordentlich gefallen und für Europäer war New York damals sehr preiswert. Allerdings gab es noch kaum Infrastruktur für diese Reisenden. Wenige Hotels oder Restaurants, die auf Gruppen ausgerichtet waren, nicht genügend Busse und so weiter. Nur an zwei Stellen in Manhattan konnte man Geld wechseln und natürlich gab es bei weitem nicht genügend Reiseführer, die die nötigen Fremdsprachen beherrschten. Das war meine Chance.

Eines Nachmittags bewarb ich mich, abends war ich schon mit einem Kollegen auf einem Bus mit einem Mikrophon in der Hand, New York by Night. In den USA gilt "Learning by doing". Man sagt erst mal Ja zu einer Aufgabe und schaut dann, wie man das hinbekommt. Den Deutschen ist das ziemlich fremd. Drei Jahre Ausbildung sind das Minimum, ehe man sich traut, eine neue Aufgabe zu übernehmen.

Da ich New York liebte, erzählte ich alles, was ich bis dahin wusste, und der Kollege ergänzte, wo es nötig war. Angeblich war es ein Erfolg, aber ich wartete einige Wochen auf einen Anruf der Firma. Schließlich ging ich wieder hin und fand heraus, dass inzwischen eine neue Dame für das Einstellen der Guides zuständig war. Die Neue war auch Niederländerin. Wir mochten uns auf Anhieb, und ich bekam so viel Arbeit wie ich wollte. Die Gäste kamen an einem Mittwoch am Kennedy Airport an. Meistens 150 bis 200 Personen. Wir standen am Ausgang mit Schildern, sammelten die Gäste ein und verteilten sie über mehrere Busse. Dann ging es ab zum Hotel, wo der Check-in erfolgte. Die Gäste wurden eingeladen, eine Stunde später in einen Saal zu kommen, wo sie mit einem Drink begrüßt wurden. Dann folgte eine Ansprache vom Tour Operator, der die verschiedenen Extras beschrieb, die man kaufen konnte. Sightseeing Tour New York, New York by Night, Circle Line Cruise, Dinner and Theater, eine Tagestour Washington. Am nächsten Morgen ging es los. 30-40 Personen pro Bus.

Eine neue Welt eröffnete sich für mich, und ich fühlte mich pudelwohl. Jetzt verdiente ich endlich mal ordentlich Geld, traf viele neue Leute und konnte meine Sprach- und Kommunikationsfähigkeiten voll ausleben. Nach einigen Reisen dieser Art vertrauten mir die erfahrenen Kollegen, und ich lernte von ihnen die "tricks of the trade". Zum Beispiel, dass wir bei der Circle Line, der Bootstour rund um Manhattan, die Karten an unsere Kunden für den vollen Preis verkauften, am Ticketschalter aber den Gruppentarif lösten. Die Differenz verschwand in unseren Taschen – ganz legal.

Da es damals keine Smartphones gab, lief ich immer mit einer Tüte Dimes, 10-Cent-Stücken, in meiner Tasche rum, damit ich überall telefonieren konnte, um meine Busse oder Restaurants rechtzeitig bestätigen zu können. Ich weiß nicht, wie oft ich auf dem Empire State stand und nur telefoniert habe.

Traveller International war schlecht organisiert und machte schon bald zu. Bei Touraco ging es weiter. Neun Monate habe ich diese Reisen begleitet. Meistens ohne Pause.

Essen und Trinken war dabei meist inklusive. Die erfahrenen Guides wussten schon, dass sie mit den Kalorien aufpassen mussten. Ich aß munter weiter und trank gerne mal einen Whiskey sauer. Das Resultat waren 10 Kilo mehr in neun Monaten!

Eine unvergessliche Reise unter vielen war mit 60 holländischen Metzgern und Fleischproduzenten in den amerikanischen Midwest. Die Herren Fleischproduzenten flogen gleich weiter nach Las Vegas. Die sah ich erst wieder im Kennedy-Flughafen beim Abflug. Ein Kollege und ich empfingen die Metzger und fuhren gemeinsam in den Mittleren Westen – eine abgelegene Region der USA, die auf Tourismus wahrlich nicht vorbereitet war. Und auch der Kollege war keine Unterstützung. Er war es gewohnt, Opernreisende zu führen. Ein anderes Publikum. Immer wenn wir an unserem nächsten Bestimmungsort angekommen waren, ging er sofort in sein Zimmer und ich sah ihn erst am nächsten Morgen wieder. So blieb ich mit den sehr ungehaltenen Metzgersherren allein, die zu viel tranken und sehr laut und unzufrieden waren. Auch die Reise verlief nicht immer glatt: Die Metzger wollten Rinderschlachtereien sehen, aber da konnten wir nicht hinein, weil die hygienischen Vorschriften das nicht erlaubten. Also nur Ferkel. Meinen Vater, "den Frenk aus Rotterdam", kannten sie alle und diese ungewollte Schutzfunktion brauchte ich in diesem Falle, um die Reise zu einem friedlichen Ende zu bringen.

Die letzte Reise des Jahres war nach Florida. Ich entschied, dort noch über Weihnachten und Neujahr zu bleiben, um mich ein bisschen zu erholen. Da hatte ich auch mal Zeit nachzudenken, wie ich mein Leben zukünftig gestalten wollte. Weiter mit unbekannten Menschen durch die Welt reisen oder wieder singen? Zurück in New York, braungebrannt und rund, entschied ich mich fürs Singen.

Meine Freundin Susan hatte inzwischen sehr viel bei einer neuen Lehrerin gelernt, Else Seyfert-Grünwald. Frau Seyfert war in Stuttgart geboren, eine deutsche Jüdin, die im Jahr 1937 mit ihrem nicht-jüdischen Mann, Otto Seyfert, nach Amerika geflohen war. Sie war Sängerin, Mezzosopran, und schon sehr jung am Theater in Stuttgart engagiert. Nach ihrer Flucht lebte sie in New York. Sie hat aber nie mehr zum Theater zurückgefunden. Zu groß war der Schock des Exils.

Im Gegensatz zu Else hatte Otto eine jüdische Seele. Er war ein stiller Mann, Komponist, Dirigent, großer Pianist und Begleiter. In den USA wurde er sofort der feste Korrepetitor von Lauritz Melchior, dem großen Wagnertenor. Nach dem Krieg machte er Tourneen durch die Staaten mit u.a. Anneliese Rothenberger, Christa Ludwig und Walter Berry. Dann wurde er Direktor der Mannes School of Music.

Nach der Pensionierung wollten die Seyferts ihren letzten Lebensabschnitt in Deutschland verbringen. Durch Frau Rothenbergers Vermittlung fanden sie eine Wohnung in Konstanz, wo sie einige Jahre die Sommermonate verbracht hatten. Als ich im Januar 1974 Frau Seyfert fragte, ob sie mich als Schülerin annehmen würde, meinte sie: "Sehr gerne, aber im Mai ziehen wir nach Konstanz um." Ich musste nicht lange überlegen. In New York bekam ich als Sängerin keine Arbeit. Eine Möglichkeit wäre gewesen, mich als Lehrerin zu bewerben, irgendwo an einem kleinen College, weit weg von New York in der amerikanischen Pampa. Dann lieber nach Konstanz. Das war zwar auch keine Weltstadt, lag aber in der Mitte Europas. In Deutschland und Österreich gab es mehr als fünfzig Opernhäuser. Meine Chancen waren viel größer, meinen Traum zu verwirklichen, Opernsängerin zu werden. So fiel es mir nicht schwer, eine Entscheidung zu treffen. Mein Apartment vermietete ich möbliert für ein Jahr an eine Kollegin, mit der Option, wenn ich nicht zurückkommen wollte, könne sie alles übernehmen – inklusive meines Mietvertrags.

Ich brach meine Zelte in New York ab und kam am 1. Juli 1974 in Konstanz an.

3. Mein Leben in Deutschland seit 1974

Meine Ankunft in Konstanz 1974

Und so traf ich am Montag, den 1. Juli 1974, mit zwei Koffern und meiner Katze am Bahnhof in Konstanz ein. Frau Seyfert hatte ein Zimmer in der Theatergasse für mich organisiert. Das Taxi zur Theatergasse brauchte keine fünf Minuten. Auf meine Nachfrage hin bestätigte der Taxifahrer, dass dies die einzige Theatergasse in Konstanz war. Nach meiner Zeit in New York City ganz in der Nähe vom Broadway war das schon ein ziemlicher Schock, eine erste Konfrontation mit einer neuen, ganz anderen Realität.

Leider mochte die Vermieterin keine Katzen und meiner armen Poes gefiel es in der oberen Etage des großen, recht unbelebten Hauses in der Konstanzer Altstadt gar nicht. Sie machte das auf ihre Art auch sehr bemerkbar und pinkelte durch das ganze Haus.

Am nächsten Tag fuhr ich mit dem Bus zu den Seyferts. Sie wohnten in der Ruppanerstraße in Staad, ganz in der Nähe der Anlegestelle für die Autofähre. Im Garten vor dem Haus war ein Erdbeerbeet, und ich wurde bei Ankunft gleich dazu aufgefordert, einige Erdbeeren zu pflücken. Welche Wonne! Nach der ersten Gesangsstunde entdeckte ich dann die Fähre nach Meersburg und fuhr gleich drei Mal hin und her. Ich genoss den Blick auf den Bodensee, die frische Luft, die Sonne, die grüne Natur.

In New York hatte ich das letzte halbe Jahr über täglich stundenlang in der U-Bahn gesessen, um von der Gesangsstunde im Norden zu meinem kleinen Bürojob im Süden und abends zu den Unterrichtsstunden bei Berlitz im Westen zu gondeln.

An meinen dritten Tag in Konstanz, dem Mittwoch, hatte ich den ganzen Vormittag eingeplant, um erstmals zur Bank, zur Post und zum Supermarkt zu gehen. Innerhalb von 45 Minuten war ich schon wieder zu Hause. Kurze Wege, alles zu Fuß, keine langen Warteschlangen: die Kleinstadt, so bemerkte ich, hatte viele Vorteile.

Schon kurz nach meiner Ankunft in Konstanz entdeckte ich das Hörnle, das Konstanzer Freibad am See. Da traf ich eines Nachmittags eine junge Frau. Sie war Konstanzerin, und wir befreundeten uns sofort. Abends nahm sie mich mit in meine erste Weinkneipe in der Niederburg.

Bald suchte ich mir eine neue Bleibe und fand diese in der Muntpratstraße: ein möbliertes Zimmer mit Bad, Balkon und Kochgelegenheit. Auch nicht ideal, aber besser als vorher. Meine neue Freundin hatte eine Bekannte namens Susanne, die Klavier in Freiburg studierte und wollte uns bekannt machen.

Wir trafen die Freundin und ihre Mutter und sie stellte mich vor mit: "Das ist Ruth, sie ist Jüdin." Sie hätte mich als Holländerin oder Sängerin vorstellen können, aber nein, dass ich Jüdin war, schien ihr offenbar am bemerkenswertesten. Das hatte ich noch nie erlebt, es traf mich tief, und ich habe diese Situation nie vergessen. Neunundzwanzig Jahre nach Ende des Krieges war es scheinbar eine so besondere und ungewöhnliche Sache, eine lebendige Jüdin in Deutschland zu treffen. Das war der Anfang meines Lebens in Deutschland und ich bemerkte sofort, dass ich als Jüdin hier eine besondere Rolle spielte. Es ist mir damals öfters widerfahren, dass Leute sich schämten, als sie von meinen Wurzeln hörten, und sogar heute wundert sich mancher, eine "echte Jüdin" zu treffen.

An den jüdischen hohen Feiertagen im Jahr 1974 war ich in Konstanz und meldete mich bei der Jüdischen Gemeinde. Es war damals eine kleine Gruppe, die sich in der Sigismundstraße bei Herrn Sigmund Nissenbaum traf, einem polnisch-jüdischen Überlebenden der Schoah.

Der Rabbiner war der wunderbare, weltoffene und liberale Dr. Nathan Peter Levinson. Er war in Berlin geboren (1921), im Jahr 1941 im letzten Moment mit seiner Familie Nazi-Deutschland entflohen. Die Levinsons gelangten in die Vereinigten Staaten nach Cincinnati, wo er am Hebrew Union College einen Rabbinats-Studiengang absolvierte, den er mit dem Magister in Hebräischer Literatur und der Ordinierung zum Rabbiner abschloss. 1950 entsandte die Weltunion für das progressive Judentum Nathan Peter Levinson nach Berlin. Levinson ließ sich später in Heidelberg nieder und wurde 1961 Rabbiner der Jüdischen Gemeinde Mannheim. 1964 wurde Nathan Peter Levinson Landesrabbiner von Baden und Landesrabbiner von Hamburg und Schleswig-Holstein.

Ich fühlte mich in der Gemeinde wohl und traf auch bald einen netten jungen Mann, Peter, der sich sofort um mich kümmerte. Er kam aus Neuwied und arbeitete bei einer Speditionsfirma in Konstanz. Er wollte zum Judentum übertreten, hat es aber nie geschafft.

Nach orthodoxer sowie konservativer Auslegung des jüdischen Religionsrechts (Halakha) ist man jüdisch, wenn die Mutter Jüdin ist, das heißt, man wird als Jude oder Jüdin geboren. Weil das Judentum keine Missionierung kennt, ist Konversion eigentlich nicht vorgesehen und daher eine schwierige, langwierige und nicht unumstrittene Angelegenheit. Bis heute habe ich nie verstanden, wieso jemand den Wunsch haben kann, zum Judentum überzutreten. Ich kenne mehrere Menschen, die mir nie sagen wollten oder konnten, was sie zu diesem Schritt bewegt hat. Ist es das Gottesbild, das sie dazu bewegt? Oder in manchen Fällen gar die deutsche Vergangenheit? Die Identifikation mit den Opfern der Schoah? Eine Form deutscher Vergangenheitsbewältigung, eine Art Rechtfertigung oder Wiedergutmachung, eine innere Suche?

Mit der Beschneidung ist es auch so eine Sache. Bis zur Beschneidungsdebatte im Jahr 2012 habe ich die Beschneidung nie in Frage gestellt. Der sogenannte Bund Abrahams leuchtet mir ein, die Beschneidung selbst heute weniger. Vor vielen Jahren rief mich ein junger jüdischer Mann mit der Frage an, ob ich einen Mohel, einen Fachmann, kenne, der die Brit Mila, die männliche Beschneidung nach jüdischem Brauch, vollziehen könne, und zwar bei einem Baby aus einer Ehe, wo die Mutter keine Jüdin war. Im folgenden Gespräch wurde mir klar, dass es dem Vater hauptsächlich um die Tradition ging und vor allem darum, dass sein Penis so aussehen würde wie der seines Sohnes. Wir fanden einen jüdischen Arzt in der Schweiz, der das im Krankenhaus vorgenommen hat. Die Beschneidung war die einzige Verbindung mit dem Judentum, die für den Vater wichtig war.

Mein Deutsch war noch sehr holprig. Da half mein neuer Freund mir sehr und telefonierte für mich herum. So bekam ich einen Vorstellungstermin bei der Inlingua-Sprachschule. Ich fing sofort an, dort Englisch und Niederländisch zu unterrichten und bekam kurz darauf einen Lehrauftrag an der Universität Konstanz für Niederländisch. Die Eigentümerin der Inlingua-Sprachschule war Marion Pigache. Sie war Engländerin, sprach aber ein sehr gutes Deutsch. Viel später stellte sich heraus, dass sie ursprünglich aus Berlin kam und zu den jüdischen Kindern gehörte, die durch die Kindertransporte nach Großbritannien gerettet wurden. Sie hat lange gebraucht, sich in Deutschland als Jüdin zu outen, und wie ich sehr viel später erst bemerkte, war ihre Angst vor Diskriminierung tief eingeprägt.

Durch Peter lernte ich einige weitere Leute in Konstanz kennen. Peter und ich kamen uns näher und verliebten uns. So hatte das erste Jahr meines Lebens in Konstanz gut begonnen. Zweimal in der Woche ging ich zur Gesangsstunde bei Frau Seyfert. Ich lernte vieles an Technik und Opernrepertoire und bereitete das Vorsingen für einen Agenten vor.

Im Januar 1975 war mir morgens plötzlich immer übel. Frau Seyfert meinte, ich sollte in der Frühe etwas Haferflockenbrei essen und mich dann wieder hinlegen. Lilian, meine Stiefmutter, meinte, ich sollte einen Schwangerschaftstest machen. Bingo, sie hatte recht: Trotz Anti-Baby-Pille war ich schwanger. Das passte mir so gar nicht in meine Lebensplanung und ich entschied mich sofort, nach Rotterdam zu gehen, um eine Abtreibung machen zu lassen. Bis zum 6. Mai 1976 war das in Deutschland nicht möglich und ist auch heute viel strikter reguliert als in den Niederlanden.

Eigentlich hatte Peter vorgehabt, nach Frankfurt zu ziehen, um am dortigen Flughafen zu arbeiten. Nach einigen schönen gemeinsamen Monaten erhielt er einen Job bei einem Spediteur, und ich half ihm, nach Frankfurt zu ziehen. Von da an fuhren wir alle zwei Wochen durch den Schwarzwald. Es war damals wie eine Weltreise. Doch schon bald nach dem Umzug gestand mir Peter, dass er bisexuell war und auch mit Männern schlief. Ich war schwer getroffen und sehr traurig. Das war das Ende der Beziehung, und ich konnte mit niemandem darüber sprechen. In den 1970er Jahren war das ein Skandal, und ich habe lange gebraucht, diese Liebe zu vergessen. Viel später sang ich ein Konzert in Neuwied, und Peter kam zum Zuhören, brachte mir ein Geschenk und Blumen. Kurz darauf war er eines der ersten AIDS-Opfer in Deutschland und ist leider jung gestorben.

Mein Plan, ein Jahr in Konstanz zu bleiben und dann weiter an einem Theater als Opernsängerin zu arbeiten, erwies sich als nicht sehr realistisch. Zwar machte ich einen Anfang damit, bei den verschiedenen Agenturen vorzusingen. Der Ablauf war immer gleich. Gut vorbereitet und fit kam ich an, sang mich ein und wurde dann von Lampenfieber übermannt und versagte. Nach einigen dieser Erfahrungen entschloss ich mich, eine Psychotherapie zu beginnen, weil ich hoffte, so herausfinden zu können, woher diese immer wiederkehrende Unsicherheit herrührte und wie ich sie überwinden könnte.

So kam ich zu Rüdiger Rogoll, einem bekannten Therapeuten in Markdorf. Rogoll war ein Vertreter der damals noch jungen Transaktionsanalyse, einer Therapieform aus den USA, wo Rogoll auch studiert hatte. Die Vertreter dieser Therapie gehen davon aus, dass man Menschen durch Kommunikation und Gespräch dazu bringen kann, ihre eingefahrenen Wahrnehmungen und Interaktionsformen zu überdenken, um neue Wege zu begehen. Es geht dabei vor allem darum, das Erfahrene und Erlernte der Kindheitsjahre, ebenso wie die Verhaltens- und Empfindungsmuster der Eltern zu überwinden, um ein eigenes Erwachsenen-Ich im Hier und Jetzt zu verankern. Mit dieser Methode konnte ich mich gut identifizieren. Wir versuchten zuerst, den Umgang mit dem schwierigen Elternhaus zu verbessern. Rogoll brachte mir Techniken bei, die es mir ermöglichten, mit den Anfeindungen meiner Stiefmutter umzugehen und nicht auf jede spitze Bemerkung zu reagieren. Da sie nicht wusste, dass ich etwas dazugelernt hatte, reagierte sie wütend, was mir natürlich große Freude bereitete.

Auch was das Lampenfieber betrifft, gab es gute Ansätze. Es stellte sich heraus, dass mein Vater, der mich als Kind immer "Schaf" genannt hatte, wenn etwas nicht gleich funktionierte, bei mir in Stresssituationen wie dem Vorsingen diese Panik auslöste. Die Angst zu scheitern schnürte mir buchstäblich die Kehle zu. Ich lernte, etwas besser damit umzugehen. Durch die Lösung solch innerer Spannungen rutschte plötzlich auch meine Stimme weiter nach unten, und ich klang nun zu Frau Seyferts großem Erstaunen wie ein Mezzosopran. Das war einerseits zwar heilsam, bedeutete aber, dass wir im Grunde wieder von vorne anfangen mussten. Ich hatte nun ein neues Repertoire zu erarbeiten.

Den wirklichen Grund für die Ängste und das fehlende Selbstvertrauen in das, was ich am liebsten mochte, Singen, finde ich erst jetzt beim Schreiben dieser Memoiren. Meinen traumatisierten Eltern konnte ich nie genügen. Es wurde mir immer wieder klargemacht, dass ich nicht gut genug war. Dieses Syndrom findet man immer wieder bei Kindern der zweiten Generation.

Die Freude darüber, dass ich mein Abitur geschafft hatte, was mir nach dem Tod meiner Mutter nicht leichtgefallen war, wurde durch meinen Vater gleich verdorben, als er meinte, ich sollte die schlechten Noten in den Handelsfächern doch so bald wie möglich mit Nachhilfestunden ausgleichen. Es waren immer gegensätzliche Botschaften. Gleichzeitig zu diesen negativen Impulsen für mein Selbstvertrauen gab es dann ein großes Geschenk, einen kostbaren Ring, für den ich Monate geschwärmt hatte. Pure Freude und Anerkennung gab es nie, es wurde immer mit dem Ungenügen und dem Druck für mehr und bessere Leistung vermischt.

Meine Freundin, die israelische Sängerin Mira Zakai, hat nie verstanden, wieso ich nicht eine große Karriere gemacht habe. Die Veranlagung war sicher da. Mein Nervenkostüm und das Vertrauen, auf der Bühne bestehen zu können, aber war durch das Trauma der Eltern verletzt und dadurch nicht stabil genug, um diesen psychisch höchst anspruchsvollen Beruf auszuüben. Mein Ziel, viel zu singen und aufzutreten, habe ich aber dennoch erreichen können.

Eines Tages besuchte ich Susanne, die Pianistin in Freiburg, und sang dort ein paar Lieder vor. Ein Freund von Susanne, Ivan Neumann, Sohn des bekannten tschechischen Dirigenten Váslav Neumann, studierte Gesang in Freiburg und war unzufrieden mit seinem Fortschritt dort. Nachdem er mich gehört hatte, wollte er unbedingt auch Unterricht bei Frau Seyfert nehmen. Kurz darauf kam er nach Konstanz zum Vorsingen. Sie war sehr angetan von seiner schönen, großen Baritonstimme und akzeptierte ihn als Schüler. Ohne Geld, ohne Job, aber mit viel Charme und Elan kam er im Dezember nach Konstanz. Ich bot ihm Unterschlupf in meiner kleinen Wohnung in der Muntpratstraße, und er tröstete mich über meine Herzschmerzen.

Bald bekam ich eine eigene Wohnung. In der Hüetlinstrasse, wo ich heute noch wohne, wurde eine Wohnung frei, und der Vermieter gab sie großzügigerweise mir. Großzügig, weil ich nicht vorhatte in Konstanz zu bleiben, keine richtige Arbeit hatte und Künstlerin war. Möbel hatte ich auch noch keine.

Nachts um eins ging bei mir das Telefon. Eine Bekannte rief mich an. Sie hatte an dem Abend in einer Kneipe einen Mann kennengelernt, der am nächsten Morgen seinen ganzen Haushalt auflösen würde. Ich sollte als erste um acht Uhr dort erscheinen. Das habe ich dann auch gemacht und kaufte ihm für wenig Geld den ganzen Kram ab: Bett, Tisch, Couch, Teppich, Lampen, Geschirr, sogar Eimer und Besen, einen ganzen Haushalt. Für 300 DM kaufte ich dann noch ein gebrauchtes Klavier. So war ich zu allem bereit.

Ein Stockwerk höher wohnte ein alter Herr namens Müller. Er war 88 Jahre alt, als ich einzog. Er benutzte nur das Hinterzimmer und die Küche, manchmal das Badezimmer. Das dritte Zimmer war an wechselnde Studenten vermietet. Das Vorderzimmer benutzte er nur, um auf die Straße schauen zu können. Im Jahr 1975 war die Hüetlinstraße noch eine Durchgangsstraße. Die Nähe der Grenze zur Schweiz, wo Prostitution und dergleichen verboten war, sorgte dafür, dass in unserer Straße und dem ganzen Viertel ein sehr aktives Nachtleben herrschte. Keine gute Gegend, sagte man in Konstanz. Wenn man aber so wie ich in Amsterdam studiert hat, war man so einiges gewöhnt und nicht ängstlich. Auch Herr Müller hatte regen Besuch von Damen und wurde von einigen, die er besonders gerne hatte, finanziell restlos ausgenutzt. Darüber entwickelte er später eine Wut, die ihn bis zu seinem 98. Jahr am Leben hielt.

Für mich war er der ideale Nachbar. Er hatte großen Respekt vor mir und hörte schlecht, sodass ich und meine Gesangsschüler sowie meine regelmäßigen Partys ihn überhaupt nicht störten. Als Herr Müller im Jahr 1985 mit 98 Jahre starb, wurde die Wohnung ausgeräumt. Es war verheerend. Anschließend wurde die Wohnung renoviert und ich habe sie dazu gemietet. Von da an hatte ich unten Platz für mein Gesangsstudio und konnte oben wohnen. Eine ideale Kombination, gekrönt von einem kleinen Garten im Hinterhof, wo ich bis heute gerne in der Sonne sitze und Kaffee trinke. Im Nachlass von Herrn Müller fanden wir eine Schuhschachtel mit Briefen und die Adresse seines Bruders in Zwickau. Ich schrieb dem Bruder, ob er die Briefe haben wollte, und schickte sie anschließend nach Zwickau, zusammengepackt mit Kaffee und Schokolade. Daraufhin korrespondierten wir einige Male, Herr Müllers Bruder verliebte sich ungesehen in mich und begann, mir aus der DDR Pralinen und kleine Briefchen zu schicken. Eine rührende Geschichte, die mit dem baldigen Tod des Bruders ein Ende hatte.

Das zweite Zimmer unten konnte ich vermieten, was mir bei der doppelten Miete sehr entgegenkam. Fünf Jahre wohnte ein amerikanischer Oboist dort, Kollege an der Musikschule, bis er heiratete und auszog. Eine schöne Zeit und gute Freundschaft. Dann folgten eine Reihe Mieter und Mieterinnen, die ich zum größten Teil aus meiner Erinnerung gelöscht habe.

Inzwischen wohne ich seit 45 Jahren hier und bin zur "Stadelhoferin" geworden. Das Haus hätte ich fast kaufen können, wenn ich geahnt hätte, dass ich so lange hier wohnen würde. Nur kamen Immobilien in meinem Vokabular gar nicht vor. Zuhause hatte uns der Vater immer eingebläut: "Brillanten kann man mitnehmen, Immobilien nicht", eine

Lehre, die er aus seinen Erfahrungen im Krieg gezogen hatte, wie ich jetzt weiß, aber eine Lehre, die sich mir so eingeprägt hatte, dass ich nie ein Haus gekauft habe und weiter meine Miete zahle. Und auch mein Vater, ein sonst gewiefter Geschäftsmann, hat 50 Jahre lang in einem Mietshaus gewohnt. So weit hat die Abnabelung dann doch nicht gereicht.

Nach einem Jahr in Konstanz entschied ich mich, meine New Yorker Wohnung endgültig aufzugeben. Also flog ich nach New York, wo Kathy, die die Wohnung zur Untermiete übernommen hatte, gerne die Hauptmieterin werden und das Mobiliar gleich aufkaufen wollte. So musste ich nur Kleidung, Bücher und Noten einpacken und nach Konstanz schicken lassen. Probleme gab es beim Flügel. In gutem Zustand hatte ich Kathy diesen überlassen, jetzt behauptete sie, dass der Resonanzboden bereits beschädigt gewesen sei und sie wollte mir nun viel weniger Geld für das schöne Instrument geben, als es ursprünglich wert war. Aber da hatte sie die Rechnung ohne mich gemacht! Ich rief umgehend die "emergency movers" an, ja so was gibt es in New York, und bis sie eine Stunde später wieder in die Wohnung kam, war der Flügel verschwunden. Liebe Freunde hatten ihn bei sich geparkt, und später haben wir den Flügel für seinen angemessenen Wert verkaufen können. Das war das offizielle Ende meiner Zeit in New York und auch das Ende der Freundschaft mit Kathy!

Als ich schon wieder in Konstanz war, kam endlich meine amerikanische "Greencard" an, die ich – obwohl ich vorerst in Deutschland bleiben wollte – mit großer Dankbarkeit und Erleichterung empfing. Ich glaubte, sie könnte ein Lebensretter in schlechten Zeiten sein, da sie es erlauben würde in die USA zurückzukehren, sollte sich die Lage in Europa verschlechtern. Meinen Eltern war das nach ihren Erfahrungen während des Dritten Reichs sehr wichtig und sie hatten diese Ängste auf mich übertragen. Es hat viele Jahre gedauert, bis ich diese Absicherung nicht mehr brauchte.

Um die Greencard zu behalten, musste ich nun alle zwei Jahre in die USA einreisen und dort jährlich eine Steuererklärung einreichen. Ich fühlte mich dabei immer an das Lied "Einen Koffer in Berlin" von Marlene Dietrich erinnert: "Ich hab noch einen Koffer in Berlin - Deswegen muss ich da nächstens wieder hin - Die Seligkeiten vergangener Zeiten - Sie sind alle immer noch in diesem kleinen Koffer drin."

Tante Emma in Konstanz 1981-2009

Als ich 1974 New York verließ und nach Konstanz zog, war das für meine beiden Tanten ein sehr harter Schlag. Emma, die bis dahin jeden Sommer in der Nähe von Wien ihre Sommerferien verbracht hatte, fand ein internationales Blindenzentrum in Landschlacht in der Schweiz, das von katholischen Schwestern vorbildlich geführt wurde. Da konnte sie jeden Sommer sechs Wochen verbringen. Ich besuchte sie dort oft und gab sogar kleine Konzerte für die Sommergäste.

Im Jahr 1980 wurde Mrs. Lawrence krank und starb schon bald darauf in hohem Alter. Jetzt wurde die Pension aufgelöst, und es stellte sich die Frage, wohin mit Tante Emma? Keiner in der Familie kam so gut mit dieser sehr eigenwilligen, etwas exzentrischen Dame zurecht wie ich. Und so schlug ich ihr in meinem jugendlichen Übermut vor, nach Konstanz zu kommen und sich im KWA Parkstift Rosenau niederzulassen. Emma war nicht uninteressiert.

Das größte Problem war aber die Krankenversicherung. Emma hatte einen Anwalt in Frankfurt, der sie beim Antrag einer Wiedergutmachung für ihre deutsche Rente vertreten hatte. Dort hatte sie sich erkundigt, ob die auch eine Krankenversicherung für sie übernehmen würde. Er meinte, das sei nicht möglich.

Auf einer meiner Reisen, diesmal nach Südafrika, hatte ich zwei Gäste, ein besonders nettes älteres Paar, und ich musste immer die schönsten Restaurants mit Tanz für sie ausfindig machen. Als Dank luden sie mich in Swasiland auf einen Drink ein. Dabei erfuhr ich, dass der Herr Rentenberater in Wiesbaden war und sein ganzes vorheriges Leben bei der AOK in Frankfurt gearbeitet hatte. Als ich ihm von Tante Emma erzählte, sagte er: "Ihre Tante soll mir mal ihre Unterlagen schicken, dann kümmere ich mich darum."

Gesagt, getan. Es stellte sich heraus, dass Emma ein halbes Jahr vor ihrer Ausreise aus Deutschland einen kleinen Job in Frankfurt gehabt hatte und dort bei der AOK versichert gewesen war. Das gab ihr die Berechtigung, wieder dort einzusteigen und unser Problem war fast gelöst. Leider konnte der Einstieg nur geschehen, wenn sie schon in Deutschland angekommen war. Das war ein großer Vertrauensvorschuss und bescherte Emma Alpträume. Die Angst vor einer erneuten Odyssee, in Deutschland diese Versicherung nicht zu bekommen und was dann? Zurück nach New York? Wohin?

Doch sie hat es geschafft und ist im Jahr 1981 in Konstanz angekommen. Das Zimmer in der Rosenau war bequem, ich selbst habe es möbliert, und alles hat funktioniert. So komfortabel hatte sie noch nie gelebt. Ein eigenes Badezimmer, das Mittagessen im Zimmer serviert. Nach einem halben Jahr sagte sie mir: "Es ist mir eine Last von den Schultern gefallen, von der ich nicht wusste, sie mit mir getragen zu haben. Das Nicht-Benutzen der deutschen Sprache."

Emma war Lyrikerin und hatte in New York auf Englisch geschrieben, aber nicht publiziert. Das begann erst nach ihrer Rückkehr zur deutschen Sprache, was auch der Titel eines ihrer Gedichte war. 1985 publizierte sie schon mit viel Erfolg ihren ersten Lyrikband *Zeitwechsel*. Drei weitere Bände folgten. Sie diktierte ihre Gedichte auf einen Kassettenrecorder und korrigierte sie mit einem zweiten. Am Sonntagmorgen durfte ich sie nie stören. Da ging sie in sich und schrieb. Sehr oft habe ich Lesungen für sie gehalten. Das war ein Abenteuer für sich. Sie hat die Lesungen vorbereitet, ich war ihre Stimme. Die Betonungen mussten dort sein, wo sie es wollte. Ein künstlerischer Input von mir war nicht gestattet. Oft gab es Streit darüber. Meistens habe ich nachgegeben und mich nur als ihr Medium betrachtet. Irgendwann habe ich die Lesungen aufgegeben. Es wurde unerträglich für mich.

Hans Helmut Straub und Maria Falkenhagen vom Stadttheater Konstanz lasen manchmal ihre Gedichte. Als die beiden mal nicht konnten und eine Lesung fest geplant war, habe ich Heinke Hartmann, damals eine junge Schauspielerin, gebeten, diese Aufgabe zu übernehmen. Heinke hat einige Male mit Emma an der Lesung gearbeitet und mich dann angerufen, um mir zu sagen, dass sie den Eindruck habe, dass Emma sie nicht mag und sie lieber nicht lesen wird. Als ich das Emma vermittelte, meinte die: "Du hast es doch auch immer so gemacht, wie ich möchte", worauf ich ihr dann sagte, dass ich längst aufgegeben hatte so zu lesen, wie ich es mir vorstellte, und dass sie sich einer, wenn auch jungen Schauspielerin vom Theater gegenüber nicht so benehmen konnte. Da gab es Ruhe und Heinke hatte viel Erfolg mit ihrer Interpretation.

Das Verhältnis zwischen Emma und mir wurde mit den Jahren immer schwieriger. Emma wollte oft über die Vergangenheit reden, mich hingegen interessierte das überhaupt nicht. Erst viel später, durch meine Therapie, habe ich verstanden, woher das alles kam. Nach dem Zweiten Weltkrieg hat meine Mutter nie mit Emma über ihre Erlebnisse in Bergen-Belsen gesprochen, aber sie hat auch nie nach den Erfahrungen ihrer jüngeren Schwester gefragt. Emma hätte gerne darüber gesprochen und fühlte sich nicht geschätzt und beachtet. Da sie blind war und ich meiner Mutter in der Persönlichkeit und im Ausdruck angeblich sehr ähnlich bin, kamen da öfters Verwechslungen vor. Es hat Jahre gedauert, bis ich verstanden habe, was für mich und was für meine Mutter bestimmt war. Ich suchte einen liebevollen Muttterersatz, sie suchte ihre Schwester. Da kann es nur Enttäuschung geben.

Mein Vater hatte meiner Mutter vor ihrem Tod versprochen, sich um Emma zu kümmern. Emma liebte ihn abgöttisch, er konnte sie nicht ausstehen, aber hat immer erfolgreich versucht, das zu verbergen. Er besuchte uns wenigstens einmal im Jahr. Emma hatte immer Angst, dass er mehr Zeit mit mir verbringen würde als mit ihr. Für mich eine zermürbende Situation.

Ähnliche Muster gab es zwischen meinem Vater und seiner Schwester Myra. Sie suchte in ihm einen Vater. Mein Vater aber konnte nicht mal für seine eigenen Kinder diese Rolle wirklich übernehmen. Und so wurden die Beziehungen vergiftet und aus Liebe wurde Hass.

Viele freundliche Leute in Konstanz haben sich um Emma gekümmert, ihr geholfen, die Manuskripte vorzubereiten, sie ausgeführt. Sie hatte immer Gesellschaft, engagierte Studentinnen, um ihr vorzulesen. Sonntagmittags besuchte ich sie immer. Wir gingen spazieren und tranken Kaffee. Wütend wurde sie, wenn ich die kostbare Zeit damit verschwendete, das Zimmer zu saugen oder ein bisschen aufzuräumen, zu putzen oder abzuwaschen. Das fand sie nur bürgerlichen Unsinn. Sie ist fast 95 Jahre alt geworden. Siebenundzwanzig Jahre lang war ich jeden Sonntagnachmittag bei ihr in der Rosenau.

Zu Emmas 100. Geburtstag fünf Jahre nach ihrem Tod habe ich mit dem Schauspieler Frank Lettenewitsch zusammen eine Lesung in Memoriam gestaltet. Da habe ich die Gedichte ausgesucht, die mir am meisten gefallen haben, und habe sie mit viel Erfolg so gelesen, wie ich sie empfand.

The secret life of Ruth Frenk

Alle zwei Jahre, wenn ich aus New York zurückkehrte, war mein Budget am Ende, und so hatte ich die Idee, meiner alten Firma in New York, Touraco, zu schreiben und anzufragen, ob sie vielleicht einen

Job als Reiseleiterin für mich hätten. Sofort schrieben sie zurück und boten mir eine Reise mit der Volkshochschule Friedrichshafen an: Zehn Tage in die USA. Friedrichshafen liegt eine Dreiviertelstunde von Konstanz entfernt auf der nördlichen Seite des Bodensees. Die Partnerstadt von Friedrichshafen ist Peoria, eine kleine Stadt im Herzen des Bundesstaates Illinois. Die Verbindung der Städte sind die großen Traktoren von John Deere, die mit den maßgeschneiderten Antriebs- und Fahrwerkslösungen von ZF Friedrichshafen hergestellt werden. Wir flogen nach Chicago, dann weiter mit dem Bus nach Peoria. Nach einigen Tagen der Partnerschafts-Festivitäten flogen wir weiter nach Richmond, Virginia, und dann weiter nach New York.

Einer der illustren Gäste war der Kunstmaler André Ficus, mit dem ich mich wunderbar verstand. Er hat eine ganze Serie von Drucken inspiriert von New York und der Amerikareise und schenkte mir zu Weihnachten 1979 ein signiertes Exemplar mit Widmung.

Begeistert von dieser Reise, fragte ich gleich nach mehr Arbeit, und so fuhr ich einige Monate später nach Baden-Baden, um mit 100 Fußballfans von FV Baden-Oos nach New York zu fliegen. Diese Reise wurde organisiert von der Actionade, Volksbank Sonderreisen in Baden-Baden, einer Organisation, die sehr erfolgreich Reisen für Volksbanken hauptsächlich in Baden-Württemberg organisierte. Ab dreißig Gästen gab es einen Freiplatz, der meistens von dem Bankdirektor genutzt wurde. Manchmal flog auch die Gattin mit. Die Idee war, persönliche Kontakte zu stärken und damit die Basis für zukünftige Geschäfte zu legen. Als Reisebegleiterin sollte ich mich mit dem Bankdirektor sowie mit den einzelnen Gästen gut verständigen können. Meine Aufgabe war es, die Firma Actionade zu vertreten und alle Gäste zufrieden nach Hause zu bringen. Im Aufenthaltsland hatte ich immer Kollegen, die für die örtlichen Begebenheiten verantwortlich waren und in den Städten zusätzlich örtliche Reiseführer.

Mitten in der Nacht traf ich meine Gäste am Bahnhof Oos, und mit zwei Bussen fuhren wir nach Brüssel. Dort angekommen besorgte ich die Boardingcards, und zu meiner Verzweiflung fehlten etwa 10 Leute der Gruppe. Ich hatte Angst, sie in der Nacht in Oos verloren zu haben. Voller Panik rief ich Baden-Baden an – kein guter Anfang für den ersten Job bei einer neuen Firma. Mein Chef beruhigte mich und meinte, diese Leute seien wohl nochmal auf die Toilette gerannt, und tatsächlich: nach einer halben Stunde waren alle wieder da. Rechtzeitig waren alle im Flugzeug, aber dann gab es eine Verspätung, wir mussten wieder aussteigen und einige Zeit warten. Darauf saß ich mit einigen Gästen im Restaurant und trank Kaffee. Plötzlich sahen wir, wie sich unser Flugzeug bewegte. Angeblich hatten wir den Aufruf nicht gehört oder nicht verstanden. Wir rannten zu dem Gate, und ich konnte das Personal überzeugen, uns noch mitfliegen zu lassen. Das Flugzeug kehrte glücklicherweise zurück. Nach vierzehn anstrengenden Tagen in New York brachte ich die ganze Gruppe wieder gesund und zufrieden nach Baden-Oos zurück.

Das war der Anfang einer langen Zusammenarbeit mit der Actionade. Zweimal im Jahr bekam ich eine Liste mit den geplanten Reisen, die immer außerhalb der Saison stattfanden. Ich konnte dann die Reisen auswählen, die mir zeitlich passten. Und natürlich war mir das Ziel auch wichtig. Meine Lieblingsreise war Andalusien. Da war ich sicher acht Mal. Wenn man im April in Granada ist und im Alcazar herumläuft, ist es eiskalt und man braucht dringend einen Carajillo, Kaffee mit Cognac, um wieder warm zu werden. In meiner Lieblingsstadt Cordoba war für mich immer die alte Synagoge ein Höhepunkt. Bei manchen Gruppen sang ich da auch mal ein Lied in Ladino vor, der Sprache der iberischen Juden. Von hier aus gingen wir dann in die berühmte "Mezquita-Catedral", die unter der Herrschaft der Umayyaden gebaut und später nach der christlichen Rückeroberung in eine Kirche umgewandelt wurde. Ein weiterer Höhepunkt war der von mir organisierte "Coche con Caballos", die nächtliche Fahrt durch Cordoba mit Pferdekutschen und viel Sangria zum Abschluss. Es war immer eine hohe Kunst, genügend Kutschen zu organisieren und genügend Cognac in die Sangria zu bekommen. Man kannte mich dort bald, und es war immer eine Freude zurückzukehren.

Auf einer anderen Reise mit einer illustren Gesellschaft nach Madrid, diesmal keine Volksbank, hatte ich schon in Frankfurt ein Gespräch mit einem Gast, der mir voller Stolz erzählte, dass er im Jahre 1937 mit der Legion Condor als Pilot das letzte Mal in Spanien gewesen sei. Ich bin nicht dafür bekannt, in einer solchen Situation meinen Mund zu halten, und so fing ich eine Diskussion mit diesem Herrn an. Aber schon bald bemerkte ich, dass die Konversation in die falsche Richtung führte. Es war der erste Tag der Reise und ich musste einsehen, dass es nicht meine Aufgabe war, die Gäste zu belehren und ihnen meine Meinung über diese feige Attacke und die Machenschaften der Legion Condor zu unterbreiten. Also hielt ich mich zurück.

Bei meiner nächsten Reise nach Israel kaufte ich mir dort eine lange Goldkette mit einem modernen, sehr schönen Magen David (Davidstern). Diese trug ich von da an auf allen meinen geschäftlichen Reisen. So war es klar, dass ich Jüdin bin, und meine Gäste konnten sich entsprechend verhalten – das war zumindest meine Hoffnung.

Besonders gerne ging ich mit Gruppen nach Israel. Vor allem, weil ich dann auch meine geliebte Ersatzfamilie Simons besuchen konnte. Voll bepackt mit Sachen, die man damals noch nicht in Israel kaufen konnte, wie u.a. geräucherten Lachs und holländischen Käse, kam ich meist spät abends mit der Gruppe in Jerusalem an und rief gleich meine Familie an, dass sie die Sachen abholen mussten.

Ich traf viele israelische Kollegen und immer, wenn ich erzählte, dass ich Holländerin bin, aber in Deutschland wohne, verstand das niemand. "Wie kann ein nettes jüdisches Mädchen aus Holland sich in Deutschland wohl fühlen?", wurde ich immer wieder gefragt. Es fiel mir schwer, das zu erklären. Warum wohnte ich in Deutschland? Wieso fühlte ich mich da wohl? War das etwas Schlechtes? Die Antworten auf diese Fragen waren sehr pragmatisch. Meine Mutter war geborene Frankfurterin, meine Lehrerin aus New York war im Alter nach Deutschland zurückgezogen, es gibt so viel mehr Opernhäuser in Deutschland, Kultur wird großgeschrieben. Aber innerlich war ich mir doch nicht so sicher, dass meine Entscheidung, hier zu bleiben, die Richtige war.

Seither hat sich die Situation sehr geändert. Heute wohnen rund 50.000 Israelis in Deutschland, viele davon in Berlin. Es ist eine komplexe Entwicklung. Zum einen ist es für viele junge Menschen leider sehr schwierig, sich in Israel eine Existenz aufzubauen. Das Leben in Israel ist teuer, der Immobilienmarkt aus den Fugen geraten. Das ganze Land ist beengt, Lebensmittel, Restaurants, Autos, alles ist überteuert. Außerdem lebt man dort immer mit der Angst, wieder als Soldat einberufen zu werden und im Krieg kämpfen zu müssen. Viele junge Israelis sind von ihren Erfahrungen bei der Armee traumatisiert und wollen verständlicherweise ohne diesen Druck ihren Lebensweg weiterverfolgen.

In Deutschland werden sie mit Kämpfen anderer Art konfrontiert: Eine neue Sprache zu lernen, sich mit Nichtjuden auseinanderzusetzen, Antisemitismus und immer wieder für die israelische Politik verantwortlich gemacht zu werden. Das Leben in Deutschland ist diesbezüglich für Juden und Israelis gleichermaßen vermint.

Wenn mich heute in Israel Menschen fragen, wo ich herkomme, und ich Deutschland sage, dann ist die nächste, aufgeregte Frage: Berlin? Sobald ich ihnen sage, dass Konstanz 800 Kilometer von Berlin entfernt ist, scheint der Kontakt schon nicht mehr interessant zu sein.

Auf den Touren mit meinen Reisegruppen in Israel lernte ich das christliche Israel kennen. Viele Jahre später kam ich aus Israel in den Osterferien zurück nach Konstanz. Im gleichen Flugzeug war eine Gruppe Konstanzer Katholiken, die mit dem Pfarrer der Gebhardskirche auf Pilgerreise ins Heilige Land gereist war. Ich kenne diese Pfarrei gut, weil ich in den ersten Jahren in Konstanz dort solistisch manche Messe gesungen habe. Meine Schüler sangen oft auch solistisch an den Feiertagen dort, und so war ich immer an Ostern und Weihnachten in der Festmesse zu finden. Ich konnte dann auch auf dem Rückweg vom Flughafen aus mit der katholischen Reisegruppe in ihrem Bus als Gast zurück nach Konstanz fahren. In den Gesprächen fand ich heraus, dass man zwei Wochen in Israel herumreisen, betend von Kirche zu Kirche ziehen und Kontakte mit einigen arabischen Kirchengemeinden pflegen kann, ohne einen einzigen Juden zu treffen. Viel Verständnis konnte ich dafür nicht aufbringen. Es ist sicher nicht der Weg, Antisemitismus in der Kirche abzubauen.

Außer Israel und USA habe ich mit der Actionade zwischen 1976 und 1986 auch Südafrika, die Türkei, die damalige UdSSR in Moskau-Leningrad, Ungarn, Georgien und Armenien, das Nord Kap sowie Marokko und Ägypten besucht, außerdem Städtereisen nach Rom, Paris und Istanbul begleitet.

In Südafrika 1980

Es war politisch völlig inkorrekt, in der Zeit der Apartheid nach Südafrika zu reisen. Darüber habe ich mir damals keine Gedanken gemacht. Die Reisen waren sehr abenteuerlich. Das erste Mal hatte ich einen Reiseleiter im Land, der Deutscher war und versehentlich seinen deutschen Pass dabeihatte, ohne Visum für Swasiland, einen Binnenstaat im südlichen Afrika. Er musste draußen bleiben, und so zog ich mit einem Bus deutscher Touristen allein in ein Land, wo ich nie gewesen war, und keine Ahnung hatte, wie das weitergehen sollte.

Mit Hilfe des Busfahrers, der glücklicherweise etwas Englisch sprach, kamen wir heil wieder heraus, trotzten den unfreundlichen Swasi-Zollbeamten und fanden unseren Guide wieder. In Johannesburg traf ich meine Freundin Joyce wieder, die Pianistin aus Genf. Inzwischen war sie mit einem Rabbiner verheiratet. Mit der ganzen Gruppe besuchten wir sie. Wir hatten einigen Flaschen Wein besorgt. Leider hätte es koscherer Wein sein müssen. Dass meine lebenslustige Freundin so orthodox leben würde, hätte ich mir nicht vorstellen können. Der Besuch war trotzdem ein interkultureller Erfolg. Ich sang dort sogar ein paar Lieder mit Joyce am Klavier.

Die zweite Reise war vom Anfang bis zum Ende eine Katastrophe. Schon vor Beginn der Reise ging es schief. Man hatte mir die geänderte Abflugzeit nicht mitgeteilt, und so saß ich seelenruhig in Baden-Baden und kam zu spät in Frankfurt am Flughafen an. Kein guter Start. Dann gab es zwei Busse, also hatte ich noch einen Kollegen und das ist immer schwierig, obwohl wir viel Spaß zusammen hatten. Mehr Spaß als die meisten Gäste, was auch nicht so gut ankam. Die ganze Fahrt über hatten wir schlechtes Wetter, auf der berühmten Garden Route von Port Elizabeth bis nach Mossel Bay (370 km) sahen wir nichts als Regen und Nebel. Das gab schlechte Laune. Sogar auf den Rückflug ging alles schief. Eine Dame fiel im Bus in Johannesburg und verletzte sich am Rücken, wir flogen über Brüssel und verpassten durch Verspätung den Anschluss nach Frankfurt.

Ein Horrortrip. Schließlich waren alle meine schlechtgelaunten Gäste in Frankfurt. Ich war von Brüssel gleich nach Zürich geflogen und kam dort an ohne Gepäck, aber mit einem großen Strauß Proteen, der Nationalblume Südafrikas, die ich auf dem Flughafen in Johannesburg noch schnell gekauft hatte.

Die Türkei 1981

Mir der Volksbank Kronach machte ich im Jahre 1986 eine spannende Reise in die Türkei. Die Gruppe wurde vom Bankdirektor Willi Zaich angeführt. Willi war sehr aktiv im Aktionskreis Kronacher Synagoge (einem Verein mit vielen christlich motivierten Menschen - aber auch anderen - und damals sicher keinen Juden, weil es einfach keine gab). Es war meine erste Reise in der Türkei. Mein Kollege, der uns die ganze Reise begleiten sollte, war ein türkischer Macho. Am ersten Abend im Restaurant auf dem Galata-Turm sagte er mir, ich soll ihm seine Nachspeise, eine Orange, schälen und erwartete einen feministischen Ausbruch von mir. Ich sagte nichts, schälte die Orange, dekorierte sie schön auf seinem Teller, verzierte sie mit einer Dattel und fragte, ob es ihm so genehm sei. Ab dem Moment hatte ich keine Probleme mehr mit ihm. Er tat alles, was ich wollte und war die ganze Reise lang wie ein Lämmchen. Trotzdem wurden wir ordentlich betrogen.

In Kusadasi, einer schönen Hafenstadt, brachte er uns in einen wunderschönen Touristenladen. Eine Dame unter meinen Gästen verliebte sich in eine teure Kette mit Lapislazuli und Perlen. Mir gefiel die Kette auch gut, und ich ermutigte sie zum Kauf. Sie wollte sie ihrem Gatten, der nicht im Laden war, zeigen und die Kette ging hin und her zum Hotel und zurück zum Laden. Der Kauf wurde besiegelt, und auch ich bekam dafür eine ordentliche Provision. Zurück in Deutschland wollte die Dame die Kette versichern und fand heraus, dass sie statt den bezahlten 1000,00 DM nicht mehr als 100,00 DM wert war. Wir waren alle betrogen und wie! Glücklicherweise gab es eine Telefonnummer in Belgien und Willis Sekretärin hat dort so lange angerufen, bis das Geld für die Kette erstattet wurde. Ich entschied, mich nie wieder auf solche Machenschaften einzulassen. So lernt man dazu! Meine Freundschaft mit der Familie Zaich dauert bis heute an. Vier Mal wurde ich eingeladen, um meine Liederabende in Kronach zu singen. Manchmal ließen sich meine ungewöhnlichen Berufe also gut kombinieren.

In Paris 1981

Mit 500 Gästen als Incentive-Reise der Bausparkasse Schwäbisch Hall verbrachte ich meinen 35. Geburtstag in Paris. Ich hatte meinem lieben Freund Jean Pierre dort einen Job besorgt. Er war Schauspieler, Übersetzer und vor allem Lebenskünstler. Aus großer Liebe für einen jungen hübschen blonden Mann zog er nach Konstanz. Er hatte nie Geld, jobbte unentwegt. Er liebte ein luxuriöses Leben, Champagner und alles vom Feinsten, und sobald er wieder Geld hatte, wurde groß gefeiert. Er war geistreich und liebevoll, und wir waren in seiner Konstanzer Zeit eng befreundet.

Nach der Ankunft gab es erst ein Buffet für die Gäste. Sie stürzten sich darauf und für uns, die Reisebegleiter, war es unmöglich etwas zu essen zu bekommen. Als wir die ganze Gruppe in Bussen auf die

Städtetour geschickt hatten, ging ich zum Gérant und sagte ihm, es sei mein Geburtstag und wir hätten alle Hunger. Das braucht man einem Franzosen nur einmal zu sagen. In dem riesengroßen Saal, leer geräumt nach dem Buffet, ließ er einen Tisch für uns Reisebegleiter anrichten und wir bekamen Platten voll von herrlichstem Essen. Die Situation glich einem Luis Buñuel-Film und war unvergesslich. Abends besuchten wir das Alcazar und es gab ein Dinner und eine Show vom Feinsten. Jean Pierre und ich hatten einen kleinen Tisch allein und feierten mit Champagner und Paté de foie gras meinen Geburtstag. Die Gäste hätten es lieber etwas rustikaler gehabt, aber das lag nicht in unserer Verantwortung.

Am Nordkap 1982

Eine ähnliche Begegnung mit der Vergangenheit hatte ich in Norwegen auf einer Reise zum Nordkap. Als wir in Narvik ankamen, wurden einige meiner Gäste sehr nervös und aufgeregt. Da erfuhr ich, dass es in Narvik ein Kriegsmuseum gab. Als Teil des Unternehmens Weserübung der Wehrmacht war im Frühjahr 1940 insbesondere auch Narvik stark umkämpft. Viele hatten Erinnerungen an diese Zeit, in der sie dort gekämpft hatten. Jetzt wollten sie nochmal hin. Viel zu sehen gab es dort sowieso nicht. Für einen Besuch des Kriegsmuseums hatten wir keine Zeit und ich versuchte, mich so schnell wie möglich auf die schönen Fjorde zu konzentrieren und Narvik zu vergessen.

Reisen mit "Geschmäckle" 1985

Im Jahre 1985, vierzig Jahre nach Ende des Zweiten Weltkrieges, reiste ich mit der Volksbank Ulm nach Armenien und Georgien. Eine abenteuerliche Reise damals. Von Frankfurt flogen wir nach Moskau, um dann mit einem alten, kleinen russischen Flugzeug nach Tiflis zu gelangen. Im Flugzeug war ein furchtbar stinkendes Desinfektionsmittel ausgelaufen und hatte hauptsächlich meinen Koffer voll erwischt. Glücklicherweise hatte ich im Hotel einen Balkon und konnte so alle Kleider dort aushängen und ein paar Tage lang lüften lassen. Tiflis war bezaubernd; die Stadt sehr schön, die Menschen sehr herzlich und die Mahlzeiten köstlich.

Hätten nicht viele meiner männlichen Gäste als Soldaten in diesen Regionen gekämpft und dauernd sehr unpassende Kommentare abgegeben, wäre die Reise perfekt gewesen. Aber spätestens als sie anfingen, über die "tollen russischen Weiber" zu sprechen, wurde es zu viel. Irina, meine junge, sehr nette russische Kollegin, die uns auf dieser Reise begleitete, war darüber zu recht sehr verstört. Ich sagte dem Volksbankdirektor, er solle dafür sorgen, dass dieses blöde Geschwätz aufhört, sonst würden Irina und ich ab sofort getrennt von der Gruppe essen und sie allein lassen. Es war besonders peinlich, weil wir Anfang Mai dort waren, wo man den Tag des Sieges feiert und es den Siegern viel schlechter ging als den Besiegten.

Der Direktor selbst war ein sehr feiner Mann mit schlechtem Gewissen. Auch er war als Soldat in dieser Region gewesen und hatte Schreckliches mitgemacht. Jetzt betreute er eine georgische Familie und brachte Koffer voller Geschenke für sie mit. Wir wurden überall sehr herzlich empfangen und mussten überall mit anstoßen, vom Sekt bis zu dem berühmten Grusinischen Cognac.

Meine letzte Reise mit der Actionade war im Jahr 1986, da war ich 40 Jahre alt. Ich war in Kalifornien und bemerkte, dass ich mich abends lieber mit einem Glas Wein in mein Zimmer zurückzog, als in der Bar mit den Gästen zu blödeln, was ich all die Jahre gerne gemacht hatte. Da entschied ich mich, dass es Zeit wurde, mit dieser Tätigkeit aufzuhören. Inzwischen war meine Gesangskarriere auch so weit fortgeschritten, dass ich keine Zeit mehr hatte, zwischen den vielen Konzerten und Schülern auch noch durch die Welt zu tingeln. Ab da gab es nur noch private Reisen ohne Touristen.

4. Bretter, die die Welt bedeuten

Surfen aus Leidenschaft

Nachdem die Seyferts einige Monate in Konstanz waren, hatte es sich schon herumgesprochen, dass sich hier eine neue, hervorragende Gesanglehrerin etabliert hatte. Verschiedene Sängerinnen meldeten sich an. Athi Rhau wurde schon bald meine Freundin. Sie nahm mich mit zum Kirchenchor Sankt Gebhard und so machte ich die Bekanntschaft mit den Traditionen der katholischen Kirche, den Messen von Mozart, Haydn und Schubert, und natürlich lernte ich so viele Leute kennen. Wir sangen Duette zusammen, wurden mit großem Erfolg als Hexen in Dido und Aeneas engagiert und tauschten unser Können aus. Ich versuchte, Athi Englisch beizubringen. Mit mehr Erfolg brachte sie mir das damals neue Windsurfen bei.

Wir waren die fast ersten Windsurferinnen am Bodensee. Athi hatte einen Ausbildungsschein, ich war ihr erstes Opfer. Das war ein Sport, den ich liebte. Das Windsurfen tat meiner Figur sehr gut, in diesem Sommer verlor ich mühelos 5 Kilo. Aber es half mir auch, mehr körperliche Kraft zu entwickeln, was für das Singen sehr nützlich war, und vor allem half es mir, mich zu zentrieren. Nur wenn man in seiner Mitte ist, kann man auf dem Brett stehen bleiben und das Segel mit dem Wind lavieren.

Schon bald kaufte ich mir ein eigenes Brett und fuhr immer mit Brett auf dem Autodach durch die Gegend. Es ging mit in die Niederlande an den Niewkoopse Plassen, im Sommer nach Vitznau an den Vierwaldstättersee, nach Süd-Frankreich ans Mittelmeer und später sogar nach Graz. Ab 40 Jahren wurde das Wasser immer kälter, der Wind stärker und das Brett schwerer. Ich sang in der Zeit immer mehr Konzerte und entschied mich, kein Erkältungsrisiko mehr einzugehen und das Brett aufzugeben.

Die Familie Rhau kam aus der DDR. Athi hatte sich schon früh mit dem Theater befasst und wollte gerne Sängerin werden. Ihre Mutter überzeugte sie, einen "gescheiten" Beruf zu lernen, und so wurde sie Krankenschwester und nebenbei sang sie auf hohem Niveau. Der Vater war Offizier in der Wehrmacht und früh gefallen. Welche Welten stießen da aufeinander! Und doch waren wir beide 40 Jahre unzertrennlich. Es gab Zeiten, in denen ich viel gesungen habe, während Athi spät noch ein Wunschkind bekommen und großgezogen hat und wir uns nicht viel zu sagen hatten. Dann bat ich sie, Vorsitzende meines Fördervereins zu werden. Das brachte uns wieder zusammen, denn jetzt hatten wir wieder ein gemeinsames Ziel: junge Sängerinnen und Sänger zu fördern. Athi kümmerte sich auch um Emma, wenn ich nicht in Konstanz war, Athi war unersetzlich und nicht nur für mich. Zu früh hat sie uns verlassen, und sie fehlt mir immer noch sehr.

Frau Seyfert hatte keine Lust mehr, mit Anfängern zu arbeiten, und so schickte sie mir eine junge begabte Schülerin. Ich fing an, Gesang zu unterrichten, und hatte schon bald eine kleine Gruppe Schüler um mich. Sofort gab es auch kleine Konzerte mit den Schülern, damit sie das Gelernte in die Praxis umsetzen konnten. Erst bei mir zu Hause und dann schon bald in größeren Räumen, die man mir zur Verfügung stellte. Nachher gab es immer eine Party. Das soziale Element beim Singen lernen halte ich für sehr wichtig, vor allem, weil die meisten meiner Schüler keine Profis waren oder werden wollten. Sie wollten einfach singen. In ihrem sonstigen Umfeld ist das eher außergewöhnlich, und sie bekommen wenig Verständnis für diese Passion. Deshalb ist es wichtig, mit den anderen Schülern zusammenzukommen und die Begeisterung für den Gesang teilen zu können. Im Laufe der vielen Jahre habe ich viele schöne Stimmen ausgebildet, in allen Stimmlagen. Viel hat sich im Sängerberuf geändert.

Vor vierzig Jahren unterrichtete ich einen begabten jungen Tenor, Karl Heinz Waidele. Das Geld ging ihm aus und er wollte aufhören, Stunden zu nehmen. Da sagte ich ihm, er solle doch weitermachen, ich würde die Stunden aufschreiben, und wenn er wieder Geld verdient, dann solle er es mir zurückzahlen. Bei Tenören habe ich das schon drei Mal gemacht und bis jetzt immer alles zurückbekommen, bei Sopranistinnen gelingt das leider nicht immer. Nach einiger Zeit kam er zu mir und sagte, ein Freund in Berlin habe ihm gesagt, dass man im Chor der Deutschen Oper einen Tenor sucht. Ob er da wohl vorsingen solle? Ich meinte, er solle doch erstmal zwei Arien lernen, was er dann auch tat. Tatsächlich ging er nach Berlin und trat auf die große Bühne zum Vorsingen. Da bekam er große Angst und sagte: "meine Herren, das ist mir eine Nummer zu groß, ich gehe wieder nach Hause!" Die Herren überzeugten ihn, wenn er schon mal da sei, doch auch zu singen, und siehe da: Er bekam den Job! Vierzig Jahre war er ein erfolgreicher Chortenor, der auf vielen Bühnen gesungen hat. Öfter kam er vorbei, erzählte mir von seinen Abenteuern, oder wir tranken einfach einen Kaffee zusammen. Leider ist auch er viel zu früh verstorben.

So eine schöne Geschichte ist heute nicht mehr möglich. Auch Chorsänger müssen ganz ausgebildet sein, bis sie die Chance auf ein Engagement bekommen. Allerdings ist der Beruf des Chorsängers finanziell stabil und mit weniger Risiken beladen als der des Solisten.

Den Sommer 1978 verbrachte ich beim AIMS, American Institute of Musical Studies. Das AIMS wurde in Freiburg gegründet und sollte Sängern und Sängerinnen die Möglichkeit geben, sich mit dem europäischen Opernsystem und dem Vorsingen vertraut zu machen. Später zog die Sommerschule nach Graz und bot gleich im ersten Jahr ein Festival mit Opern-, Operetten- und Liederkonzerten. Das Kollegium war international und von hohem Niveau. Noch ahnte ich nicht, dass ich die nächsten acht Sommer in Graz verbringen und wie viel ich davon profitieren würde. Am ersten Tag gab es eine Eröffnungszeremonie in der Stadthalle von Graz mit viel Grazer politischer Prominenz. Da sprach der Oberbürgermeister und sagte zu meinem Erstaunen, wie froh er sei, die Amerikaner dreiunddreißig Jahre nach der Befreiung wieder in Graz begrüßen zu können. Nach dem Kriegsende im Jahr 1945 wurde Graz aber von der Rote Armee "befreit". Nach meinen Geschichtskenntnissen wurde es von der Naziherrschaft befreit, was die meisten Österreicher aber nicht als Befreiung, sondern als Niederlage empfunden haben. Der Übersetzer für AIMS drehte das ganz taktvoll, damit die anwesenden Amerikaner nicht so schockiert waren wie ich, die die deutsche Ansprache verstanden hatte. Das war meine erste Begegnung mit der österreichischen Nachkriegsmoral.

Ich bekam Gesangstunden bei Marcia Baldwin, langjährige Mezzosopranistin der Metropolitan Opera, Korrepetition, Vorsingübungen. Es war alles sehr professionell und intensiv. Ich traf viele neue, interessante Menschen und auch alte Bekannte aus New York wie Nancy und Nico Castel, bei deren kleiner Tochter Sasha ich in New York sogar Babysitter gewesen war. Zwei Jahre später entschied ich mich, wieder nach Graz zu fahren, diesmal nur für zwei Wochen, da das ganze Programm zu teuer war, aber als ich dort war, fragte ich, ob sie mir nicht einen Job geben könnten, damit ich länger bleiben könnte. Und siehe da, ich wurde die Übersetzerin für Dr. Joachim Klaiber, früherer Intendant in Kiel. Dr. Klaiber sprach wenig Englisch, die Sänger wenig Deutsch. Er arbeitete an den Arien und inszenierte kleine Szenen aus Opern, die für die Schüler geeignet waren. So erweiterte ich meine Repertoirekenntnisse in allen Stimmlagen enorm; ich lernte, Stimmen ins richtige Fach einzuordnen, und das Ganze machte sehr viel Spaß. Acht Sommer lang habe ich das durchgehalten. Am Ende musste ich aufpassen, dass ich nicht übersetzte, ehe Dr. Klaiber seinen Kommentar gegeben hatte. Morgens konnte ich Gesangsstunden und Korrepetition nehmen, nachmittags drei Stunden arbeiten. Abends ging ich oft im Ragnitzbad schwimmen, einem privaten Schwimmbad, wo ich auch nach Öffnungszeit noch willkommen war. Im Strandbad dort entdeckte ich das erste Mal, wie herrlich es ist, ohne Badeanzug in der Sonne zu liegen. Seither bin ich konsequenter FKK-Fan.

Manchmal fuhr ich mit einigen Kollegen in die Grazer Umgebung, um steirisches Essen zu genießen. Das AIMS war auch bekannt für die

Freizügigkeit, mit der die Teilnehmer den Sommer verbrachten. Liebe und Sex wurden in der Studentenunterkunft großgeschrieben.

Inzwischen hatte sich auch in Konstanz einiges ereignet. Wilhelm List-Diehl, Theaterintendant seit 1968, wurde im Jahre 1980 von Hans J. Ammann abgelöst. Ein völliger Bruch mit dem altgedienten Provinztheater hin zur Moderne. Bis jetzt hatte ich mich noch nicht sehr viel mit dem Theater in Konstanz beschäftigt.

Hans Ammann brachte einen neuen Musikdirektor mit, den Amerikaner John Beer, der wiederum mit Marcia Baldwin befreundet war. Als sie hörte, dass er nach Konstanz ging, gab sie ihm meine Adresse und meinte, ich könne ihm sicher helfen, eine geeignete Wohnung zu finden. Diese fand ich dann auch bald für ihn, und alle waren zufrieden. John wollte amerikanisches Musical in Konstanz produzieren und schickte mir zehn Schauspieler ins Studio, um ihre Singstimmen für das Musical vorzubereiten. Eine Win-Win-Situation: Die Schauspieler lernten singen, und ich hatte mein Studio auf einem professionellen Niveau etabliert, wie es sonst kaum möglich gewesen wäre.

Außerdem machte es großen Spaß. Nach einigen Monaten wollte ich am eigenen Leib erfahren, was jetzt genau der Unterschied zwischen Singen und Theaterspielen ist. Ich rief Tessa Theodorakopoulos an, die Leiterin der Bühne der Universität Konstanz, und fragte sie nach einer kleinen Rolle. Sie bot mir die *Hekuba* in "Die Frauen von Troja" von Euripides an. Diese Rolle ist eher für eine ältere, sehr erfahrene Schauspielerin geeignet als für eine nicht sehr gut Deutsch sprechende junge Holländerin, aber ich habe das Angebot natürlich gerne und ohne Zögern angenommen. Hilfe hatte ich von meinen Schülern, den Schauspielern, die mich sehr gerne hatten und mich in diesem Unternehmen unterstützten. Die "deutschen Fälle" lernte ich auswendig. Jetzt war noch meine klare Sängerinnenstimme das Problem. Tessa meinte, ich solle doch etwas tiefer sprechen, und so entwickelte ich im Laufe der Proben meine Bruststimme und drückte ordentlich auf das Volumen. Das Resultat war, das ich nach dieser Schauspieleskapade keinen Ton mehr richtig traf und Monate brauchte, meine Singstimme wieder in Ordnung zu bringen.

Die Balance zwischen Brust- und Kopfstimme herzustellen, ist eines der wichtigsten Themen beim Singen. Bei Frau Seyfert hatte ich das vorbildlich gelernt. Es ist aber immer schwer, die Balance zu wahren, vor allem wenn man viel sprechen muss. Sehr oft wird im Gesangsun-

terricht die Entwicklung der Bruststimme vernachlässigt. Es ist der einzige Weg, beim vielen Singen eine gesunde Stimme zu erhalten.

Meine *Hekuba* war ein großer Erfolg und wurde belohnt mit meinem ersten Engagement zwei Jahre später am Stadttheater Konstanz mit der Rolle der Krankenschwester in Neil Simons *Sunny Boys.* Es folgten eine kleine Rolle in Ödön von Horváths *Glaube Liebe Hoffnung* und am Uni-Theater Madame Boeff in Eugène Ionescos *Die Nashörner* und später La reine Marguerite aus *Le roi se meurt*, wieder Ionescos absurdes Theater, diesmal sogar auf Französisch. Ich hatte große Schwierigkeiten, dieses Stück auswendig zu lernen, aber aus dieser Rolle stammt meine weiße Locke im Haar, mein Markenzeichen, das ich seither immer gerne trage.

Meine Karriere am Konstanzer Stadttheater endete im Meersburger Sommertheater mit der *Dreigroschenoper* von Brecht/Weill. Statt *Jenny* wurde mir die Rolle einer Nutte angeboten, was ich ahnungslos annahm. Wir waren zu viert, sehr schön zurechtgemacht. Ich entdeckte, dass Nutten sehr viel herumstehen, was ich hasse. Diese Produktion war sowieso eine ziemliche Katastrophe, der französische Regisseur meistens in Rotwein getränkt. Der Gedanke war, die Dreigroschenoper durch andere berühmte Weill-Lieder zu ergänzen. Eine schlechte Idee, denn das Stück hat schon ohne Ergänzungen mehr als genug zu bieten.

Ich sollte aus "Happy End" das Lied "Surabaya-Johnny" singen, alle drei Strophen. In der Generalprobe wurden mir von Ulrich Khuon, dem damaligen Dramaturgen, zwei Strophen gestrichen. Ich war entsetzt und wütend. Außerdem saß ich in ganzer Fülle halbnackt im schwarzen Korselett auf einem Barhocker in der Mitte der Bühne, an drei Seiten Publikum. Das ließ sich nur mit einem Whisky vor der Vorstellung bewältigen. Es förderte die Qualität der Vorstellung keineswegs.

Nach einigen Vorstellungen traf ich eine Freundin in der Stadt. Sie sagte mir: "Ruth, das geht ja gar nicht, dich so zu präsentieren! Was sagen denn deine Schüler dazu?" Dann rief ich meinen Vater an, der zur Premiere da gewesen war und fragte ihn, ob er meine Darstellung als anrüchig empfunden hatte. Mein Vater aber sagte: "Solche langweiligen Nutten habe ich noch nie gesehen!" Da war die Sache für mich klar. Der Whisky verschwand, und ich fing an, Theater zu spielen. Ab dann war alles in Ordnung.

Ungünstigerweise für mich wurde Ulrich Khuon der nächste Intendant des Stadttheaters Konstanz. Gut verstanden haben wir uns nie. Das war das Ende meiner Schauspielkarriere in Konstanz. Mit dem Konstanzer Theater war ich aber über all die Jahre eng verbunden. Oft wurde ich zur Beratung in jüdischen Angelegenheiten angefragt, und immer wieder verirrte sich ein Schauspieler oder eine Schauspielerin in mein Studio. Zu meinem Erstaunen wurde ich 2019 auch zum Ehrenmitglied des Stadttheaters ernannt. Ein Titel, den ich gerne annahm.

Wie wird man von einer Opernsängerin in spe zur erfolgreichen Sängerin jüdischer Lieder in Deutschland?

Schon bei den ersten jüdischen Feiertagen in Konstanz im September 1974 begegnete ich in dem kleinen jüdischen Kreis Dr. Erich Bloch und Else Levy-Mühsam. Beide waren aktiv in der Gesellschaft für Christlich-Jüdische Zusammenarbeit, Literaten und bekannte und geschätzte Persönlichkeiten, nicht nur in Konstanz.

Dort war auch Professor Erhard Roy Wiehn, Vorsitzender der Deutsch-Israelischen Gesellschaft Bodensee-Region. Schon bald besuchte ich deren Veranstaltungen, und lernte so die Konstanzer Haute Volée kennen, einige Professoren der Uni Konstanz, Ärzte, Rechtsanwälte. Damals war es sehr "in", sich als Israel-Liebhaber zu outen.

Eines Tages bat mich Roy, einen jungen israelischen Pianisten namens Isaac Tavior vom Bahnhof abzuholen und zu seinem Hotel zu begleiten. Abends sollte er ein Konzert bei der DIG geben. Das machte ich gerne, und schon nach der ersten Bekanntschaft beschlossen wir, im nächsten Jahr einige gemeinsame Liederabende zusammen zu geben. Auf dem Programm standen die Zigeunerlieder von Johannes Brahms und Lieder von Charles Ives. Außerdem hatte ich einige jiddische Volkslieder ins Programm aufgenommen, um dem Konzert mit einer jüdischen Sängerin und einem israelischen Pianisten ein ethnisches Flair zu geben. Jiddisch hatte ich zwar zu Hause nie gehört, aber den Draht zu den jüdischen Melismen hatte ich schon in Ravels *Kaddisch* und seinen zwei jiddischen Volksliedern gespürt, die ich schon früher gesungen hatte. Die Konzerte waren ein Erfolg. Dr. Bloch war begeistert von meinen jiddischen Liedern und meinte, ich sollte dieses Repertoire doch ausbauen. Und so entstand das neue Programm: Darius Milhauds *Chants populaires Hebraiques*, Ravels *Deux Mélodies Hébraïques,* Joaquin Rodrigos *Cuatro Canciones Sefarides*, am Ende einige jiddische Volkslieder und Musical-Melodien, wie *Matchmaker* aus *The Fiddler on the roof* und *Shalom* aus *Milk and Honey.*

Drei Tage vor der Premiere am 10. Dezember 1981 in Ulm brach sich meine Pianistin, eine Amerikanerin, die in St. Gallen lebte, das Bein. Glücklicherweise kannte ich aus Graz (AIMS) einen wunderbaren Korrepetitor von der Stuttgarter Staatsoper, Stephen Hess, der einsprang. Mit einer kurzen Probe vor der Premiere brachten wir den Abend zu einem guten Ende. Es war der Anfang meines neuen Metiers: "Sängerin jüdischer Lieder". Konkurrenz gab es in Deutschland damals nicht. Esther Bejarano sang in Hamburg, Lin Jaldati in Ost-Berlin und Ruth Frenk in Süddeutschland. Mein Repertoire bestand erst aus anspruchsvollen, klassischen Komponisten, aber langsam öffnete ich mich zu jiddischen und israelischen Volksliedern, jiddischen Kunstliedern und jiddischer Operette. Eine große Rolle bei meiner Repertoireauswahl spielte Nico Castel.

Nico hatte ich in Graz bei AIMS kennengelernt. Er war ein großer Linguist, sprach sieben Sprachen und hatte eine große Sammlung jüdischer Lieder, die er mir großzügig zur Verfügung stellte. Wir hatten einen sehr lebendigen kulturellen Austausch, von dem wir beide profitierten.

Er hat nicht nur 25 Jahre an der Metropolitan Opera gesungen, sondern uns auch ein monumentales Werk hinterlassen. Er veröffentlichte Übersetzungen und phonetische Anleitungen zu den kompletten Libretti von Giuseppe Verdi, Giacomo Puccini, Wolfgang Amadeus Mozart, Georg Friedrich Händel, zu französischem Repertoire, italienischen Belcanto-Opern, Italienischen Verismo-Opern, Richard Strauss und Richard Wagner. Außerdem verfasste er ein Lehrbuch: *A Singer's Manual of Spanish Lyric Diction* mit einem Kapitel über die Aussprache des Ladino.

Nico war ein Lebemensch, voller Energie, voller Fantasie und Geist. Immer wieder kreuzten sich unsere Wege: in Graz, Budapest, Salzburg, New York, Tel Aviv. In der Alten Oper in Frankfurt hörte ich einen seiner letzten Auftritte als Haushofmeister in *Ariadne auf Naxos*, eine seiner Glanzrollen.

In Deutschland gibt es Agenturen für E(rnste) Musik und für U(nterhaltungs) Musik. Meine Programme waren weder das eine noch das andere. Es blieb mir also nichts anderes übrig, als meine Konzerte selbst zu verkaufen. Damals hieß das, 200 Briefe per Post zu verschicken. Das war viel Arbeit, aber die Resonanz war überwältigend. Die Kulturämter hatten noch Geld und das Bedürfnis nach jüdischer Musik war enorm groß. Auf 200 Briefe bekam ich mindestens 20 Konzerte, eine Quote, von der man heute nur träumen kann. Mein Tagesablauf war: von 9-10 Uhr Konzertorganisation, von 10-12 Uhr üben oder mit meiner Pianistin proben, von 13.30 bis 18.30 Uhr unterrichten und anschließend Konzert, Theater oder soziale Kontakte. Wenn man jung ist, kann man alles!

Das größere Problem war, einen Begleiter oder eine Begleiterin zu finden. Eine Freundin erzählte mir, dass eine amerikanische Pianistin sich mit ihrer Familie in Konstanz niedergelassen hatte: Karin Strehlow. Karin war nur ein paar Jahre älter als ich. Sie war ausgebildete Pianistin und sehr begeisterungsfähig für neues Repertoire. Sie hatte einen Mann und vier damals kleine Kinder, aber das hinderte sie nicht daran, mit mir auf Reisen zu gehen und viele Tourneen zu absolvieren. Sie wurde fünfzehn Jahre lang meine treue Begleiterin. Unsere erste Tournee ging nach Rotterdam, Dortmund und Witten. Im November 1985 fuhren wir mit meinem Auto nach Rotterdam, aber schon in Pforzheim war klar, dass wir in den Zug umsteigen sollten. Es schneite, war glatt und sehr schlecht zu fahren. Unser Gepäck war dazu nicht berechnet. In Köln mussten wir umsteigen. Ich wartete auf dem Bahnsteig, Karin verschwand und kam erst zurück, als der Zug abgefahren war. Da entdeckte ich, dass sie keine Uhr trug und dass Zeit immer ein Problem für sie und mit ihr war. Wir haben fünfzehn Jahren zusammen konzertiert, viele neue Programme, viel Repertoire, eine CD-Aufnahme und viel erlebt. Es ist wichtig, eine gute Begleiterin zu haben, aber es ist genauso wichtig, einen angenehmen Menschen dabei zu haben, wenn man zusammen unterwegs ist. Wir haben viel zusammen gelacht und uns hervorragend ergänzt.

In den Sommermonaten war Karin meistens in Amerika. Dann brauchte ich einen anderen Begleiter. Durch Zufall fand ich wieder einen fabelhaften Klavierbegleiter, Fabio Luz. Im Jahr 1986 organisierte die Stadt Konstanz ein Treffen seiner früheren jüdischen Bürger, die Konstanz rechtzeitig vor dem Krieg verlassen hatten. Zu diesem Treffen früherer jüdischer Mitbürger wurde auch ich eingeladen und traf dort Werner und Beth Rotschild aus Sorocaba, Brasilien. Sie erzählten mir gleich von einem jungen befreundeten Pianisten der jetzt in Turin (Italien) wohnte und der sie in Konstanz besuchen würde. Dort traf ich dann auch Fabio und Renata, und wir verstanden uns auf Anhieb. Sie luden mich nach Turin ein. Bald fuhr ich dorthin, und wir begannen zu musizieren. Fabio ist ein großartiger Pianist, der leider die große internationale Karriere, die er verdient hätte, irgendwie verpasste. Das liegt auch an der mangelnden staatlichen Unterstützung der Kultur in Italien. Es scheint fast so, dass dort nur Esskultur großgeschrieben wird.

Renata hat eine schöne Parfümerie im Zentrum von Turin. Sie ist eine warme, herzliche Frau, und wir wurden gute Freundinnen. Mit Fabio sprach ich Französisch, mit Renata Italienisch oder Englisch. Wir verstanden uns prima. Das war der Anfang einer langen Freundschaft und vieler Konzerte in Deutschland und Italien. Außerdem gab es eine Reise nach Brasilien für eine preisgekrönte CD-Aufnahme, einige Solokonzerte für Fabio in Konstanz und einen Sängerworkshop für mich in Asti.

Ehe ich eine CD-Aufnahme machte, brachte ich im Jahr 1986 eine kleine Schallplatte mit vier Liedern heraus, arrangiert und eingespielt von Hans Posegga (München), einer weiteren schillernden Persönlichkeit in meinem Leben. Hans war ein Choleriker mit einem Herzen aus Gold. Er liebte meine Lieder und vielleicht mich auch ein bisschen, jedenfalls war es ihm ein großes Anliegen, diese Lieder mit mir aufzunehmen.

Im Sommer kam Fabio oft nach Konstanz. Eines Tages sagte ich, dass ich allmählich eine CD-Aufnahme brauche, und Renata kam gleich auf die Idee, das in Brasilien zu machen, da das viel preiswerter als in Deutschland oder Italien sei. Fabio, der schon mehrere CDs in Rio gemacht hatte, rief seinen Manager an, der war an meinem Repertoire interessiert, und so flog ich im Dezember 1990 in den Sommer nach Rio de Janeiro. Es war meine erste große Reise ohne Reisegruppe, und ich genoss sie in vollen Zügen. Die CDs wurden ein voller Erfolg und bekamen sogar einen Preis als beste Aufnahme des Jahres 1991 in Brasilien.

Lieder aus Theresienstadt

Bei AIMS in Graz hörte ich von einer Komposition *I never saw another butterfly* von dem kanadisch-jüdischen Komponisten Srul Irving Glick (1934-2002). Da ich immer neues Repertoire für meine Liederabende suchte, war ich sofort interessiert. Die Komposition aus dem Jahr 1968 besteht aus sechs Liedern nach Gedichten von Kindern, die im KZ Theresienstadt inhaftiert waren. Die Gedichte und

Zeichnungen entstanden im geheimen Kunstunterricht im Lager zwischen 1942 und 1944. Von den 15.000 Kindern, die in Theresienstadt inhaftiert waren, überlebten nur 150 den Krieg. Mich berührte das Schicksal der Kinder tief, und ich entschied mich, die Lieder in mein Repertoire aufzunehmen.

Im Jahre 1986, 41 Jahre nach Ende des Zweiten Weltkrieges, hatten noch sehr wenige von der Musik von Theresienstädter Komponisten oder von den Kindergedichten und den Zeichnungen gehört. Der Musiklehrer Peter Bauer vom Humboldt-Gymnasium in Konstanz veranstaltete ein Programm "Kinder im Nationalsozialismus". Das Hauptprogramm bestand aus der Kinderoper *Brundibar* von Hans Krása. Heute ist sie leicht zu bekommen, als Klavierauszug oder Partitur, und wird sehr oft an Schulen aufgeführt. Damals war es nur der Zähigkeit von Peter Bauer zu verdanken, dass das Werk in Konstanz zur Aufführung gelangte. Er reiste dafür sogar selbst nach Prag und fand eine gute Bearbeitung. In einem Pausenkonzert am Humboldt-Gymnasium sang ich das erste Mal die Glickschen Lieder. Ich hatte sie selbst ins Deutsche übersetzt. Zwischen den Liedern zeigte ich - damals noch mit Dias - einige Zeichnungen der Kinder und trug einige Gedichte vor. Es wurde eine Collage, der erste Teil meines Programms, den ich *Lieder aus Theresienstadt* nannte. Obwohl die Komposition für die Schüler sehr anspruchsvoll war und meine klassisch ausgebildete Stimme für sie sehr ungewohnt, hörten sie alle mäuschenstill zu und waren sichtlich bewegt.

Kurz darauf schenkte mir eine Freundin ein Büchlein: *Und die Musik spielt dazu. Chansons und Satiren aus dem KZ Theresienstadt*. Im sogenannten "Vorzugslager" war es den Insassen erlaubt zu musizieren, zu komponieren, Opern, Konzerte und Schauspiel aufzuführen. Es gab das deutsche und das tschechische Kabarett. Viele Größen des deutschen, niederländischen und tschechischen Kabaretts der Zeit waren dort und traten auf. Die Melodien wurden nur kaum niedergeschrieben. Zu der Zeit, als ich mit diesen Texten begann, gab es noch keine originalen Melodien, nur Andeutungen, zum Beispiel: drei Takte Rosenkavalier, vier Takte Walzertraum etc.

Und wieder kam die Hilfe aus Graz. Mit Dr. Klaiber besuchte ich eine Vorstellung des bekannten Grazer Kabarettisten Dieter Gogg. Sofort bat ich ihn, sich die von mir ausgewählten Texte anzuschauen. Er war Feuer und Flamme und machte sich bald an die Arbeit. Sein Gespür für die Melodie der Texte war großartig. Nie würde man denken, dass es nicht die Originalmelodien wären. Als später einige von den Liedern in den Archiven von Yad Vashem gefunden wurden, waren sie dem, was Dieter Gogg aufgeschrieben hatte, sehr ähnlich.

Jetzt konnte die Arbeit beginnen. In Konstanz fand ich den rumänischen Schauspieler Georg Stilu bereit, die Regie zu übernehmen. Wieder ein Glücksgriff. Erst viel später habe ich verstanden, dass ein deutscher Regisseur nie so viel Leichtigkeit mit mir erreicht hätte wie Georg. Als Rumäne war er weiter von der Tragik und den Schuldgefühlen entfernt und konnte seiner Fantasie freien Lauf lassen.

Die Arbeit war nicht einfach. Erstens hatte ich keine Erfahrung mit dem Kabarett, und zweitens musste ich singen, sprechen und tanzen. In "Aus der Familie der Sträuße" tanzte ich mit meinem Zylinder auf dem Gehstock über die Bühne, dann kippt das Lied und wird sehr sarkastisch und traurig. Da brauchte ich meine ganzen Fähigkeiten, viel Fantasie und viele Farben in der Stimme.

Da wir vorhatten, mit dem Programm zu reisen, gab es kein Bühnenbild und so wenig Requisiten wie möglich. Nur einen Klappstuhl, einen Gehstock und einen Zylinder. Und einen Suppenlöffel, um bei dem Lied *Die Menage kommt* (nach der Melodie *Die Musik kommt* von Oscar Strauss) symbolisch die Suppe auszulöffeln. Die Menage war das "Essen", das im Lager serviert wurde. Die Qualität der Suppe war sehr fragwürdig.

"Die Suppenfee steht bei dem Fass und schöpft daraus das edle Nass. Wer niemals ein Gefühl verspürt, die Suppe nimmt er gern gerührt."

Als ich im Frühjahr 1988 noch in den Proben war, besuchte mich mein Vater in Konstanz. Voller Begeisterung sang und spielte ich ihm einige Lieder vor, u.a. dieses. Als ich ihm mit einem neuen, glänzenden Suppenlöffel vormachte, wie ich die Suppe aus dem Topf schöpfte, unterbrach er mich und sagte: "Nein, so war das nicht, schau mal": Er nahm den Löffel und schöpfte ganz vorsichtig die nicht vorhandene Suppe, und Tränen tropften aus seinen Augen. Die Erinnerung übermannte ihm. Danach kaufte er graue matte Farbe und strich den Löffel matt an. "So sah das aus", sagte er. Nie hat er das ganze Programm anschauen wollen. Für mich war das ein sehr berührender Moment, den ich nie vergessen habe. Stolz war er aber trotzdem auf meine Erfolge.

Einige Jahre später war er in einem Copyshop in Rotterdam und vervielfältigte einige meiner Kritiken. Dort traf er Wijnand van Hoof, einen CD-Produzenten in den Niederlanden, der sich auf ausgefallene Programme spezialisiert hatte. So kam ich zu meiner zweiten professionellen CD-Produktion *Der letzte Schmetterling.* Es wurde ein richtiges "Dokument" und meine Visitenkarte für manch andere Abenteuer. 3000 Exemplare wurden verkauft. Vor einigen Jahren haben wir eine neue Auflage gemacht inklusive einer DVD mit einigen Liedern von der Premiere.

Am 17. September 1988 war die Premiere in der Werkstatt des Stadttheaters Konstanz. Es folgten mehr als vierzig Aufführungen in den nächsten Jahren. Hamburg, Frankfurt, viele Mittel- und Kleinstädte und Berlin. In der Jüdischen Gemeinde zu Berlin traf ich zum ersten Mal auf Unverständnis, und zwar darüber, wie man mit Walzerklängen das Elend beschreiben konnte, das viele, die dort gewesen waren, erlitten hatten. Man hatte dort wohl nicht verstanden, dass am Ende jedes Chansons die trübe Seifenblase der Illusion platzte. Dass der vordergründige Humor eher ein schwarzer Humor war. Von so vielen Konzerten gibt es selbstverständlich auch viele Anekdoten zu erzählen.

Bei unserer ersten Konzerttournee traten wir in der jüdischen Gemeinde Dortmund auf. Die Pedale des Klaviers waren zu hoch für Karin. Ihre Füße reichten nicht zum Boden. Da halfen dann nur eine Aktentasche und ein nasses Tuch damit die Sache nicht verrutschte. Zudem machte ich dort den Fehler, die vielen kleinen Kinder nach vorne zu bitten. Für kleine Kinder ist die klassisch ausgebildete Stimme etwas Urkomisches, und es wurde also vorne viel gelacht. Als ich zwischen den Liedern kurz hinausging, um einen Schluck Tee zu trinken, stürzten sich die Anwesenden auf den Kaffee und die Kekse, die schon an der Seite des Saals bereitstanden. Es war schwierig weiterzumachen.

In der jüdischen Gemeinde Stuttgart gab es einen langen Saal mit einer Guckkastenbühne. Nicht sehr geeignet für einen klassischen Liederabend. Das Publikum wurde immer lauter. Ich sang dann immer leiser, bis jemand hinten um Ruhe bat. Dann waren alle fünf Minuten still und danach fing das gleiche Spiel von vorne an. Nachdem ich fertig war, kam eine Dame auf mich zu und gratulierte mir zu meiner Kunst. Sie meinte, die letzte Sängerin sei heulend von der Bühne gegangen, ich hätte mutig durchgehalten. Das ist auch ein Kriterium!

In der jüdischen Gemeinde Hamburg sollten wir zwischen den verschiedenen Menü-Gängen auftreten. Es gab da viele Juden aus dem Iran, und es wurde Reis gekocht. Nur wurde der Reis nicht rechtzeitig fertig, und wir wurden gebeten weiterzusingen, bis der Reis fertig war. Wir haben unser ganzes Repertoire dort gesungen. Es war ein äußerst gemütlicher Abend, an dem wir alle viel gelacht haben.

Oft gab es nach dem Konzert ein Essen mit dem Veranstalter, manchmal wurde uns nur herzlich gedankt, und wir wurden unserem Schicksal überlassen. In der deutschen Provinz ist es nicht so einfach, nach 10 Uhr abends eine warme Mahlzeit zu bekommen. Meistens landeten wir bei einem Italiener, denn der lässt seine Gäste nie hungrig gehen. Was Essen betrifft, brauchte ich vor dem Konzert um etwa 14 Uhr ein gutes Steak mit wenig Beilagen. Das gab mir die Energie bis nach dem Liederabend. Karin verstand das gar nicht, und ich hatte manchmal Mühe, mich durchzusetzen und das zu bekommen, was ich brauchte.

Im Hamburger Völkerkundemuseum gab es mittags das passende Essen zur Ausstellung. Leider war das eine Ausstellung über die Wüste inklusive Beduinenzelt, und es gab dort Couscous mit viel fettem Fleisch. Ich gab nach und gegen vier Uhr fing mein Magen an zu rebellieren. Als Karin mich um 17 Uhr sah, erschrak sie sehr und brachte mir Pfefferminztee, um meinen Magen zu beruhigen. Ab dem Tag gab es nie mehr eine Diskussion darüber, was wir vor dem Konzert mittags zu uns nehmen würden.

Das nächste Problem bei solchen Tourneen war die Unterkunft. Oft wollten die Veranstalter Geld sparen und uns privat unterbringen. Bei der Gesellschaft für Christlich-Jüdische Zusammenarbeit e.V. waren das meist Pfarrer und ihre Familie. Das bedeutete viel reden, was ich nicht gerne vor einem Konzert tat. Dann übernahm Karin. Wir waren halt ein eingespieltes Team. Als ich eines Nachts vor einem Konzert nicht schlafen konnte, weil eine Kuckucksuhr mich jede Stunde weckte, gab ich diese Form der Unterbringung auf und bestand auf einem anständigen Hotel.

Jeder Sänger hat sein Ritual vor dem Auftritt. Das kann sehr unterschiedlich sein. Jeder und jede von uns muss herausfinden, was ihm am besten bekommt und wie er oder sie zur entsprechenden Zeit die Hochleistung bringen kann, die verlangt wird. Heute gibt es Sporttrainer, die den Sänger darauf vorbereiten. Meine Generation musste die Lösungen selbst finden.

In Minden fanden wir bei der Probe das Klavier nicht auf der Bühne, sondern im Saal. Es kostete all meinen Charme und meine Überredungskunst, den Hausmeister davon zur überzeugen, ein paar starke Männer zu besorgen, um das Klavier auf die Bühne zu hieven.

Nach einigen solcher Erfahrungen bereitete ich ein Heft vor mit "Hinweisen zu Konzertvorbereitung und -ablauf für den ungeübten Konzertveranstalter". Das schickte ich nach Vertragsabschluss immer mit. Etwas hat es wahrscheinlich schon geholfen, die Konzerte mit weniger Pannen über die Bühne zu bekommen.

In Paderborn arbeiteten wir auf einer schiefen Bühne des kleinen Hauses des Paderborner Theaters. Wir hatten den ganzen Abend Angst, dass das Klavier wegrollen würde. Außerdem hatte ich einige katholische Schwestern aus dem Kloster in Paderborn eingeladen, die ich am Bodensee kennengelernt hatte. Da war der Veranstalter äußerst beeindruckt, dass die Schwestern bei meinem Konzert anwesend waren. So etwas hatte es im konservativen Paderborn noch nie gegeben.

Sehr dramatisch wurde es in Bad Oldesloe in Schleswig-Holstein, damals an der Grenze zur DDR. Ich fuhr allein hin, Karin kam diesmal separat. Kurz nach Hannover sah ich ein Schild *Bergen-Belsen.* Mein Herz stockte, und ich entschied mich, einen Abstecher zu machen und das KZ zu besichtigen. Das Museum war noch kaum vorhanden. Von den Baracken war nichts übrig. Die hatten die Briten nach der Befreiung niedergebrannt, um Seuchen zu vermeiden. Es blieb ein grünes Feld mit einigen Grabsteinen und Namen und ein großes Denkmal am Ende. Es gab nicht viel zu sehen, aber ich spürte die blutgetränkte Erde. Bei dem Gedanken, was meine Eltern hier wohl durchgemacht hatten, kamen mir die Tränen. Tief berührt setzte ich meine Reise durch Deutschland und seine "versteckten" Geschichts-Denkmäler fort.

Das Konzert in Bad Oldesloe war am 9. November 1989. Am nächsten Morgen beim Frühstück kam die Wirtin ins Restaurant und sagte: "Sie waren da, gestern, sie waren da!" Wir verstanden kein Wort und realisierten erst später am Tag, was geschehen war. Die Mauer war gefallen! Die ostdeutschen Nachbarn waren gekommen. So nah waren wir am Geschehen und haben nichts davon mitbekommen.

Eine Tournee führte nach Hamburg, dann Magdeburg und schließlich Braunschweig. In Hamburg hatte ich mich erkältet und in Magdeburg machte die Stimme nicht mehr richtig mit. Bis ich in Braunschweig ankam, war es vorbei. Unmöglich, noch einen Abend zu singen. Der Veranstalter war verzweifelt. Er hatte zweihundert Karten verkauft, ein ausverkauftes Haus. In einer solchen Situation muss man versuchen zu improvisieren.

Im November 1991 hatte ich ein Tagebuch meiner in Israel lebenden Freundin Anita publiziert. Sie hatte es während des zweiten Golfkrieges geschrieben, als die Menschen in Israel bei Alarm aus Angst vor Gas-Attacken aus dem Iran mit Gasmasken in ihren abgedichteten Zimmern saßen. Eine Woche nach Beendigung des Krieges schickte sie es mir, und ich war gefesselt von ihren Erlebnissen und berührt von ihren Gefühlen. Mit ihrer unmittelbaren, ehrlichen Art brachte sie es leicht fertig, mich in sie hineinzuversetzen. So vermittelte sie mir das, was man aus Fernseh- und Zeitungsberichten allein kaum nachempfinden kann. Ich wünschte mir, dass andere das auch lesen konnten und publizierte *Der Krieg vor der Haustür*. Ich ließ 1000 Exemplare drucken. Die mussten jetzt unter die Leute kommen. Ich gab Lesungen mit jüdischen Liedern, Lesungen ohne jüdische Lieder, und auf dieser Tournee hatte ich immer ein paar Bücher dabei, um nach dem Konzert einige zu verkaufen.

Als meine Stimme jetzt streikte, entschied ich mich, im ersten Teil Georg Kreislers Lola Blau Chansons ins Mikrophon zu hauchen und im zweiten Teil aus dem Tagebuch zu lesen. Karin spielte einige Lieder zwischen den Abschnitten. Das Publikum war begeistert. Die Zeitungen schrieben: "Auftritt trotz Katarrhs gerettet" und "Couragierte Sängerin rettet den Abend." Ich verkaufte viele Bücher, die ich den Leuten später zuschickte. So viel Erfolg ohne Stimme, darauf muss man erst mal kommen.

Meine zweite Tournee Richtung Osten war auch sehr spannend. Wir begannen an einem Donnerstagabend in Leipzig und wollten dann am nächsten Tag mit dem Zug nach Cottbus fahren. Es war Januar und eisig kalt. Der Bahnhof in Leipzig wurde kurz nach der Wende umgebaut, es gab keinen Platz, um sich zu wärmen. Der Zug hatte zwei Stunden Verspätung, und ich hatte berechtigte Angst um meine Stimme. Zu unserem Glück fand ich Hertz Rent-a-Car und beschloss, ein Auto zu mieten und die 200 km selbst zu fahren. Am nächsten Tag, dem Tag des Auftritts, lag plötzlich eine Schicht frischer Schnee in Cottbus und so glitten wir auf unseren gemieteten Sommerreifen zum Theater, wo wir natürlich zu spät ankamen und man erstaunt auf uns wartete. Am Sonntag mussten wir das Auto in Dresden abliefern, flogen zurück nach Stuttgart und kamen nach dieser endlosen Reise müde und zufrieden wieder in Konstanz an.

Kurt Weill im Exil

Eines Tages im Jahre 1994 rief mich Tessa Theodorakopoulos von der Uni-Bühne Konstanz an; sie hatte einen israelischen Regisseur zu Gast in Konstanz, der das Stück *Die Nacht zum Zwanzigsten* von Joshua Sobol mit dem Uni-Theater einstudieren sollte: Eine Kooperation der Universität Konstanz mit der Universität Tel Aviv. Für die Zeit in Konstanz brauchte er eine Bleibe, und sie dachte, dass mein Gastzimmer, das ich gelegentlich vermietete, geeignet sein könnte. Und so kam eines Abends spät Tom Lewy in mein Leben, ein großer Mann, der viel Platz brauchte. Ich sah sofort, dass mein Zimmer sehr ungeeignet für ihn war, sagte ihm das und lud ihn ein, in meiner Wohnung mit mir einen Tee zu trinken. Wir verstanden uns auf Anhieb.

Thomas Lewy wurde im Jahr 1935 in Berlin geboren. Seine Mutter Minna war Kunst- und Zeichenlehrerin an einem Berliner Gymnasium, an dem sein Vater Physik- und Mathelehrer war. Da er außerdem noch Musiker (Kontrabass) war, wurde der Vater nach der Entlassung aus dem Schuldienst 1933 beim jüdischen Kulturbund als Filmmusiker angestellt. 1937 erhielt er ein Telegramm aus Tel Aviv, in dem er - als Ersatz für einen dort ausgefallenen Musiker - zum Israel Philharmonischen Orchester gerufen wurde. Das Orchester wurde im Jahr 1936 von dem polnischen Geiger Bronisław Huberman unter dem Namen Palästinensisches Symphonisches Orchester gegründet. Hierdurch wurden mehr als 100 jüdische Musiker aus Europa gerettet. Tom und seine Mutter emigrierten dann im April 1938 nach Haifa / Palästina und trafen den Vater wieder.

Tom lehrte als Professor an der Universität Tel Aviv und war dort Direktor des Instituts für Theaterwissenschaften. Zudem arbeitete er als Regisseur und Dramaturg und übersetzte und inszenierte zahlreiche deutschsprachige Dramen am hebräischen Theater. Er leitete das Theater Beit Lessin in Tel Aviv und das Theaterfestival in Akko. Seit seiner Emeritierung forscht er intensiv zur Geschichte deutschsprachiger Einwanderer im hebräischen Theater in Israel und dem britischen Mandatsgebiet Palästina.

Drei Tage nach unserer ersten Begegnung kam ein Fax aus Tel Aviv: Auf dem Rückflug Zürich-Tel Aviv hatte Tom ein Kurt-Weill-Programm für mich konzipiert und fragte mich, ob ich es mit ihm produzieren wolle. Und so begann im Sommer 1997 das Abenteuer *Kurt Weill im Exil,* eine Collage aus 20 Liedern in vier Sprachen, gesprochenen Texten, vielen Kostümwechseln. Eine richtige Herausforderung. Damals war Kurt Weill in Deutschland nur durch die Dreigroschenoper bekannt. Dass er in Amerika großartige Musicals geschrieben hatte, war weder bekannt noch anerkannt. "Was in Amerika produziert wurde, kann doch nichts Gescheites sein!", war die allgemeine Ansicht. Diese arrogante deutsche Haltung hat sich glücklicherweise seither geändert. Unser Programm war ein Erfolg und der Anfang einer tiefen Freundschaft mit Tom. Später haben wir Viktor Ullmans "Die Weise von Liebe und Tod des Cornets Christoph Rilke" zusammen einstudiert. Viel habe ich von diesem wunderbaren Mann und Lehrer gelernt, der vom Theater richtig besessen war.

Wie ging es mir dabei, in diesem Land als Botschafterin jüdischer Kultur herumzureisen?

Für mich war dies ein zwiespältiges Erlebnis. Einerseits genoss ich es, mit meinen Programmen die Leute zu berühren, zum Denken und Fühlen anzuregen, andererseits sollte mir alles nicht zu nahekommen. Wenn ich es zu nahe an mich herankommen ließ, konnte ich nicht mehr so unbekümmert und zufrieden in Deutschland wohnen. Je älter ich wurde, desto schwerer wog dieser Zwiespalt.

Inzwischen hat sich die Stimmung in Europa und Deutschland stark gewandelt. Der Antisemitismus, verkleidet als Anti-Israelismus, ist bedrohlicher geworden. Die Generationen haben gewechselt. Das Trauma der ersten und zweiten Generation wird kaum mehr verstanden. Wenn überhaupt jemand zuhören will.

Ich werde oft gefragt, ob ich denn selbst antisemitische Angriffe erfahren habe.

In meiner Anfangszeit in Konstanz in den 1970er Jahren sollte ich zur Eröffnung der Woche der Brüderlichkeit die musikalische Umrahmung des Festakts gestalten. Mitten in der Nacht wurde ich angerufen und als "Judensau" beschimpft. Natürlich war ich sehr verstört und schlief nicht mehr viel in dieser Nacht. Am nächsten Morgen rief ich meinen Vater an und erzählte, was geschehen war. Er meinte lakonisch, ihm sei Schlimmeres gesagt worden. Auch meine Tante Emma schien nicht sehr geschockt. Dr. Erich Bloch, der Senior der Gesellschaft für Christlich-Jüdische Zusammenarbeit, meinte, es sei ein Zeichen, dass ich in Konstanz angekommen und bekannt genug sei, um beschimpft zu werden. Singen sollte ich jetzt erst recht. Das war das einzige Mal, dass mir so etwas widerfuhr.

Als ich zu einem Konzert in Neuwied ankam, wurde ich gefragt, ob ich Polizeischutz wünschte. Ich wunderte mich und fragte, ob wohl Ärger erwartet werde und das notwendig sei. Nein, wurde mir gesagt, aber als "israelische" Staatsbürgerin hätte ich ein Anrecht darauf. Ich versuchte, dem Herrn zu erklären, dass ich zwar Jüdin sei, aber niederländische Staatsbürgerin. Das konnte er schwer verstehen.

Im Jahre 1986 wurde im Stadttheater Konstanz *Weiningers Nacht* des israelischen Autors Joshua Sobol aufgeführt. Das Stück behandelt das Leben des österreichisch-jüdischen Philosophen Otto Weininger, der durch sein Werk *Geschlecht und Charakter* berühmt wurde sowie durch seinen Suizid, den der erst Dreiundzwanzigjährige in Beethovens Sterbehaus in Wien verübte. Es spielt am 4. Oktober 1903, in Weiningers letzter Nacht in der Wiener Schwarzspanierstraße. Die Premiere war in Haifa im Jahre 1982. Es war der Anfang von Sobols internationaler Karriere.

In Frankfurt hatte es gerade einen Streit über Rainer Werner Fassbinders Stück *Der Müll, die Stadt und der Tod* gegeben. Es ist eine bittere Collage der gesellschaftlichen Verhältnisse in Frankfurt damals. Im Zentrum stehen der Zuhälter Franz B., die Hure Roma Bahn, einige Nazis und ein Bauspekulant, von den anderen "Der reiche Jude" genannt. Gemeint war Ignaz Bubis, ein deutsch-jüdischer Kaufmann, Politiker (FDP) und Vorsitzender des Zentralrates der Juden in Deutschland.

Ermutigt von dem Frankfurter Eklat stritten wir uns auch mit dem Stadttheater Konstanz über *Weiningers Nacht*. Einen Juden so negativ dazustellen - vierzig Jahre nach der Schoah - war für uns nicht akzeptabel. Trotz vieler Diskussionen änderte sich nichts. Die Tatsache, dass ein israelischer Autor das Stück geschrieben hatte, machte die Diskussion nicht einfacher.

In einer Presseerklärung teilte der Vorstand der DIG AG-Bodensee-Region mit, sich nicht an der Diskussion mit Joshua Sobol am 13.12. 1987 zu beteiligen, und zwar

1) weil bereits mehrfach und begründet gegen dieses Stück protestiert und dessen Absetzung gefordert wurde;
2) weil J. Sobol selbst verantworten muss, warum er dieses Stück trotz eindeutiger Gefahr von schweren Missverständnissen und von antisemitischen bzw. antiisraelischen Wirkungen für deutsche Bühnen freigegeben hat;
3) weil es hier nicht um J. Sobol geht, sondern um den Intendanten H.J. Ammann, der allein dieses Stück in Konstanz zu verantworten hat.

Ich schrieb dazu folgende Ansprache:

"Es mag ein Unterschied sein, ob ein Jude dieses Stück sieht oder ein Nichtjude. Für mich als Jüdin ist die Betroffenheit eine andere als für einen dreißigjährigen Deutschen, der noch nie einen Juden gesehen hat

Dieses Stück drängt uns wieder an den Rand der Gesellschaft, nagelt uns erneut auf eine Außenseiterposition fest, die eine der Voraussetzungen dafür war, uns kollektiv zu vernichten. Unsere Eltern haben ihren Mund gehalten, sich nicht gewehrt und gemeint, 'es würde ja wohl wieder vorbeigehen'. Meine Generation kann man nicht mehr damit einschüchtern. Wir sind weder paranoid noch schizophren, wir haben nur aus den Erfahrungen unserer Eltern gelernt. Niemand mag es Herrn Sobol verwehren zu glauben, israelische Schmerzen mit Parabeln aus dem Wien der Jahrhundertwende heilen zu müssen (siehe Programm). Für mich als Jüdin in Deutschland ist es nicht akzeptabel, dass ein Jude aus Israel einen jüdischen Extremisten und Verräter seines eigenen Volkes den Deutschen vorführt, ohne zu sagen, welche Vergangenheit und welche Probleme der Deutschen damit angesprochen werden sollen.

Zur Vergangenheitsbewältigung der Deutschen kann dieses Stück nicht beitragen. Höchstens kann es Zündstoff für neue Neonazis und Stichwort für neue Antisemiten sein.

Wie wahr ist, was Freud zu Weininger sagt:

F: Folgen Sie dem Weg, den Sie eingeschlagen haben, und Sie werden es weit bringen. Aber wir sind und bleiben Juden. Die anderen werden uns benutzen, ohne uns zu verstehen.

Im Licht dieser Ausführung würde ich es sehr begrüßen, wenn die Theaterleitung sich dazu durchringen könnte, dieses Stück abzusetzen."

Nichts dergleichen geschah. Ich erinnere mich noch, wie einsam ich mich als einzige Jüdin im Theater fühlte, umgeben von Menschen, die überhaupt nicht verstanden, warum dieses Stück, wenn man es in Deutschland spielt, so perfide ist.

Dreißig Jahren später holte uns das gleiche Thema wieder ein.

Der Kabarettist, Autor und Regisseur Serdar Somuncu inszenierte am Theater Konstanz das Stück *Mein Kampf* von George Tabori. Die Aufführung war am 20. April 2018, an "Führers Geburtstag", geplant, und die Zuschauer sollten wahlweise einen Davidstern oder ein Hakenkreuz tragen. Schockiert fanden wir auf der Homepage des Stadttheaters Konstanz Anfang April 2018 die folgende Ankündigung:

"Premiere 20. April 2018, 20.00 Uhr

Verehrte ZuschauerInnen

Die Aufführung von Mein Kampf beginnt schon mit dem Kartenverkauf.

Sie können sich entscheiden: Mit dem regulären Erwerb einer Eintrittskarte in der Kategorie Ihrer Wahl erklären Sie sich bereit, im Theatersaal einen Davidstern zu tragen. Sie haben auch die Möglichkeit, kostenlos ins Theater zu gehen: Für eine Freikarte erklären Sie sich bereit, im Theatersaal ein Hakenkreuz zu tragen (Wahl der Ermäßigung Hakenkreuz-Freikarte).

Die Symbole erhalten Sie vor der Vorstellung im Theaterfoyer.

Bitte geben Sie diese nach der Vorstellung im Theater wieder ab.

Daraufhin begann ab dem zweiten April eine ausgiebige Korrespondenz mit der Theaterleitung: Die DIG, die GCJZ, die JGK, die Synagogengemeinde, der Verein Freunde des Theaters protestierten gemeinsam gegen diese Ungeheuerlichkeit. Die Reaktion vom Theater war kaltschnäuzig und uneinsichtig.

Am 11. April platzte mir der Kragen. Mein junger stellvertretender Vorsitzender, Lasse Stodollick, und ich schrieben ein Statement, unterschrieben von DIG und GCJZ, und verbreiteten dieses in den Medien: Zeitungen, Radio, Fernsehen und an alle Mitglieder. Seit 1986 hatte ich viel gelernt und keine Angst vor Ärger. Die Antwort ließ nicht lange auf sich warten. Ab dem nächsten Tag klingelte das Telefon unaufhörlich. Wir gaben viele Interviews. Die Sache wurde zum Skandal. Der Höhepunkt war mein Interview für die New York Times. Fast alle kehrten sich vehement gegen diese perfide Idee bzw. den Werbegag des Theaters.

Erst am Tag der Premiere wurden die Davidsterne und Hakenkreuze eingepackt. Wir hatten gewonnen, aber der Erfolg war bitter.

Seit dreißig Jahren bin ich Vorsitzende der Deutsch-Israelischen Gesellschaft Bodensee Region. Etwa zwanzig Vorträge, Konzerte, Theateraufführungen, Ausstellungen etc. pro Jahr. Hat das etwas geändert? Hat das etwas gebracht? Leider erreicht man bei diesen Veranstaltungen nur die Menschen, die sowieso schon viel wissen und interessiert sind.

Wenn wir nichts gemacht hätten, gäbe es dann heute mehr Antisemitismus? Ich weiß es nicht und kann diese Frage nicht beantworten. Nur für mich selbst weiß ich, dass ich gemacht habe, was ich als Einzelperson machen konnte, um mich zu engagieren. Das ist ein besseres Gefühl als nichts zu tun. Und hoffentlich habe ich einige Menschen erreichen, sie berühren oder zum Reflektieren anregen können.

Meine Gesangsklasse seit 1976

Das Einzige, womit ich mich im Leben immer gern beschäftigt habe, was mich nie langweilt und ganz befriedigt, ist die Arbeit mit der Singstimme und mit meinen Schülerinnen und Schülern. Ich bin sehr glücklich, diesen Beruf gefunden zu haben. Noch immer lerne ich dazu, entdecke neue Zusammenhänge und suche Wege, das so effizient wie möglich zu vermitteln.

Mein Freund Leonardo Wolovsky sagte mir nach einer sehr erfolgreichen Sängerlaufbahn, dass er erst jetzt am Ende seines Lebens verstand, wie die Stimme funktionierte. Mir geht es ähnlich. Ich unterrichte seit vierzig Jahren. Viele junge Menschen habe ich zur Musikhochschule, anschließend in den Beruf gebracht und unterstützt. Viele haben am Singen Freude gehabt, Erfolge verbucht, Selbstvertrauen bekommen, sich besser im Leben behaupten können. Manche haben durch das neue Körpergefühl oder das gewonnene Selbstvertrauen ihr Leben völlig umgekrempelt.

Meine Schüler meinten oft, dass sie glücklich seien, dass ich keine eigenen Kinder habe. Da könnte ich mich mehr um sie kümmern und das habe ich auch immer getan. Manche Schüler und Schülerinnen wurden fast zu eigenen Kindern. Jahrelang blieb ich mit ihnen verbunden.

Mein Unterricht war und ist holistisch; ich kümmere mich um den ganzen Menschen und mische mich oft in persönliche Dinge ein. Wer das nicht mag, soll sich einen anderen Lehrer suchen. Für mich war es auch immer essenziell, dass die Schüler lernten, sich auf der Bühne zu bewegen und öffentlich zu singen. Nur so gibt es Fortschritt auf allen Ebenen.

Daher habe ich immer Klassenabende gegeben. Die Schüler sangen, und ich unterrichtete vor der Klasse. Erst in meinem Wohnzimmer, dann in der Musikschule und später überall, wo ich den geeigneten Raum finden konnte. Der "Workshop" ist ein Ziel, worauf man hinarbeiten kann. Das Lied oder die Arie muss auswendig gelernt sein. Eine kleine Einführung oder Übersetzung ist eine nötige Vorbereitung. So waren meine Schüler immer gut auf die öffentlichen Konzerte vorbereitet und konnten das Publikum begeistern.

Schon bald formte ich meine ganze Klasse zum Projektchor, manchmal mit Gästen. Der Klang war bezaubernd. Die Zeiten haben sich sehr geändert. Früher konnte man nur mitmachen, wenn man zu allen Proben da sein konnte. Heute bin ich froh, wenn wenigstens zur Generalprobe alle da sind. Sonst hätte ich nie mehr einen Chor. Die Leute, die bei meinen Mammutprojekten mitmachen, sind die, die sowieso schon sehr beschäftigt und aktiv sind. Dann kollidieren die Termine schon mal. Heute muss ich sechs Monate vor der Aufführung alle Probentermine organisiert haben. Sonst funktioniert es gar nicht. Früher fing ich erst drei Monate vor der Aufführung an, ein Programm zu konzipieren und alles zu organisieren.

Von kleinen, konzertanten Aufführungen entwickelten sich die Abende zu einfachen szenischen Abenden, dann wurden die Säle größer, es gab mehr Aufwand, was Bühnenbild und Kostüme angeht. Schließlich führte ich *Amahl und die Nachtbesucher* auf, ein wunderbares Weihnachtsmärchen von G.C. Menotti, später auch Mozarts *Zauberflöte* und *die Fledermaus* von Johann Strauss. Beim letzten Mal (2019) engagierte ich großartige Musiker von der Südwestdeutschen Philharmonie und gab Arrangements für eine Show mit Musik von Werner Richard Heymann in Auftrag.

Es gab Kammermusikabende mit Instrumenten, eine Schubertiade, Weihnachtskonzerte, Musik der Religionen mit Orgelbegleitung, Kabarett, einen Abend mit dem Thema "Zigeuner, Gypsies und Zingarelle". Kurzum, jedes Jahr ein bis zwei Konzerte.

Ein absolutes Highlight war der große Opernabend (1999) zu meinem Jubiläum "25 Jahre in Konstanz". Leider hatte ich zu der Zeit noch nicht die Gewohnheit, die Länge des Abends zu timen, und so hatte der Abend eine beträchtliche Überlänge. Wir führten Teile aus Rossinis *La gazza ladra* und aus Mozarts *Cosi fan tutte* auf, schließlich Szenen aus Bellinis *Norma* mit meiner Freundin, der Sängerin Susan Moss, als *Norma*. Die Kostüme für den Chor borgten wir von der Steiner-Schule in Überlingen: Lange, weiße Gewänder. Nach der Pause kam *Fidelio* und zum Schluss *Mikado* von Gilbert und Sullivan. Es war genug für zwei Opernabende, aber niemand hat sich beschwert.

Für mich war Schuberts Oper *Der Graf von Gleichen* auch ein wirklicher künstlerischer Erfolg. Diese unbekannte Oper von Franz Schubert beruht auf der Sage von einem thüringischen Grafen, der im Jahr 1227 auf Kreuzzug geht. Frau und Kinder lässt er zurück. Unterwegs wird er gefangengenommen, verliebt sich in eine schöne Sklavin. Beiden gelingt es zu fliehen. Auf dem Weg nach Thüringen gehen die beiden nach Rom. Der Papst tauft die Muslima und gibt dem Grafen die Erlaubnis zu einer zweiten Ehe. Zurück in Thüringen leben alle glücklich und zufrieden weiter. Aus dieser Oper machte ich eine Collage. Ich ergänzte die Partitur mit Schubert-Liedern, die gut hineinpassten, zum Beispiel *Ave Maria, Der Wanderer, Die junge Nonne* und dem ersten Chor aus der *Deutschen Messe D 872.*

Da ich gerade eine unglückliche Beziehung hinter mir hatte und Polygamie für mich nicht mehr in Frage kam, nannte ich die Oper "Die Gräfin von Gleichen". Der polygame Graf wurde nicht mit zwei Frauen belohnt. Die Gräfin ging ins Kloster. Ende der Oper.

Ich war sehr zufrieden mit dieser Lösung. So passte es in mein Weltbild. Keine Dreiecksverhältnisse mehr, die hatte ich endgültig hinter mir gelassen. Leider zog eine unbekannte Schubert-Oper nicht genug Publikum an. Sie wissen nicht, was sie verpasst haben.

Es ist mir immer gelungen, begabte, begeisterungsfähige und großzügige Menschen um mich zu versammeln, die mir halfen, diese Abende zu gestalten. Die Bühnenbildnerin Ruth Fendel, die die Nächte vor den Vorstellungen im Saal verbrachte, um die Bühnenbilder zu kreieren. Die Kostümbildnerin Janice Jäckle, die immer mit endloser Geduld und Freude die Kostüme zauberte, die verschiedenen Pianisten, die die Abende mit Begeisterung begleiteten und bei der Einstudierung halfen. Die späteren Shows wurden komplizierter. Die letzte Show 2019 hatte sogar eine Videoinstallation (Joachim Sauer) und 100 Kostüme (Joachim Steiner).

Bei den größeren Produktionen dachte ich, ich hole mir Hilfe und gebe die Regie ab. Aber das stellte sich als kontraproduktiv heraus. Der Regisseur brauchte zu viel Zeit fürs Detail. Mit Laien arbeitet es sich anders als mit Profis, und Sänger sind wieder anders zu führen als Schauspieler. Meine Spezialität ist es, in sehr kurzer Zeit viel zu bewegen. Unterstützt werde ich seit 1999 vom *Förderverein der Gesangsklasse Ruth Frenk.* Dieser e.V. wurde von Freunden ins Leben gerufen und existiert immer noch. Die großen Abende werden mit Spenden unterstützt, der Vorstand hilft an der Kasse oder wo er gebraucht wird. Wir unterstützen junge begabte Sänger. Ich bin unendlich dankbar für die Hilfe und den Einsatz meines Vorstands und die Treue der Mitglieder.

5. Sie kann es nicht lassen

In den USA ist die NATS, National Association of Voice Teachers, die größte Vereinigung für Gesangspädagogen. Mitglied konnte man früher nur werden, wenn man von zwei Mitgliedern vorgeschlagen wurde. Meine Kollegin Joyce MacLean, die Assistentin von Frau Seyfert, und mein guter Freund Nico Castel hatten mir diese Ehre beschert. Ich bekam eine schöne Mitgliedschaftsurkunde, um sie in meinem Studio aufzuhängen. Viermal im Jahr gab es *The Journal of Singing,* das sehr wissenschaftlich geprägte Magazin der NATS. Im Jahre 2013 publizierte ich einen Artikel über die Vokalmusik von Theresienstadt, inzwischen mein Spezialthema. Im Jahr 2016 folgte ein Artikel im *Jüdischen Almanach* im Suhrkamp Verlag über das gleiche Thema. Nicht schlecht für eine wenig akademische Sängerin, wie ich es nun einmal bin.

Bundesverband Deutscher Gesangspädagogen (BDG)

In Deutschland gab es einen viel jüngeren und damals nicht sehr gut organisierten Verein, den BDG, Bundesverband Deutscher Gesangspädagogen. Ich beantragte die Mitgliedschaft, aber irgendwie ging das verloren. In Baden-Württemberg gibt es eine AG-Gesang, die jedes Jahr in Ochsenhausen ein Fortbildungswochenende organisiert. Ich entschied mich, daran teilzunehmen, und lernte einige deutsche Kollegen und Kolleginnen kennen. Als Gesanglehrerin in Konstanz fühlte ich mich ziemlich isoliert. Damals gab es noch keine GesangslehrerInnen in Konstanz.

Inzwischen hatte es mit der BDG Mitgliedschaft funktioniert. Meine neuen Freundinnen überzeugten mich, sie zum jährlichen BDG - Kongress nach Detmold zu begleiten. Damals war der BDG noch etwas elitär. Hauptsächlich Professoren und ausschließlich klassische Musik.

Im Jahre 2006 fuhr ich zum BDG-Kongress nach Kassel und wurde da von meinen Freundinnen aus der AG-Gesang der Musikschulen in Baden-Württemberg aufgefordert, mich für den BDG-Vorstand aufstellen zu lassen. Und tatsächlich, ich wurde gewählt und hatte jetzt eine neue Aufgabe. Als erstes musste ich meine Vorstandskollegen darauf vorbereiten, dass ich in den Schulferien in Israel war und die Vorstandssitzungen also gut geplant werden müssten. Auch musste ich ihnen klarmachen, dass an den jüdischen Feiertagen Rosch ha-Schana und Jom Kippur keine Vorstandssitzung mit mir stattfinden könnte. Für die Kollegen waren das neue Kriterien, die sie aber gerne respektierten. Und so fing unsere Arbeit an.

Wir trafen uns überall in Deutschland, öfters in Leipzig, wo unser Präsident Prof. Berthold Schmidt wohnte. Schnell lernte ich, dass es in unserer Branche in Deutschland eine unglaublich starke Hierarchie gibt: Am meisten respektiert man international auftretende OpernsängerInnen, danach kommen die ProfessorInnen, dann lange nichts und endlich die GesangslehrerInnen. Jemand mit meinem Profil fiel ganz aus dem Rahmen. Im Jahre 2006 waren noch kaum Pop- und Musicalsänger integriert. Das hat sich den letzten Jahren glücklicherweise sehr geändert. Bei den Gesangsstunden ist die größte Nachfrage nach Lehrern im populären Bereich. Die Ausbildung an den Hochschulen bereitet die Sänger noch immer auf nicht vorhandene Stellen im Opernhaus und Gesangsunterricht im klassischen Bereich vor.

Mir wurde im Vorstand die Aufgabe zugeteilt, eine neue Homepage einzurichten und zu betreuen, eine Arbeit, die ich sehr gut auch von Israel aus machen konnte. Und ich wurde BDG-Vertreterin in der EVTA, European Voice Teachers Association, eine Aufgabe, die mich auch sehr reizte und mit vielen interessanten internationalen Kollegen in Kontakt brachte. Ich traf Kollegen in Stockholm, beim World Kongress in Paris und bei einem hochinteressanten Workshop in Kudowa, Polen.

Kudowa liegt an der tschechisch-polnischen Grenze, ungefähr neun Autostunden von Konstanz. Zu der Zeit unterrichtete ich Lea, eine sehr gute Schülerin, Mezzosopran. Sie hatte schon einen zweiten Preis beim Bundeswettbewerb Jugend musiziert gewonnen, studierte Psychologie und war sich nicht sicher, ob sie wirklich Sängerin werden sollte. Kudowa war der ideale Ort, das herauszufinden. Polen war für mich unbekanntes Terrain. Und so fuhren wir zusammen zu diesem Abenteuer. Die Lehrer waren in einem sehr komfortablen Hotel untergebracht, die Schüler sehr viel einfacher. Kudowa war ein kleiner Kurort, der den Kommunismus noch nicht ganz abgeschüttelt hatte. Organisiert wurde das Ganze von der Präsidentin der EVTA, die keine Ahnung hatte, wie man so etwas macht, und sich von dem polnischen Organisator vor Ort immer wieder übers Ohr hauen ließ. Vor allem das Essen war eine Katastrophe. Ich fand am ersten Tag eine nette Pizzeria. Bis Ende der Woche aßen alle dort. Billig war es allemal.

Die versprochenen Klaviere waren nicht in den Räumen, die Säle, wo die Konzerte stattfinden sollten, waren sehr dürftig. Aber die Stimmung war gut, und mit den Kollegen verstand ich mich prima. Das Theater von Kudowa war unglaublich. Kaputte Stühle in den vorderen Reihen, und vor allem die Beleuchtung stammte noch aus der vorkommunistischen Epoche. Eines der Konzerte sollte ich dort organisieren. Ich sammelte die Lieder und Arien ein, die die 15 internationalen Teilnehmer singen wollten, und machte eine kleine Geschichte daraus. Ein bisschen Fledermaus, ein bisschen Carmen, einige Liebeslieder etc. Ich organisierte Stühle und Tische auf der Bühne, Gläser und sogar eine kleine Schürze für die 16-jährige Schülerin, die auch ein kleines Liedchen singen sollte. Nach zwei Stunden Probe stand die Sache, sogar der Beleuchter war aufgetaucht. Der Abend war ein voller Erfolg, die Kollegen sehr beeindruckt von meiner Begabung, mit wenig Mitteln und in kurzer Zeit so ein Resultat zu bekommen. Die Schüler waren glücklich und sangen viel besser als an jedem anderen

Abend. Nur die Präsidentin hat mir diesen Erfolg nie vergeben, aber damit konnte ich leben.

Als neue BDG-Web Mistress konnte ich mich schnell bekannt machen und viele neue Initiativen realisieren. Zum 20-jährigen Bestehen des BDG organisierten wir einen Kongress in Leipzig mit dem Thema "Musik der Welt". Zur Eröffnung sang der Leipziger Synagogal Chor, ein nicht-professioneller gemischter Chor, der sich der Pflege und Bewahrung synagogaler Musik sowie jiddischer und hebräischer Folklore widmet. Außerdem wurde meine Freundin, Professor Mira Zakai, aus Tel Aviv eingeladen, einen Vortrag zu halten. Diese Offenheit zur Welt ging sehr von unserem Vorstand aus.

Leider änderte sich das beim zweiten Vorstand, für den ich nach vier Jahren nochmals kandidierte. Schon nach drei Monaten wollte ich mich dort verabschieden. Ich bin noch drei Jahre geblieben, war aber nicht sehr glücklich in diesem Gremium. Die Stimmung war von Anfang an schlecht, und wurde mit der Zeit nicht besser. Der Präsident war nicht sehr verbindlich und die Kollegen sehr auf ihren eigenen Vorteil bedacht. Doch trotz allem Negativen entstand wieder eine besondere Konstellation.

Im neuen Vorstand war Prof. Sascha Wienhausen aus Osnabrück der Vertreter der Populären Musik. Wir tagten einmal in Osnabrück, und ich besuchte das Felix-Nussbaum-Museum. Dieser besondere Bau, vom Architekten Daniel Libeskind entworfen, wurde im Jahr 1998 eröffnet und beherbergt die etwa 200 Werke umfassende Sammlung des Osnabrücker Malers Felix Nussbaum, der 1944 in Auschwitz ermordet wurde. Das Gebäude hat mehrere kleine Räume, dunkle, schmale Gänge, es atmet eine besondere Atmosphäre.

Als ich durch die Gänge lief und mir die Bilder anschaute, hörte ich innerlich viele Lieder aus meinem Theresienstadt-Repertoire und ich hatte sofort die Bilder für ein Wandelkonzert in diesem Gebäude im Kopf. Sascha war begeistert von der Idee. Zehn Jahre lang geschah nichts; und dann kam er plötzlich mit konkreten Plänen auf mich zu und fragte, ob ich noch Interesse an diesem Projekt hätte. Ich kombinierte meine ursprüngliche Idee mit Liedern, die ich in den letzten Jahren entdeckt hatte. Sie wurden von der Kompositionsklasse von Ali Gorji an der Osnabrücker Hochschule für verschiedene Instrumente arrangiert. Ich hatte vierzehn Tage Zeit, um die Lieder einzustudieren, zu inszenieren und im Museum vorzutragen. Unter den schwierigsten Bedingungen kam das Programm zustande. Für die, die es gesehen haben, war es ein eindrückliches Erlebnis. Viele hatten Tränen in den Augen. Die jungen Leute waren sehr begabt und engagiert.

Ähnliches habe ich in Hamburg erlebt, wo ich einen Workshop für Preisträger von Jugend musiziert gab, sehr motivierte junge Leute. Nach drei Tagen intensiver Arbeit gab es ein Konzert zum Holocaust-Gedenktag. Aus irgendeinem bizarren Grund hatte man einen polnischen Pfarrer gebeten, in den Abend einzuführen. Ein Rabbiner war in Hamburg wohl nicht auffindbar. Paul, mein Mann, war wütend und wollte den Abend ganz boykottieren. Ich konnte ihn davon überzeugen, doch dabei zu sein, den Beamer zu bedienen und meine CDs zu verkaufen. Wir kamen erst in den Raum, als der Pfarrer fertig war und das Konzert begann. Ein guter Kompromiss.

Im Vorstand des BDG war immer ein Phoniater vertreten; erst Prof. Bernhard Richter, dann Prof. Matthias Echternach. Wie diese Verbindungen mich fünfzehn Jahre später retten würden, konnte ich damals noch nicht ahnen. Beide kümmern sich bis heute liebevoll um meine stimmliche Gesundheit, und ich bin ihnen dafür sehr dankbar.

Die Deutsch-Israelische Gesellschaft (DIG)

Es war mir immer klar, dass eine gelungene Vereinsarbeit immer in zwei Richtungen gehen sollte. Ich habe viel Zeit und Energie hineingesteckt, aber auch immer viel zurückbekommen. Ich denke, dass man sich bei einer solchen Arbeit klarmachen sollte, was und wie viel man geben will und was man zurückhaben möchte. Jetzt, im fortgeschrittenen Alter, ist das nicht mehr so wichtig. Es wird viel darüber geklagt, dass junge Menschen sich nicht mehr in Vereinen engagieren möchten. Das kommt daher, weil sie oft von den Älteren keine Chance bekommen, sich richtig einzubringen, weil denen nicht klar ist, was sie lernen und gewinnen können.

Im DIG-Vorstand versuche ich immer, junge Menschen zu integrieren. Manchmal gelingt das, aber leider verschwinden sie oft dann wieder aus Konstanz, und dann fangen wir wieder von vorne an. Ich leite die Deutsch-Israelische Gesellschaft seit 1992. Davor habe ich Konstanz gerne bei den Hauptversammlungen und Kongressen vertreten. Das erste Mal, im Jahre 1986, kam ich nach Bonn und kannte buchstäblich niemanden. Ich kam vom Theater in Hagen, wo ich in einem Kinderstück gastiert hatte, und plötzlich sah ich mich umgeben von älteren Herren in schwarzen Anzügen. Niemand war besonders freundlich oder entgegenkommend. Alle waren oder fühlten sich sehr wichtig. Ein junger Vertreter aus der AG Braunschweig gabelte mich auf und stellte mich seinem "Chef" vor, Friedrich Theodor Kohl. Der war Ratsherr der Stadt Braunschweig, seit 1993 deren Ehrenbürger und Gründungsmitglied der AG Braunschweig.

Sofort wurde ich zu einem jüdischen Liederabend in Braunschweig eingeladen und war von da an regelmäßiger Gast von Christa und Theo Kohl. Eine DIG Konferenz in den 1980er Jahren war noch eine sehr elitäre Angelegenheit. Wir waren zum Mittagessen von der CDU/CSU-Bundestagsfraktion und vom Staatsminister im Auswärtigen Amt eingeladen, zum Abendessen vom Präsidenten des Deutschen Bundestages und vom Oberbürgermeister der Stadt Bonn. Auch Frau Ministerin Rita Süssmuth, Bundesministerin für Jugend, Familie und Gesundheit, lud zum Abendessen in Bad Godesberg ein. In diesen Kreisen begegnete ich Menschen, die Israel auf allen Ebenen unterstützen wollten. Ich lernte namhafte Politiker und Vertreter verschiedener politischer Couleur kennen. Heute wundere ich mich, wie sehr sich das Klima in Deutschland seither geändert hat.

Im Hotelaufzug in Bonn traf ich zufällig den ersten israelischen Botschafter in Deutschland, Asher Ben-Natan. Ich hatte keine Ahnung, wer er war und fragte ihn freundlich, ob er auch zur Mitgliederversammlung komme. Ben-Natan sah ein bisschen aus wie der Schauspieler Curd Jürgens. Er nahm sich selbst ziemlich wichtig und würdigte mich während des Kongresses und auch später keines Blickes mehr.

Da war der Stadtverordnetenvorsteher aus Frankfurt, Hans Ulrich Korenke, wohl ganz anders. Von ihm habe ich viel gelernt; er war ein Meister der Vernetzung, brachte viele Leute zusammen, setzte sich für Kultur und natürlich für Israel ein. Die Partnerschaft Frankfurts mit Tel Aviv und auch das dortige Frankfurt Haus sind eng mit seinem Namen verbunden. Wir trafen uns so oft wie möglich und erlebten viel Schönes und Interessantes zusammen.

In Münster gab es Karl Heinz Volkert, der dort die AG Münster leitete. Auch er setzte sich unermüdlich für Israel ein. Er vermittelte mir viele Konzerte in NRW. Karin und ich freuten uns jedes Jahr auf unsere dortige Tournee, meistens im November. Zwischen den Konzerten hatten wir viel Zeit, unser X-Mas-Shopping zu machen. In Münster war alles viel preiswerter als in Konstanz und da wir mit dem Auto unterwegs waren, war der Transport kein Problem.

Im Jahr 1992 wurde ich Vorsitzende der AG Bodensee-Region. Ich begann mit einem Vorstand, sechzig Mitgliedern und ohne jegliche Erfahrung. Als erstes verbündete ich mich mit dem Vorstand der Gesellschaft Christlich-Jüdischer Zusammenarbeit e.V. Konstanz. Meine Tante Emma und ihre Freundin Else Levi-Mühsam waren damit gar nicht einverstanden. Emma war immer schon antizionistisch eingestellt, aber sie war sehr für den christlich-jüdischen Dialog. Diesen Dialog gibt es heute kaum mehr. Die Pfarrer haben wenig Interesse und keine Zeit; die Vertreter des Judentums haben kein Interesse. Es gibt einige Ausnahmen, wie meinen Freund Rabbiner Tovia Ben-Chorin, der sich mit unendlicher Energie und mit viel Optimismus diesem Thema widmete. In Konstanz gab es Pfarrer Lorenz, einen der verbindlichsten Menschen, die ich je getroffen habe. Mit seinem Lächeln überzeugte er alle. Man konnte und wollte sich ihm nicht entziehen. Pfarrer Wein, sein Nachfolger, setzte sich sehr für den christlich-muslimischen Dialog ein. Auch ein mühsames Geschäft. Einige Male feierten wir die Woche der Brüderlichkeit sogar alle zusammen.

Das deutsche Wort "Feier" habe ich sehr lange nicht verstanden. Für mich hatte Feiern etwas mit Fröhlichkeit und Kommunikation zu tun. Es hat lange gedauert, bis ich die deutsche Idee von Feiern mit Feierlichkeit verbinden konnte.

Seit 1992 organisiere ich zweimal im Jahr ein Programm mit 10-12 Events, Vorträgen, Theateraufführungen, Konzerten. Große Hilfe und Unterstützung bekam ich dabei von Hanna Bayreuther und Reinhard Böhler, ohne die ich diese Aufgabe nicht hätte bewältigen können. Viele bekannte Zeitzeugen waren bei uns zu Gast in Konstanz: Max Mannheimer, Anita Lasker-Wallfisch, Sally Perel, Arno Lustiger, Ralph Giordano, Otto Schwerdt, Mitek Pemper (ein enger Vertrauter Oskar Schindlers), Ingeborg Hecht, Eva Szepesi, Guy Stern, Professor Jiri Kosta, Helmut Stern und viele andere.

Max Mannheimer war ein gemütlicher Mensch. In Konstanz hatte er gute Freunde, die ihn immer wieder für Vorträge an die Konstanzer Schulen brachten. Ich unterstützte diese Initiative sehr gerne. Wir verstanden uns gut, und falls ich nicht bei seinem Vortrag sein konnte, aßen wir wenigstens immer zusammen zu Mittag.

Anita Lasker-Wallfisch, die Cellistin vom Mädchenorchester in Auschwitz, holte ich in Friedrichshafen mit dem Auto ab, um ihr den langen Weg um den See mit den öffentlichen Verkehrsmitteln zu ersparen. Sie war freundlich, aber distanziert, viel Nähe kam nicht auf.

Ihre Tochter Maya Lasker-Wallfisch hat ein sehr ehrliches und interessantes Buch über ihre Familie, ihre Jugend und ihren Werdegang geschrieben. Sie ist eine beeindruckende Persönlichkeit und bleibt mir lebendig in Erinnerung. Im Januar 2018 hielt Anita Lasker-Wallfisch im Deutschen Bundestag eine sehr berührende Rede zum Thema Antisemitismus. Eine besondere Frau.

Wie fühlte ich mich bei den Geschichten der Zeitzeugen? Oft war ich gespalten. Einerseits beeindruckte mich der Mut dieser Menschen, herumzureisen und ihre Geschichte immer wieder zu erzählen. Bei manchen war auch etwas Zwanghaftes daran, was mich sehr unruhig machte. Anderseits machte es mich sehr traurig, immer das Schicksal meiner ermordeten Familie vor mir zu haben und das Leid meiner Eltern, das sie nicht mit mir teilen konnten. Die Zeitzeugen waren gewöhnt, vor einem nichtjüdischen, deutschen Publikum zu sprechen. Dass ich (holländische Jüdin, zweite Generation) sie eingeladen hatte, berührte sie gar nicht. Je älter ich wurde, desto weniger konnte ich das alles ertragen. Mit 65 habe ich entschieden, diesen Teil meiner Arbeit abzugeben, die Initiative Stolpersteine für Konstanz haben ihn übernommen. Nicht immer in meinem Sinne. Loslassen ist schwer. Auch da braucht man Mut und Lebensweisheit.

Wir organisierten großartige Klezmer Bands wie *Brave Old World* und *The Klezmatics* aus New York sowie *Kol Simcha* aus Basel. Nirgendwo in der Welt ist Klezmer-Musik so gefragt wie in Deutschland. Bei jeder jüdischen Sendung im Fernsehen dudelte eine Klarinette im Hintergrund, passend oder nicht. Das sollte wohl jüdisch sein, erklärte man mir zu meinem großen Ärger. Deshalb entwarf ich einen Vortrag mit Beispielen der vielen Musikrichtungen, die man als "Jüdische Musik" bezeichnen kann, den ich an vielen Orten in Deutschland mit Powerpoint Präsentation zeigte. Klezmer ist nur ein ganz kleiner Teil der jüdischen Musik. Nur synagogale Musik kann man als jüdische Musik betrachten. Alles andere ist eine Vermischung verschiedener Stilrichtungen und Einflüsse der Musik des Landes, in dem die Musik geschrieben wurde.

Yossi Arnheim, der wunderbare Erste Flötist des Israel Philharmonic Orchestra und seine Begleiterin Irit Rub-Levy spielten in Konstanz. *Der Trauschein* von Ephraim Kishon mit dem jiddischen Theater aus Tel Aviv brachte ein ausverkauftes Stadttheater. Es wurde simultan übersetzt und war ein Riesenerfolg.

Ich organisierte auch Theatervorstellungen mit u.a. Adriana Altaras und Graziella Rossi, Konzerte mit u.a. Shuly Nathan, Merav Barnea, Sandra Kreisler, Ursula Mamlok, Roswitha Dasch und Ulrich Raue. Im Jahre 2011 hielt mein Freund Prof. Tom Lewy einen beeindruckenden Vortrag über die "Jeckes" und das hebräische Theater. Es folgten Aufführungen des Stückes *They call me jeckisch* in Zusammenarbeit mit Teatron Beit Lessin, Tel Aviv, sowie *Ein Jecke-Kabarett* mit dem Konstanzer Stadttheater *Von Berlin nach Tel Aviv.*

Namhafte Referenten wie u.a. Prof. Alex Carmel von der Universität Haifa; Dr. Friedrich Schreiber, ARD Israel Korrespondent; Jean Ziegler; Prof. Michael Wolfssohn; der Autor Rafael Seligman; Dr. Jakob Eisler; Rabbiner Tovia Ben-Chorin; Prof. Anat Feinberg; Prof. Gisela Dachs; Johannes Gerster und Hamed Abdel-Samad schon im Jahr 2015.

Nie in meinem Leben hatte ich einen Seder (Pessach-Mahlzeit) ausgerichtet. Unser Rabbiner und Freund, Tovia Ben-Chorin, hatte die Idee, einen "Modell-Seder" für Nichtjuden zu geben. Am 13. März 2005 trafen 75 Teilnehmer ein, um diesen Seder mitzuerleben. Die Mahlzeit wurde nach meinen Rezepten von der Konzil-Gaststätte gekocht: Suppe mit Mazze-Klößen, ganz traditionell. Tovia erklärte den Zusammenhang zwischen Seder und dem christlichen letzten Abendmahl. Es war ein wunderbares Erlebnis für alle.

Es gab Lesungen mit Gedichten meiner Tante Emma Kann. Viola Roggenkamp las aus ihrem Buch *Tu mir eine Liebe.* Ich selbst sang meine jüdischen Lieder und andere Programme.

Wir protestierten mir Erfolg gegen Grillplatzpläne 100 Meter vom jüdischen Friedhof in Wangen entfernt. Der Grillplatz-Plan wurde vertagt.

Fast alle israelischen Botschafter besuchten Konstanz mit Eintragung ins Goldene Buch der Stadt Konstanz und Besuch beim Südkurier, der Zeitung mit einem sehr großen Einzugsgebiet und Hauptsitz in Konstanz: Avi Primor, Schimon Stein, Yoram Ben-Zeev, Yakov Hadas-Handelsman, Jeremy Issacharoff. Mein verehrter Vorgänger Prof. Erhard Roy Wiehn hatte diese Tradition angefangen und Yohanan Meroz, Jitzhak Ben-Ari und Benjamin Navon schon in Konstanz empfangen.

Am interessantesten war der Besuch des Botschafters Jeremy Issacharoff und seiner Frau Laura Kamm. Sie hatten sich richtig Zeit genommen und verbrachten drei Tage in Konstanz. Ein nicht offizieller Tag mit Rundgang durch das jüdische Konstanz, ein einfaches Mittagessen und dann ein Segeltörn auf dem Bodensee, der von der Wasserpolizei und fünf Bodyguards an Bord begleitet wurde. Am nächsten Tag der Besuch beim Oberbürgermeister, Eintragung ins Goldene Buch der Stadt Konstanz, Interview beim Südkurier, der lokalen und überregionalen Zeitung, und abends einen Vortrag des Botschafters und ein großartiges Fest mit Musik und Häppchen.

Romantik pur 1998

An einem schönen, warmen Sommertag ging ich zu einer Vernissage auf dem Girsberg in der Schweiz, kurz hinter der Grenze. Ich war ein bisschen zu früh und die Malerin schickte mich auf die Terrasse, wo zwei Herren Schach spielten. Den einen kannte ich, einen Musikerkollegen, Bernd Konrad, den anderen nicht. Er hatte einen Vollbart, war groß und sah lustig aus. Mein Interesse an dem Schachspiel wuchs gewaltig! Der bärtige Herr beobachtete mich während der ganzen Vernissage und als ich zum Parkplatz lief, tauchte er "zufällig" dort auf, wir redeten kurz und tauschten Telefonnummern aus. Am nächsten Tag reiste ich mit zwei meiner Schüler zu einem Workshop von Agnes Giebel und meinem Freund Leonardo Wolowsky nach Florenz.

Leonardo war Amerikaner, hatte in den Fünfzigern seine Karriere in den USA angefangen und kam dann nach Europa. Er wurde der führende Bariton an der Frankfurter Oper. Ich lernte ihn kennen, als er schon über siebzig war. Noch immer sang er. Ein gemeinsamer Freund hatte uns miteinander bekannt gemacht. Wir befreundeten uns sofort. Er lud mich mit meinen Schülern ein, im Sommer ein paar Tage nach Florenz zu kommen für einen Kurs, den er zusammen mit der berühmten Sopranistin Agnes Giebel gab. Ich nahm einen Tenor und eine Altistin mit. Er buchte für uns Zimmer in einer Villa der Baronin von Berlichingen mit einem herrlichen Blick über Florenz und einen duftenden Limonaia. Romantik pur. Wir genossen Florenz und sangen alle drei im Abschlusskonzert. Leonardo und Agnes sangen im hohen Alter das *Zerlina-Don Giovanni Duett* "Reich mir die Hand mein Leben". Ein unvergessliches Erlebnis.

Nach meiner Rückkehr klingelte am nächsten Tag schon das Telefon, mein Vernissage-Flirt wollte mich treffen. Wir verabredeten uns für eine Tasse Kaffee auf der Marktstätte, und da machte ich einen der größten Fehler meines Lebens: Ich hörte nicht richtig zu! Der Herr sagte mir ganz offen, dass er eine polygame Beziehung suchte. Da ich bis dahin nicht so monogam gelebt hatte und nicht wusste, wie verliebt ich bald sein würde, dachte ich mir nichts dabei. Es war Liebe auf den ersten Blick. Im Nu hatten wir eine Beziehung. Ich war sofort über beide Ohren verliebt. Ein Jahr ging es gut. Wahrscheinlich bekam ich seine anderen Beziehungen nicht mit oder hatte das Thema verdrängt.

Im November 1998 wurde mein Vater schwer krank. Er war zu Hause zusammengebrochen und dann ins Krankenhaus gekommen. Es stellte sich heraus, dass er Lungenkrebs hatte, kein Wunder. Sein ganzes Leben hatte er geraucht, Zigarette, Zigarre, Pfeife. Von morgens früh bis abends spät. Zwischen meinen Konzerten flog ich jedes Mal nach Rotterdam, um ihn zu besuchen und nach dem Rechten zu schauen. Der Arzt meinte, er habe nicht mehr sehr lange zu leben, und ich entschloss mich, keine weiteren Auftritte anzunehmen, bis dieses Kapitel zu Ende war. Er starb am 2. November 1999. In dieser Zeit flog ich jedes zweite Wochenende nach Rotterdam, meine Schwester machte das Gleiche von Madrid aus. Wir verteilten die Aufgaben und sorgten dafür, dass er gut versorgt war. Meine Stiefmutter starb in diesem Jahr unerwartet, im Februar 1999. Sie war 89 Jahre alt.

In diesem Jahr haben wir viel mitgemacht. Am Anfang wurden wir in Rotterdam von vielen sehr schief angeschaut. Sie wussten nicht, wie schwierig das Verhältnis mit den Eltern gewesen war. Wir kannten die holländischen Gepflogenheiten nicht mehr. Schließlich erkundigten wir uns auf Englisch zum Beispiel im Postamt oder in der Straßenbahn. Dann waren alle Leute sehr freundlich und wollten uns helfen. Wenn wir Holländisch sprachen, konnte niemand verstehen, wieso wir die einfachsten Sachen fragen mussten, und dachten, dass wir sie "für dumm verkaufen" wollten.

Für die Versorgung der beiden waren wir abhängig von Pflegekräften. Wir bemerkten, dass viel aus dem Haus gestohlen wurde. Es dauerte eine Weile, bis wir eine zuverlässige Dame gefunden hatten, die bis zum Ende bei meinem Vater geblieben ist.

In dieser Zeit war ich viel weg aus Konstanz, und wenn ich dort war, hatte ich viel zu tun. Meine Beziehung wurde schwieriger, und ich fing an zu leiden. Bis dahin war ich verliebt, wie man nur mit 50 verliebt sein kann, ich war verliebt in die Liebe. Ich wollte nicht mehr allein sein, und ich hatte Angst, er könnte der letzte Mann in meinem Leben sein.

Als mein Vater dann starb, wurde die Lage noch schlimmer, und ich schlitterte geradewegs in eine ordentliche Depression. Am Abend vor meinem 54. Geburtstag entschied ich mich zu einem "Wiedergeburtstag" und schmiss ihn endlich aus meinem Leben. Hilfe kam von meiner Therapeutin, die mir half, einige Baustellen in meinem Leben zu betrachten. Ich entdeckte, dass bei allen Männern in meinem Leben ein Dreiecksverhältnis vorlag, und jetzt erreichte dieses Kapitel wohl seinen Höhepunkt. Ich behauptete, dass alle Männer so waren; meine Therapeutin erwiderte, dass ich unrecht hätte, aber die anderen Männer wohl nicht sähe.

Wie recht sie hatte. Denn dann kam Paul.

6. Die große Liebe Paul

Und dann findet man gegen Ende seines Lebens doch noch die große Liebe! Es war ein langer Weg. Wir haben vier Jahre gebraucht, um zusammenzukommen, vierzehn Jahre, bis Paul den Weg nach Konstanz fand, und leider nur eine zu kurze Zeit ohne Krankheit, um das wirklich zu genießen. Mit 73 haben wir geheiratet. Ich möchte keinen Tag davon missen.

Paul wurde 1944 als jüdisches Kind in Amsterdam geboren. Eine gefährliche Situation. Sofort nach der Geburt wurden er und seine Mutter vom Widerstand nach Friesland (im Norden der Niederlande) gebracht. Seine Mutter und er schliefen jeden Tag in einem anderen Haus. Nach einigen Tagen gab es keine Adressen mehr. Die Familie Pijlman, bei der sie an dem Abend waren, fragte sich: Was sollen wir denn morgen machen? Man antwortete: Wenn wir keine Adresse mehr finden, schickt sie auf die Straße. Martha und Geert Pijlman fanden das unmenschlich und entschieden sich trotz der immensen Gefahr, der sie sich und ihre Familie aussetzten, die beiden zu behalten. Eineinhalb Jahre blieben sie dort, bis zum Ende des Krieges, in einem kleinen Dörfchen namens Lange Lille. So wurden sie gerettet.

Pauls Vater war in einem anderen Ort untergetaucht und hatte sich in die Frau verliebt, die ihn gerettet hatte. Nach dem Krieg schrieb er Pauls Mutter eine Postkarte: "Ich liebe dich nicht mehr, ich komme nicht zurück." Kein Wunder, dass die Beziehung zwischen Paul und seinem Vater nicht sehr herzlich war. Ab seinem 12. Lebensjahr wollte er nichts mehr mit diesem Mann zu tun haben und hat das auch bis zum Ende durchgehalten. Trotzdem war er später stolz darauf, dass sein Vater eine führende Rolle bei der Rettung jüdischer Kinder aus der Hollandsche Schouwburg in Amsterdam gespielt hatte.

Das Theater Hollandsche Schouwburg wurde ab Mitte 1942 als Melde- und Sammelstelle für jüdische Menschen zum Weitertransport in Konzentrations- und Vernichtungslager verwendet, ein "Durchgangslager zum Tod".

Im Oktober 1942 wurde auf der gegenüberliegenden Straßenseite in der ehemaligen Hervormde Kweekschool (reformiertes Lehrerinnenseminar) eine "Krippe" für Kinder bis zum Alter von zwölf Jahren eröffnet, die dort – von ihren Eltern getrennt – bis zu ihrer geplanten Deportation untergebracht waren. Es gelang den Mitarbeitern des Joodsche Raad (Judenrat) in Zusammenarbeit mit dem Schulleiter Johan van Hulst sowie Widerstandsgruppen, mindestens 600 Kinder vor der Deportation zu retten. Dabei kam den Helfern zustatten, dass sich damals wie heute eine Straßenbahnhaltestelle vor der Schouwburg befand. Wenn die Straßenbahn hielt und die Sicht versperrte, rannten sie mit einem Kind an der Hand neben der Straßenbahn her und stiegen an der folgenden Haltestelle ein. Obwohl die Straßenbahnfahrer und die Passagiere dies sahen und wussten, woher die Kinder kamen, wurden sie nie verraten. Kleinere Kinder schmuggelten sie in Waschkörben oder Rucksäcken aus der Krippe heraus. Bei der Deportation bekamen die Eltern Strohpuppen, die in Decken gewickelt wurden, um ein Baby vorzutäuschen. Ältere Kinder wurden von den Mitarbeitern des Judenrats von den Karteikarten der Eltern gelöscht, so dass die Kinder bei der Deportation nicht "fehlten". Die Kinder wurden in Pflegefamilien in Sicherheit gebracht.

Paul hatte eine schwierige Kindheit. Die Mutter versuchte ein wenig Geld mit Näharbeiten zu verdienen. Wie so oft in Familien der Generation der Verfolgten war die Beziehung zwischen Mutter und Sohn schwierig. Zu viel Leid drückte auf die Seele und machte eine unbeschwerte Beziehung unmöglich.

Die Pijlmans blieben die Ersatzfamilie: Wietze, der nach Paul geborene Sohn, wurde sein Bruder. Viel Zeit verbrachte er als Kind mit ihnen. Später zog die Familie nach Almelo im Osten der Niederlande um.

Vor etwa zwölf Jahren zum ersten Mal in Almelo eingeladen, wurde ich als die "neue Schwiegertochter" empfangen. Eine mir sehr fremde Rolle, woran ich mich erstmal gewöhnen musste. Aber schon bald lernte ich die ganze Familie Pijlman schätzen und lieben. Selten trifft man solche großzügigen, herzenswarmen, toleranten Menschen. Inzwischen betrachte ich sie auch als meine Verwandten.

Als wir jung waren, waren unsere Lebensziele zu verschieden, um eine dauerhafte Beziehung in Erwägung zu ziehen. Ich wollte Sängerin werden, er wollte eine Familie gründen und ein durch und durch bürgerliches Leben führen. Und so ging ich im Jahr 1969 nach New York zum Gesangsstudium an die Manhattan School of Music; Paul zog es nach London, wo er seine zukünftige Frau kennenlernte, heiratete, und nach dem zweiten Kind nach Zürich zog. Dort lebten sie mit vier Kindern ein modern-orthodox-jüdisches Leben. Wir wussten nichts voneinander und lebten doch so nah beieinander in ganz anderen Welten.

Dreißig Jahre später, anno 2000, hatte sich alles geändert. Durch geschäftliche Probleme war seine Welt auseinandergebrochen, die Ehe gescheitert, die Kinder mehr oder weniger erwachsen auf eigenen Füßen in die Welt entlassen. Auch ich war gerade durch eine schwere Zeit gegangen. Nach dem Tod meines Vaters, der Trennung von der letzten Liebe und einer darauffolgenden schweren Depression war ich noch lange nicht zu einer neuen Beziehung bereit.

Da rief eines Tages Paul an und es stellte sich heraus, dass er in Zürich wohnte, eine Stunde von Konstanz entfernt. Wir verabredeten uns in Gottlieben, einem schönen Örtchen am Rhein, trafen uns zum Mittagessen und fanden außer der Vergangenheit wenig Gemeinsames.

Sechs Monate später gab es erneut ein Treffen, diesmal Kino in Zürich. Anschließend hatte er einen Tisch in einem italienischen Restaurant bestellt. Unerwartet wurde es ein netter Abend. Einige Monate später eine Wiederholung des Kinobesuches, aber jetzt wurde ich nach Hause eingeladen und stellte fest, dass er ein hervorragender Koch war. Auch lernte ich seinen jüngsten Sohn Eyal kennen, der vor dem Abitur stand und noch zu Hause wohnte.

Im Frühling 2002 lud Paul mich wieder mal nach Zürich ein, um mir zu erzählen, dass er im September nach Tel Aviv auswandern würde, sich dort schon eine Wohnung gemietet hatte und gerade dabei war, die große Wohnung auszuräumen. Jetzt gab es plötzlich einen frischen Wind und Raum für etwas Neues. Das Leben als orthodoxer Jude wollte er verlassen.

Das klingt einfacher, als es ist. Dreißig Jahre ein strenges, von Geboten und Verboten bestimmtes Leben zu führen, lässt sich nicht so einfach abschütteln. Israel ist da die perfekte Lösung. Dort braucht man sich nicht täglich "als guter Jude" zu beweisen. Das jüdische Leben gestaltet sich dort viel einfacher. Die Feiertage feiern alle, religiös oder nicht, das wird einem selbst überlassen. Der Freundeskreis ist liberal, wenn nicht, ist es leicht, sich anzupassen.

Für mich wurde Paul jetzt erst interessant. Israel war bis dahin immer ein unerreichtes Ziel geblieben. Jetzt gab es die Möglichkeit, mir dort eine Basis zu schaffen. Und so flog ich in den Weihnachtsferien 2002 zum ersten Mal für drei Wochen nach Tel Aviv.

Pauls erste Wohnung war in Ramat Aviv Gimmel, nicht weit vom Strand. Und da gab es schon den ersten Streit. Ich liebe den Strand und das Meer und konnte nie genug davon kriegen. Paul hasste Sand an seinen und auch an meinen Füßen. Paul liebte Fisch und versuchte, ihn auf alle möglichen Arten zuzubereiten, damit er mir auch schmecken würde. Ich mag keinen Fisch. Es hat einige Zeit gedauert, bis wir vereinbarten, dass er nicht mit zum Strand und ich keinen Fisch essen musste. Und so gab es viele Anpassungsschwierigkeiten. Paul liebte die Ruhe und Einsamkeit, ich brauche soziale Kontakte und viel Abwechslung. Paul hasste viel Bewegung, ich brauche frische Luft und Aktion. Glücklicherweise fanden wir allmählich auch viele Gemeinsamkeiten.

Wenn ich wütend war, fing ich immer an, meinen Koffer zu packen. Ich wollte dann nur weg und hatte das mein ganzes Leben bis dahin auch immer so gelebt. Unsere Beziehung änderte sich eines Tages, als Paul nach einem Streit, als ich wieder anfing, die Koffer zu packen, sagte: "Können wir nicht mal streiten, ohne dass du gleich die Koffer packst?" Da ging mir plötzlich auf, wie dumm mein Verhalten war, und ich habe es für immer geändert.

In Israel gibt es viele sogenannte "Country Clubs", Zentren mit Schwimmbädern, Fitnessgeräten und einem umfangreichen Sportprogramm. Wir waren jetzt in einem Alter, dass wir Bewegung brauchten, und ich hatte mehr Zeit dafür als in Konstanz. Also genoss ich das Schwimmen, die Fitness und die Yogastunden. Auch lernte ich in dieser Umgebung sehr nette Frauen kennen. Mit einigen schloss ich Freundschaft.

Am Strand war das schon schwieriger. Ich ging morgens früh - im Sommer vor sieben Uhr - zum Laufen und Schwimmen zum nahegelegenen Mandarinstrand. Nach zehn Uhr morgens wurde es zu heiß, um in der Sonne zu sein. Glücklicherweise traf ich da immer einen alten Freund, Ben Ami Feit, der mir seine vielen Bekannten vorstellte. Ohne ihn wäre ich jahrelang dort herumgelaufen, ohne mit jemandem zu sprechen. Die von vielen so geschätzte "offene Gesellschaft" in Israel ist gar nicht so offen, und es ist schwierig, von den Alteingesessenen angenommen zu werden.

Auch die Sprache trägt nicht gerade dazu bei. Ich habe viele Jahre versucht, Hebräisch zu lernen, leider ohne Erfolg. Vielleicht hätte es funktioniert, wenn ich für mehr als sechs Wochen dortgeblieben wäre oder wenn ich jünger gewesen wäre, aber durch die vielen kurzen Besuche verschwand das Neugelernte sehr schnell wieder aus meinem Gedächtnis. Trotzdem ist das Lernen einer neuen Sprache im fortgeschrittenen Alter wie ein Staubsauger für das Gehirn, und die Stunden mit den verschiedenen Lehrerinnen haben mir immer viel Spaß gemacht.

Langsam fing ich an, einen neuen Freundeskreis in Israel aufzubauen. In diesen Jahren war ich sehr aktiv im Vorstand des Bundesverbandes Deutscher Gesangspädagogen. Und so wollte ich in Israel auch einen israelischen Verband der Gesangspädagogen aufbauen. Leichter gesagt als getan. Als ich Tom um Hilfe bat, stellte er mir Mira Zakai vor. Mira war eine imposante Frau. Sie hatte eine wunderbare tiefe Altstimme. Als ich sie kennenlernte, war sie Professorin für Gesang an der Buchman-Mehta School of Music der Universität von Tel Aviv. Mira und ich verstanden uns auf Anhieb. Aus dieser ersten Begegnung entwickelte sich bald eine tiefe Freundschaft. Wir nannten uns "soul sisters". Mira hatte eine internationale Gesangskarriere hinter sich, sie war verheiratet und hatte zwei Töchter und einen sehr liebenswerten Mann. In Israel war sie eine Institution. Sie kannte alle und alle kannten und liebten sie.

Im Sommer unterrichtete sie einige Jahre im Kibbutz Givat Chaim, Beit Terezin oder Beit Theresienstadt genannt. In diesem Kibbutz hatten einige Überlebende des KZ Theresienstadt gelebt. Sie hatten ein Museum eingerichtet und eine Bibliothek mit Musik, die in Theresienstadt geschrieben und aufgeführt worden war. Im Sommer fanden internationale Kurse mit Pianisten, Geigern und Sängern statt. Mira stellte mir den musikalischen Leiter, den Cellisten Dudu Sella, vor, und schon bald war ich dort integriert und begegnete vielen israelischen Musikern und Studenten. Im ersten Jahr brachte ich eine langjährige Schülerin mit, Cordula Böhm. Sie hatte eine schöne Altstimme und sang gerne und sehr gut jüdisches Repertoire. Ihr Auftritt beim Abschlusskonzert im Jerusalemer Yad Vashem war für uns alle ein unvergessliches Erlebnis. Obwohl ich schon viel über Theresienstadt und seine Musik wusste, lernte ich dort auch viel neues Repertoire kennen. Zwei Sommer verbrachten Mira und ich mit Teamteaching, im dritten Sommer überließ sie mir das Feld ganz. Mira und ich waren sehr verschieden, sie sehr akademisch gebildet, ich mehr pragmatisch. Wir inspirierten uns gegenseitig.

Ich konnte sie für meine Idee, eine israelische Voice Teachers Association zu gründen, begeistern, sie gab mir eine Liste der bekannten Lehrerinnen und ich klapperte sie alle ab, um für meine Idee zu werben. Wir haben tatsächlich eine Gesellschaft gegründet, und es hat auch ein oder zwei Workshops für Lehrer gegeben. Das Wort, das ich in Hebräisch nie vergessen werde, ist "Amutá" (Verein), aber ein wirklicher Erfolg wurde es nicht.

Israel ist ein kleines Land. Es gibt viele Lehrer und wenig Schüler, also ist der Kampf um die Schüler groß und jeder, der neu dazukommt, hat es sehr schwer. Außerdem müssen die jungen Leute im richtigen Alter statt zum Studium erstmal drei Jahre in die Armee. Es gibt viele Ausnahmetalente in Israel, schöne Stimmen, die gut geschult, anschließend nach Berlin oder New York geschickt werden, um weiter zu studieren und inzwischen überall in der Welt singen.

Wie eng Mira und ich verbunden waren, habe ich noch mal am Ende ihres Lebens bemerkt. Sie war sehr krank. Ich hatte sie im Jahre 2018 in ihrer Wohnung in Giv'atajim besucht und beim zweiten Besuch Abschied genommen, wohl spürend, dass ich sie nie mehr sehen würde. Zurück in Konstanz bekam ich einen Hörsturz, und es ging mir zwei Wochen lang sehr schlecht. Dann wachte ich an einem Montagmorgen auf und spürte, wie der Druck und die Trauer verflogen waren. Eine Stunde später kam die Nachricht, dass Mira gestorben war. Ich hatte es gefühlt und war glücklich, dass sie nicht mehr leiden musste. Ich vermisse sie sehr, aber bin dankbar, so eine Freundin gehabt zu haben. Ich denke oft an sie und ihre Lebensweisheiten, die sie immer mit mir teilte.

Einen großen Unterschied zu Deutschland gibt es in Israel auf dem Gebiet der semi-professionellen Sänger und Sängerinnen. Die jungen Leute bekommen Musik- und Gesangsunterricht in der Musikschule. Nach der Armee gehen viele zur Universität. In meinem Konstanzer Studio sind viele 40-50-Jährige oder noch Ältere, die singen lernen wollen. Sie singen hobbymäßig, aber auf hohem Niveau. Manche können nach einigen Jahren Unterricht solistisch in den Kirchen Messen singen. In meinen Konzerten und Opernaufführungen machen sie voller Begeisterung und mit viel Einsatz von Zeit und Energie mit. Diese Gruppe fehlt in Israel völlig. Sehr wenige nehmen sich die Zeit und investieren Geld, um stimmlich an sich selbst zu arbeiten. Nachdem ich das verstanden hatte, habe ich die Idee, in Israel ein Gesangstudio aufzubauen, aufgegeben und mich weiter nur um unsere Beziehung gekümmert und Ferien gemacht.

Paul und ich verstanden uns immer besser. Wir trafen uns nicht nur in Israel, sondern fingen an, gemeinsame Ferien in Europa zu verbringen. So trafen wir uns in Amsterdam, Mailand, Madrid oder Basel und fuhren mit dem Auto in die verschiedenen Richtungen. Bei diesen Reisen änderte Paul sein übliches Verhalten zu 100 %. Er lief freiwillig durch die Städte, die wir besuchten, interessierte sich für touristische Sehenswürdigkeiten. Es war schön, mit ihm zu reisen. Aber unwiderruflich kam der Moment des Abschieds. Die Grenze zu Deutschland zu überschreiten, war ihm unmöglich; zu sehr hatte er unter den Deutschen gelitten. Und so fuhr ich immer erfüllt, aber traurig, allein wieder nach Konstanz zurück.

Auch in Israel machten wir kleine Ausflüge. Wir verbrachten ein Wochenende in einem sogenannten "Zimmerim", eine Art Ferienwohnung, im Norden, leider in der falschen Saison. Außer Kälte war da nicht viel. Aber ein Wochenende in Kfar Blum mit viel Musik und einigen Freunden war sehr gelungen. Leider mochte Paul keinen Gesang, dafür Beethoven und klassische Orchestermusik.

In Tel Aviv ging es uns immer besser. Wir gaben schöne Geburtstagspartys; wobei die internationale Gesellschaft, Pauls Küche und mein Charme für unsere Gäste unwiderstehlich waren. Niemand sagte je Nein zu unseren Einladungen. Trotzdem konnte ich mir nicht vorstellen, nach Israel auszuwandern und mein Leben in Konstanz aufzugeben.

Eines Tages rief mich Dudu Sella an, der inzwischen die Theresienstadt-Kurse von Kibbutz Givat Chaim an die Musikhochschule in Jerusalem verlegt hatte. Er lud mich ein, zwei Vorlesungen über Vokalmusik in Theresienstadt zu geben. Zu so einem Angebot konnte ich nicht Nein sagen. Zwei Vorträge, in Englisch, an der Hochschule in Jerusalem! Material hatte ich ja, viele Bücher, viele CDs und Videos.

Paul machte die Powerpoint Präsentationen. Das Internet machte es möglich. Es wurde ein Erfolg. Im ersten Vortrag sprach ich über das Lager Theresienstadt, seine Entstehung und Entwicklung. Dann der Anfang der "Freizeitgestaltung" in Theresienstadt, das Repertoire, die Komponisten und die aufgeführten Werke. Natürlich auch über Raphael Schächter, den großen Dirigenten, und das Verdi Requiem. Und ein authentisches Beispiel aus *Brundibar,* dem Film von Kurt Gerron, der unter dem Titel *Der Führer schenkt die Juden eine Stadt* bekannt ist.

Der zweite Vortrag handelte von Viktor Ullmann, seinem Leben, seinen Kindern und ihrem tragischen Schicksal, dem Verrat seines "Freundes und Textautors" Albert Steffen, der ab 1925 Nachfolger von Rudolf Steiner als Vorsitzender der Allgemeinen Anthroposophischen Gesellschaft in Dornach war. Viktor Ullmann wusste um die Gefahr für sich und seine kleinen Kinder nach dem Einzug der Deutschen in Böhmen und Mähren. Trotzdem wollte Albert Steffen ihm nicht helfen - nach dem Motto "Das Boot ist voll". Dadurch war das Exil der kleinen Ullmann-Kinder und die Ermordung Ullmanns und seiner Frau in Auschwitz vorprogrammiert.

Die Tragödie der Theresienstadt-Komponisten ist nicht nur ihre gesamte Auslöschung im Jahr 1944 in Auschwitz, sondern auch die dadurch entstandene Lücke in der Entwicklung der modernen klassischen Musik. Viktor Ullmann, Pavel Haas, Gideon Klein, Hans Krása und viele andere waren alle Schüler der berühmten Komponisten ihrer Zeit. Mit ihnen hätte sich die Musikwelt bis heute anders entwickelt.

Nach der intensiven Arbeit und dem Erfolg der Vorträge wollte ich das viele Material weiterverwenden. Also ließ ich die Vorträge ins Deutsche übersetzen und komprimierte sie zu einem Vortrag von anderthalb Stunden mit vielen Musikbeispielen. Diesen bot ich der VHS, DIG und GCJZ, Kulturämtern und sonstigen möglichen Interessenten an unter dem Titel: *Musik in Theresienstadt, Kulturwille ist Lebenswille - Das Vermächtnis der Komponisten im KZ Theresienstadt.*

Zu meiner Überraschung gab es sehr viel Interesse für diesen Vortrag und ich konnte bald ganze Tourneen organisieren, wobei ich jeden Abend an einem anderen Vortragsort war.

Eines Tages zog ich mit meinem Laptop zum Ellenrieder-Gymnasium in Konstanz, um vor einer Musikklasse den Vortrag auszuprobieren. Es war jedoch unmöglich, meinen Laptop an das Schulsystem anzuschließen, und so zog ich enttäuscht wieder nach Hause, ohne den Vortrag gehalten zu haben.

Daraufhin entschloss ich mich, immer meine eigene Ausrüstung dabei zu haben. Ich kaufte einen Beamer und Boxen und zog mit diesem großen, schweren Koffer durch das Land. Das Aufregendste an einen Vortrag war immer die Technik. Klappt es diesmal gut? Bekomme ich es wieder hin? Aber nach einiger Übung gelang es mir doch immer.

Zwischen allen Aktivitäten reiste ich immer wieder nach Tel Aviv und verbrachte schöne und erholsame Wochen mit Paul.

Und immer wieder versuchte ich Paul davon zu überzeugen, meine Welt in Konstanz kennenzulernen. Da hatte ich einmal wieder ein gutes Argument: Was, wenn einer von uns krank würde? Dass ich bei einer Krankheit von Paul sofort in den Flieger steigen würde, war klar. Aber wie sah das bei Paul im umgekehrten Falle aus? Bliebe ich dann allein oder wäre das ein Grund, nach Konstanz zu kommen?

Er versprach mir, dass, wenn ich krank würde, ins Krankenhaus müsste oder in eine ähnliche Situation käme, er mich nicht allein lassen würde. Und da passierte das Ungeahnte, ich musste für eine kleine OP ins Krankenhaus und Paul flog nach Zürich, um mich zu Hause zu pflegen und dann für den Rest des Sommers mit nach Tel Aviv zu nehmen. Etwas Besseres hätte uns nicht passieren können.

Also kam Paul eines Tages im Juli 2013 nach Konstanz. Er begleitete mich ins Krankenhaus, lernte da die Freundinnen kennen, die mich besuchten. Alle waren sehr liebenswert und gingen behutsam mit ihm um. Nach einigen Tagen ging es mir wieder gut, und ich konnte nach Hause. Er fing an, meine Küche zu reorganisieren, und war entsetzt über den Zustand meiner Computerinstallation. Es gab in meiner Wohnung große Aufgaben für ihn. Wir genossen das schöne Wetter und machten sogar einen Segeltörn auf dem Bodensee. Nach vierzehn Tagen war es klar: Das war nicht das letzte Mal, dass Paul in Konstanz sein sollte.

Nach diesem August in Tel Aviv fing ich mit den Proben für die Zauberflöte an, ein großes Schülerprojekt. Fast alle Rollen konnte ich aus meinem Studio besetzen. Für *Tamino* gab es einen Gast. Ich versprach Paul, dass er zu keiner Probe oder Aufführung kommen musste, aber dass ich nach der Arbeit nicht allein sein wollte und vor allem auch kulinarisch versorgt werden musste. Nach diesem Projekt wollten wir zur Familie in Holland fahren, er sollte von dort nach Hause fliegen, ich für vier Vorträge nach Bayern gehen. Zu meiner großen Überraschung schlug er nach Ankunft in Konstanz vor, nicht nach Hause zu fliegen, sondern mich auf meiner Bayern-Tour zu begleiten.

Die ausverkauften Aufführungen waren ein großer Erfolg, die holländische Familie war gekommen, Pauls Sohn aus Zürich war mit seiner Verlobten da, und natürlich war Paul auch überall dabei. Dann fuhren wir wie geplant in die Niederlande und anschließend nach Schopfloch (Mittelfranken), Ansbach, Augsburg und München. Wir besuchten sogar Rothenburg ob der Tauber.

In Schopfloch entdeckten wir viel jüdische Geschichte. Die ersten Juden lebten hier schon im 16. Jahrhundert. Um 1900 waren ein Drittel der Schopflocher Bürger Juden. Alle lebten harmonisch miteinander bis 1933. Die Synagoge wurde zerstört. Nach dem Krieg gab es keine Juden mehr in Schopfloch. Nur das "Lachoudisch", auch "Schopflochs Geheimsprache" genannt, wurde noch von den alten Schopflochern gesprochen. Es ist eine Mischung aus Hebräisch, Rotwelsch und eigenen Wortschöpfungen.

Der Bürgermeister, der bei unserem Vortrag anwesend war, konnte noch ein paar Worte Lachoudisch. Wir wurden sehr herzlich empfangen, Paul organisierte die Technik, und es war mir schon sehr schnell klar, dass ich keine Vorträge mehr ohne ihn halten konnte.

Und so folgte im darauffolgenden Jahr eine Mammut-Tournee im Januar, 2000 Kilometer in einer Woche: Von Konstanz nach Fulda, Ostfriesland, Hamburg, das Wochenende in Almelo bei der Familie und dann nach Saarbrücken, wo mehr als einhundert Leute im Staatstheater auf uns warteten.

Paul beschloss ab dann, dass er entweder mit mir in Konstanz sein wollte oder mit mir zusammen in Tel Aviv. Die Wohnung in Tel Aviv vermieteten wir über Airbnb. Nicht ganz einfach, aber das half, die Kosten für unseren Lebensstil zu decken.

Im Jahr 2016 entschieden wir uns, Tel Aviv aufzugeben und beide in Konstanz weiterzuleben. Es folgte eine Entkernung meiner Wohnung.

Ich musste und wollte Platz für Paul machen. Anschließend musste Paul sich von vielen Dingen verabschieden und schickte seine Sachen wieder nach Europa.

Alles war sehr aufregend. Noch nie war ich mit einem Mann zusammengezogen und jetzt mit 70 traute ich mir diesen Schritt zu. An meinem 70. Geburtstag, den ich mit 120 Familienmitgliedern, Freunden und Bekannten feierte, sagte ich:

Liebe Familie, liebe Freunde,
Man muss die Feste feiern, wie sie fallen!
Ich freue mich sehr, dass wir heute Abend alle zusammengekommen sind. Der Abend vor meinem 70. Geburtstag. Wieder eine "Passage", ein Übergang zu einer neuen Lebensphase.
Die meisten Leute fangen im jungen Alter an, einen Partner zu suchen, sich ein Nest zu bauen und eine Familie zu gründen. Bei mir scheint sich alles wohl umgekehrt zu entwickeln.
Vor 10 Jahren war Paul nur ein Freund in der Ferne, der gute Grund für viele Reisen nach Tel Aviv.
Jetzt ist er hier und bleibt in Konstanz. Das macht mich sehr glücklich, und das möchte ich heute mit euch feiern.
Und wer je gesagt hat, dass ich ein ungeduldiger Mensch bin..., wird hier eines Besseren belehrt.

Nur dreieinhalb Jahre haben wir gemeinsam in Konstanz leben können. Eine schwere Krankheit schlug bald zu. In diesen letzten Jahren sind wir noch enger zusammengewachsen. Wir haben zusammen gelacht und geweint. Ich habe neue Seiten an mir entdeckt, die ich nie geahnt hätte; Geduld, Pflege, ich habe gelernt, was Liebe bewirken kann. Um sein Leben habe ich gekämpft wie eine Löwin. Öfter habe ich sein Leben gerettet durch schnelle Entscheidungen, die man nicht den Ärzten überlassen konnte.

Wir haben uns beide auf das Ende vorbereitet, und doch kam es unerwartet. Im November 2019 haben wir geheiratet. Eine echte Chuppah. Alle Freunde aus Israel, den Niederlanden, meine Schwester aus Spanien, mein Chor und nur eine Handvoll enge Freunde aus Konstanz waren dabei. Noch wussten wir nichts über Corona. Es war ein wunderbares, berührendes Fest, und es hat uns beiden viel gegeben.

Eine Woche vor Weihnachten 2020 kollabierte Paul. Vierzehn Tage haben wir versucht, ihn noch bei uns zu behalten. Dann war es vorbei. Am 1. Januar 2021.

Ein neuer Abschnitt in meinem Leben begann. Sogar Trauern muss man lernen. Ich bin umgeben von liebevollen Menschen und bin sehr dankbar dafür. Meine Arbeit gibt mir viel Kraft und langsam wächst auch wieder die Neugierde auf die Zukunft. Mit diesen Erinnerungen hoffe ich, anderen den Mut zu machen, auch mit einem schwierigen Start ihre Mitte zu finden und von dort ihr Leben zu bewältigen.

Die neue Familie: Pauls vier Kinder leben über ganz Europa verstreut. Der Kontakt war lange Jahre schwierig. Es ist mir gelungen, die Beziehungen wieder herzustellen und die letzten Jahre in Harmonie mit ihnen zu verbringen. Das Unerwartete ist eingetreten: Alle vier melden sich wöchentlich bei mir, und langsam fühle ich mich in der Spier-Familie völlig integriert. Plötzlich habe ich vier Kinder und neun Enkel, wovon drei kleine nur eine Stunde von Konstanz entfernt wohnen. Mit 75 Jahren habe ich die erste Baby-Windel gewechselt! Die jüdischen Feiertage bekommen wieder mehr Bedeutung. Das für mich so fremde Wort "Familie" ebenfalls.

"Die Jüdin, die so gern in Deutschland lebt"

Und so saß ich ab November 2020 an meinem Schreibtisch, mitten im zweiten Corona-Lockdown, und wurde mit der Vergangenheit konfrontiert, die sich vor meiner Geburt abgespielt hatte. Ich machte neue Entdeckungen, empfand machtlose Wut auf die Niederländer. Dabei wohne ich seit mehr als vierzig Jahren in Deutschland, dem eigentlichen Verursacher des Elends. Auch hier werden hässliche Kämpfe über Restitution und Wiedergutmachung geführt. Aber irgendwie betrifft es mich nicht so persönlich, und ich kann es leichter verdrängen. Brauche ich eine vierte Psychotherapie, um das zu verstehen oder lasse ich es sein? Ich vermute das letztere.

Am 22. November 2021 war es so weit. In Rotterdam wurden zwei Stolpersteine verlegt für meine Großeltern Nathan Salomon Frenk und Sophie Frenk-van Creveld. Angefangen hatte das Ganze mit einer Anfrage wegen eines Steins für Isaac van Creveld, den Lieblingsonkel meines Vaters.

Dass das Thema Stolpersteine mich nun plötzlich selbst betraf, bewegte mich sehr. Ich begann, noch mehr Informationen über meine Großeltern zu suchen. Auf der Homepage der Spielberg Foundation fand ich mehrere Zeugnisse von Zeitzeugen aus dem Jahre 1975, nämlich von meiner Tante Myra, ihrem Mann Theo Pinkowitz, Paul Reens und sogar von Pauls Vater Joseph Spier. Das brachte mich aber nicht viel weiter.

Durch die Stolpersteine in den Straßen (bis heute 90.000 Steine in 26 Ländern – Internet 27.04.2022) können junge Menschen sich an die vertriebenen und ermordeten Juden, Sinti und Roma und andere verfolgte Menschen erinnern.

Dieses Projekt ist nicht unproblematisch. "Stolpersteine" sind eine Idee, ausgeführt von Menschen, die aus unterschiedlichen Motiven handeln. Für den Umgang mit Holocaustüberlebenden und ihren Nachkommen bräuchten manche etwas mehr Fingerspitzengefühl, was sowohl in den Niederlanden als auch in Deutschland manchmal anscheinend schwerfällt.

Bald wird es keine Überlebenden mehr geben und sogar die zweite Generation verschwindet langsam. Dass jüdisches Leben in Europa eine Zukunft hat, bezweifle ich. Dass Antisemitismus je aussterben wird oder erfolgreich bekämpft werden kann, bezweifle ich ebenfalls.

Trotz allem bin ich zufrieden mit meiner Entscheidung, in Deutschland zu bleiben. Ich fühle mich umgeben von vielen jungen, talentierten und liebenswerten Menschen.

Ich bin immer noch gerne "die Jüdin, die so gerne in Deutschland wohnt, 100 Meter von der Schweizer Grenze".

Konstanz, Ende April 2022

Erhard Roy Wiehn

Mut machen – Nachwort als Vorwort

In ihren Memoiren hat sich Ruth Frenk etwas von der Seele geschrieben, das ich unbedingt lesenswert finde: Ein Stück niederländisch-deutsch-jüdischer Geschichte und Zeitgeschichte.

Die Sängerin und Gesangslehrerin ist 1946 als Tochter niederländisch-jüdischer Bergen-Belsen-Überlebender in Rotterdam geboren, lebte in Amsterdam, Genf, New York und seit 1974 in Konstanz am Bodensee.

Eigentlich wollte sie Opernsängerin werden, wurde dann mit jüdischen Liedern und als Gesangslehrerin mit eigener Gesangsklasse bekannt, war sieben Jahren im Vorstand des Bundesverbandes Deutscher Gesangspädagogen und ist seit 30 Jahren Vorsitzende der Deutsch-Israelischen Gesellschaft der Bodensee-Region.

Sie ist noch immer "die Jüdin, die so gerne in Deutschland wohnt, 100 Meter von der Schweizer Grenze", sie hat im Laufe von 48 Jahren so ziemlich alle Erfahrungen gemacht, die man als Jüdin in Deutschland machen kann und hat trotzdem nicht aufgegeben, nicht in ihrem Engagement für die Deutsch-Israelische Gesellschaft, nicht mit ihrer Gesangsklasse, und auch nicht bei ihrer vielseitigen sonstigen Öffentlichkeitsarbeit.

Ruth Frenk ist ein Musterbespiel für Engagement und Öffentlichkeitswirksamkeit der Zweiten Generation von Schoáh-Überlebenden, das höchste Anerkennung verdient und der noch viele aktive Jahre in Deutschland zu wünschen sind. Eine späte glückliche Ehe hat schon nach dreieinhalb Jahren mit dem Tod ihres Mannes ein allzu frühes Ende gefunden, ihre Lebenslust aber nicht brechen können. Mit ihren Erinnerungen hofft sie, "anderen Mut zu machen, auch mit einem schwierigen Start ihre Mitte zu finden und von dort ihr Leben zu bewältigen".

Denn "Bald wird es keine Überlebenden mehr geben, und sogar die Zweite Generation verschwindet langsam", so Ruth Frenk: "Dass jüdisches Leben in Europa eine Zukunft hat, bezweifle ich. Dass Antisemitismus je aussterben wird oder erfolgreich bekämpft werden kann, bezweifle ich ebenfalls. Trotz allem bin ich zufrieden mit meiner Entscheidung, in Deutschland zu bleiben. Ich fühle mich umgeben von vielen jungen, begabten und liebenswerten Menschen." (S. 130)

Der ironische Buch-Titel passt hundert Prozent. - 25. April 2023

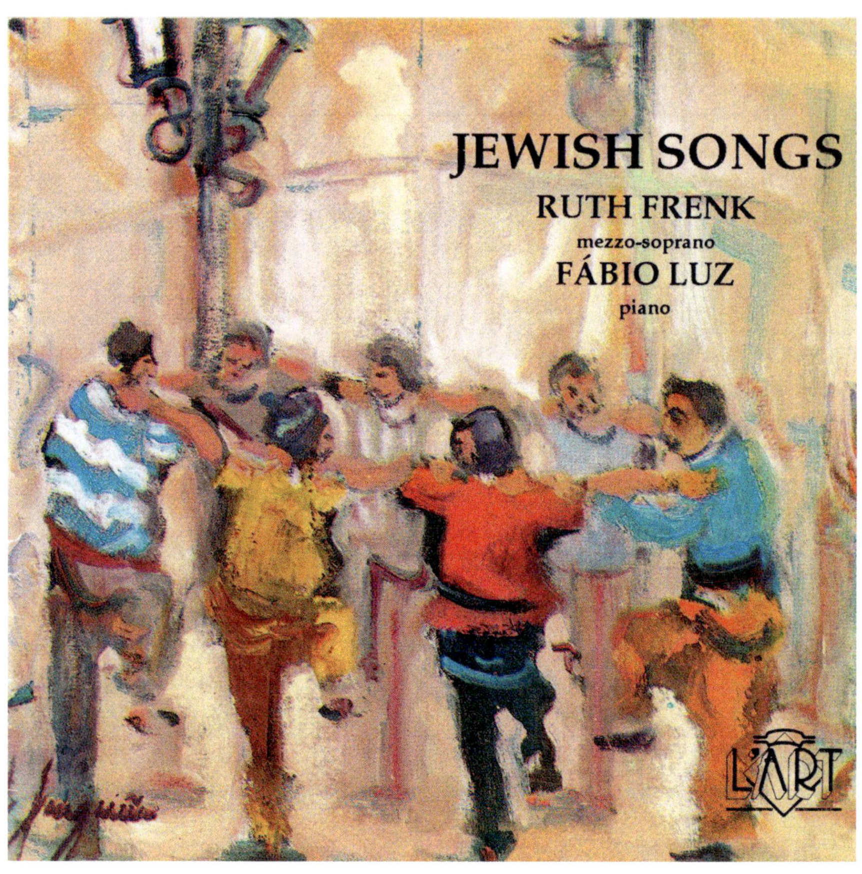

Jewish Songs, L'Art 30, Rio de Janeiro, 1991

II. Leben auf Fotos

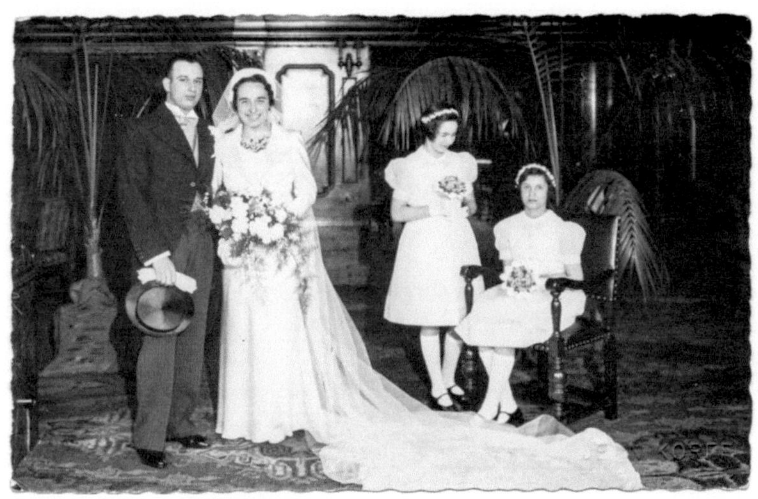

1. Salomon (Boy) und Liselotte (Lotte) Frenk-Kann an ihrem Hochzeitstag, 17. April 1938

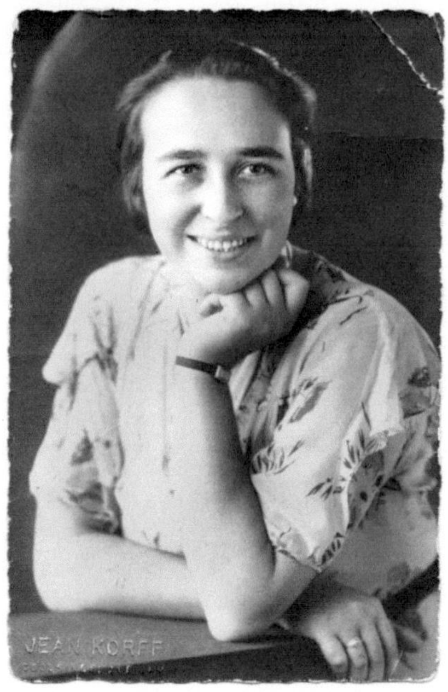

2. Liselotte Kann 1937

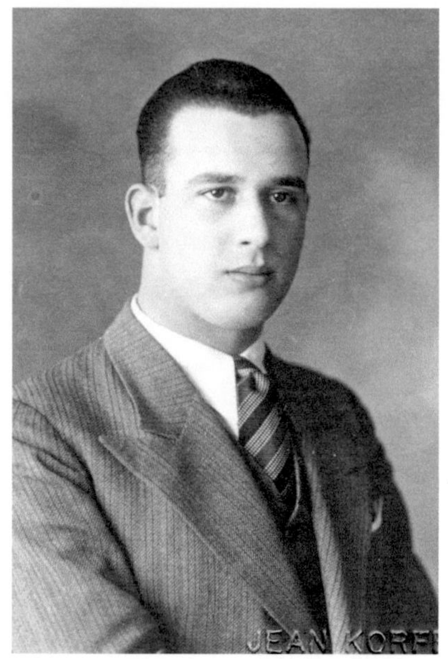

3. Boy Frenk 1935

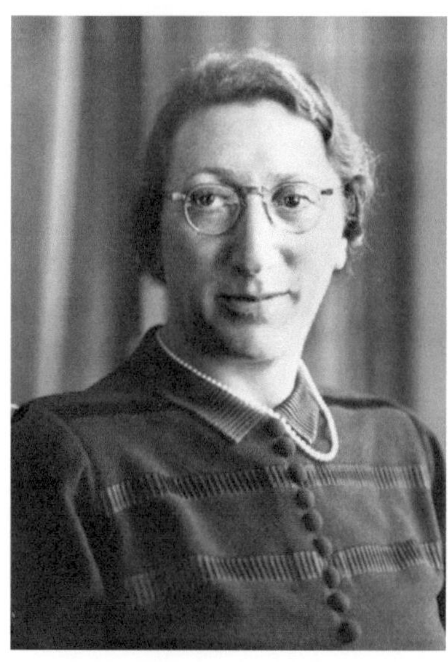

4. Sophia Frenk van Creveld, 25. Hochzeitstag am 22. Januar 1938

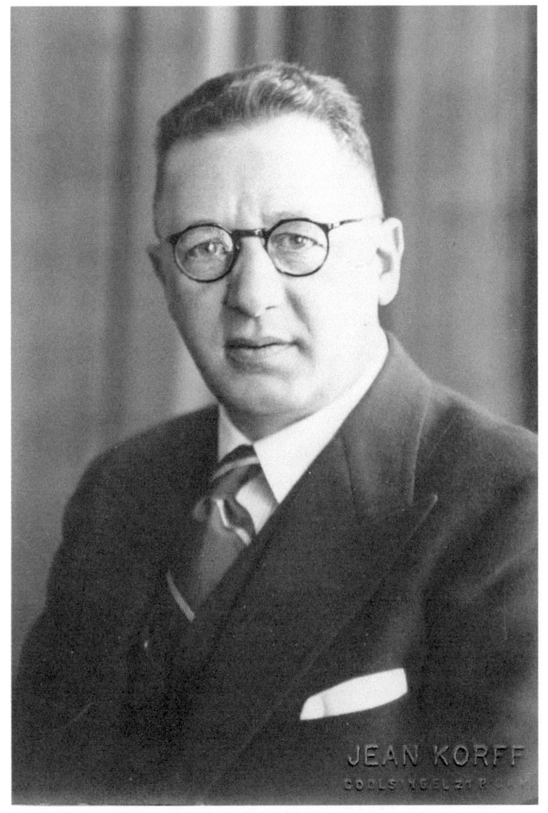

5. Nathan S. Frenk, 25. Hochzeitstag am 22. Januar 1938

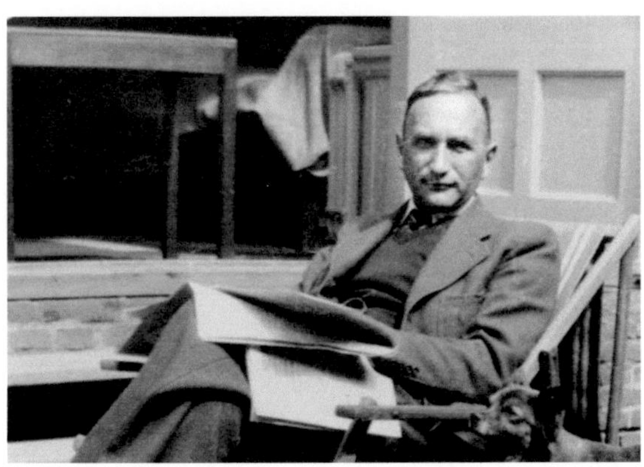

6. Isaac van Creveld

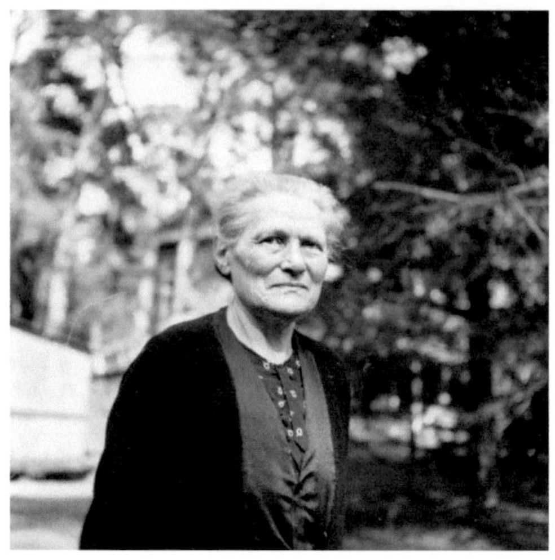

7. Berta Kann am Tag vor ihrem Tod, 5. April 1943

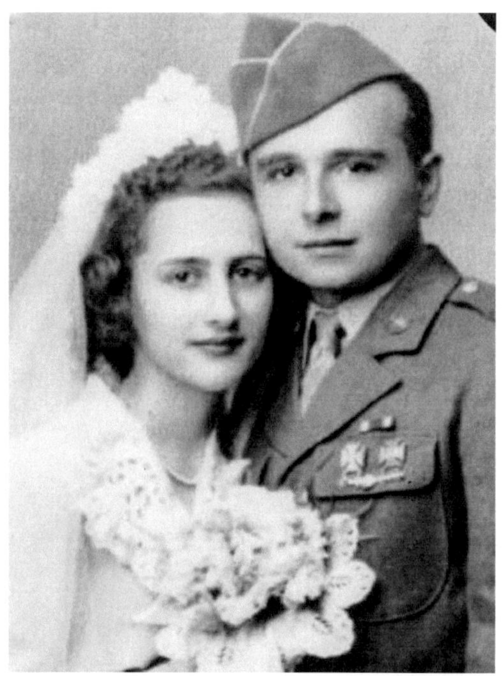

8. Vida und Fred Simons, New York, 18. Januar 1944

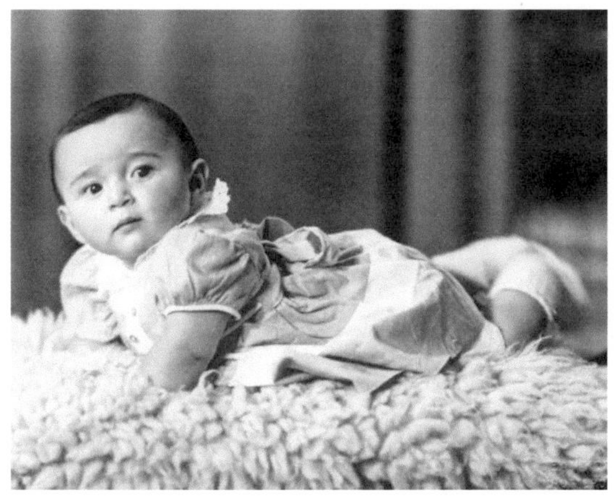

9. Ruthje im November 1946

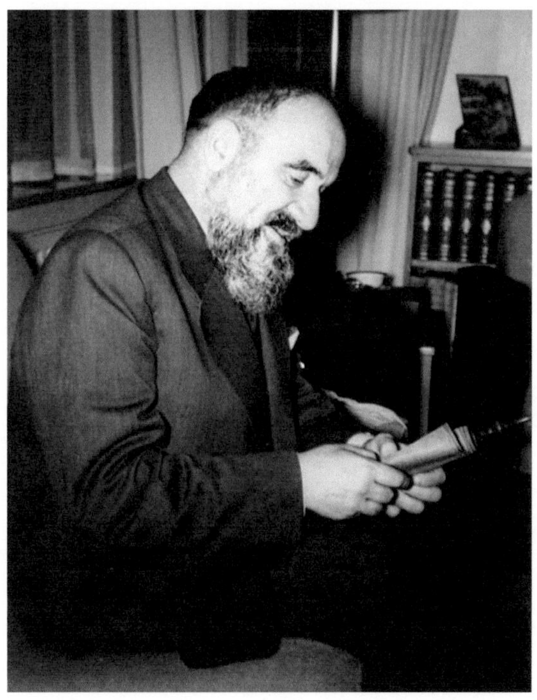

10. Jules Vleeschhouwer, Pessach 1950

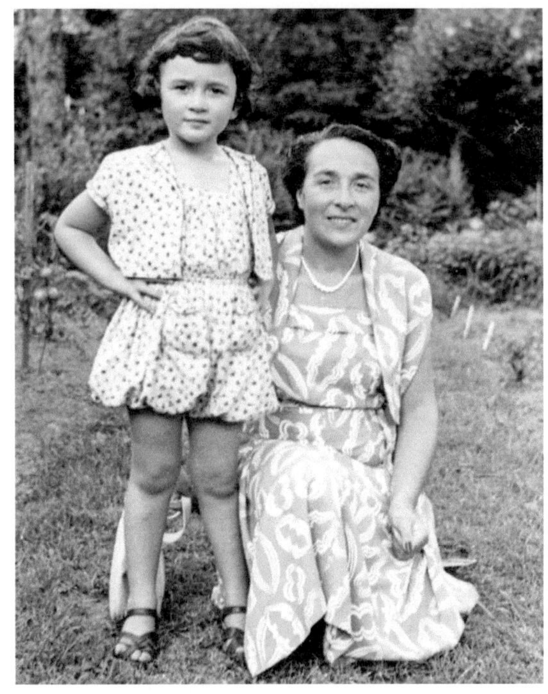

11. Ruth mit Mutter in Beechhurst, Long Island, USA, 1950

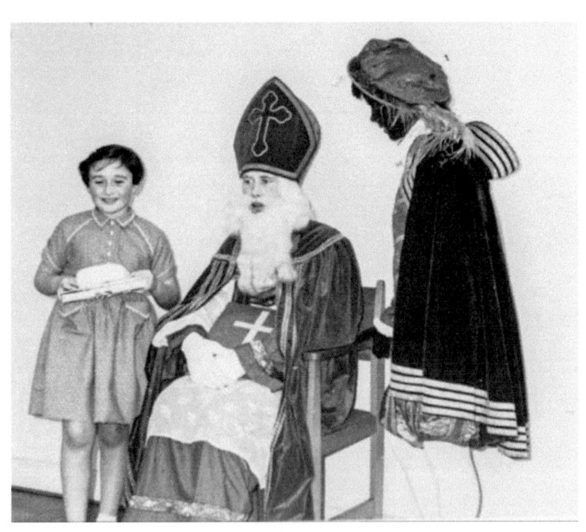

12. Sinterklaas, 5. Dezember 1953

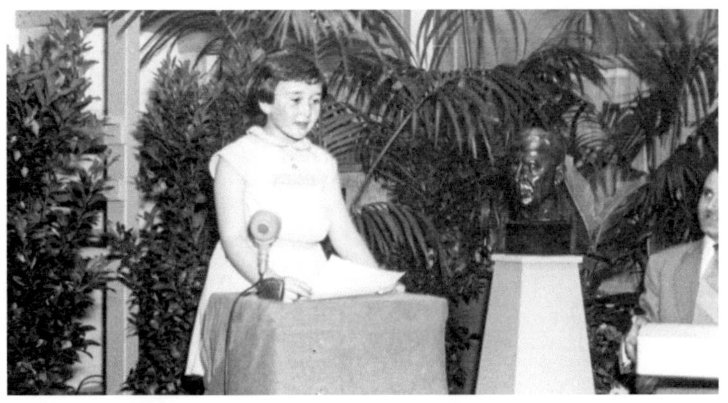

13. Kleine potjes… Juli 1954

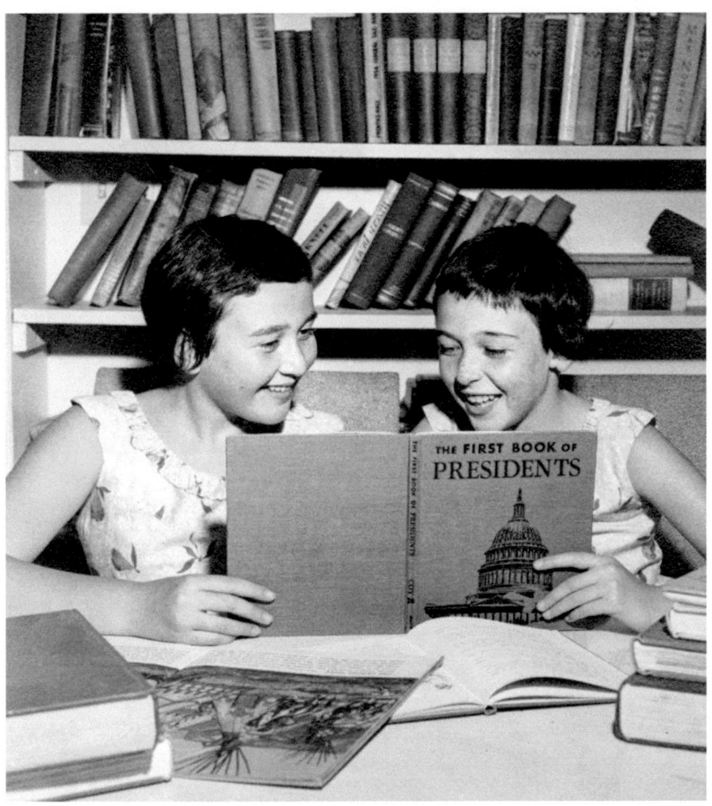

14. Ruth und Miriam, Oxford School, Miami, Florida, 1956

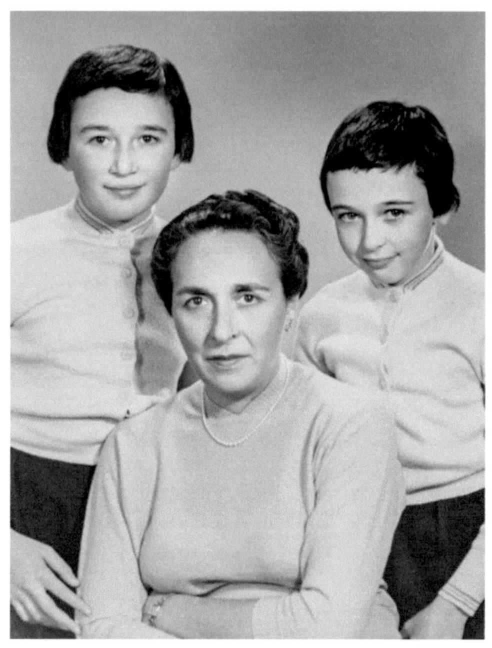

15. Ruth, Mutter und Miriam, 14. Oktober 1956

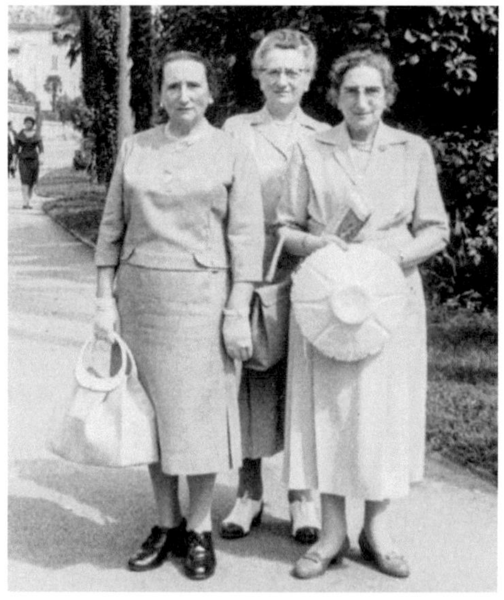

16. Die Tanten Loes, Jules und Beccie van Creveld, 1958

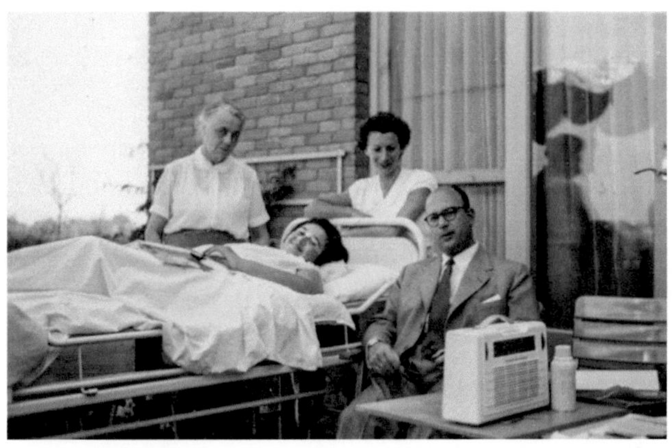

17. Ruth nach Rücken-Operation mit Tante Ginkel, Krankenschwester Anni und Vater, Nieuwkoop 1958

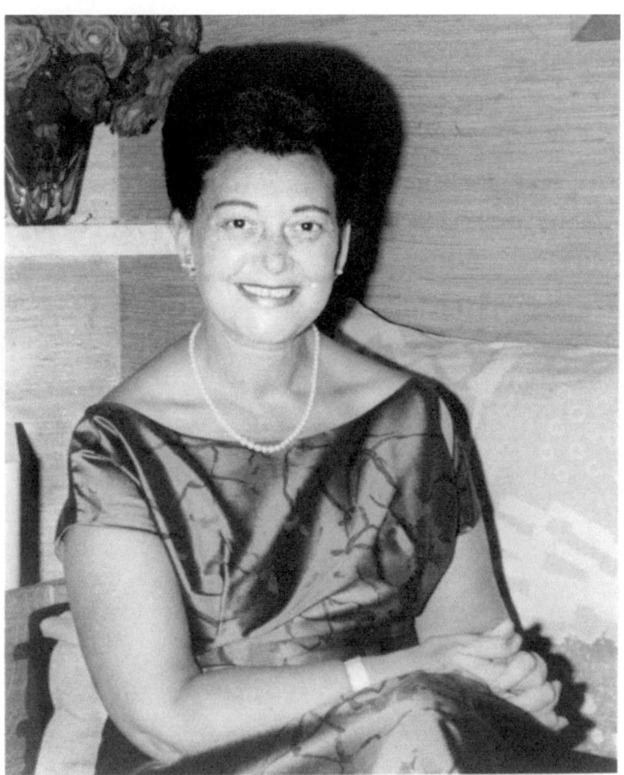

18. Lilian Frenk-Stromer, Rotterdam 1963

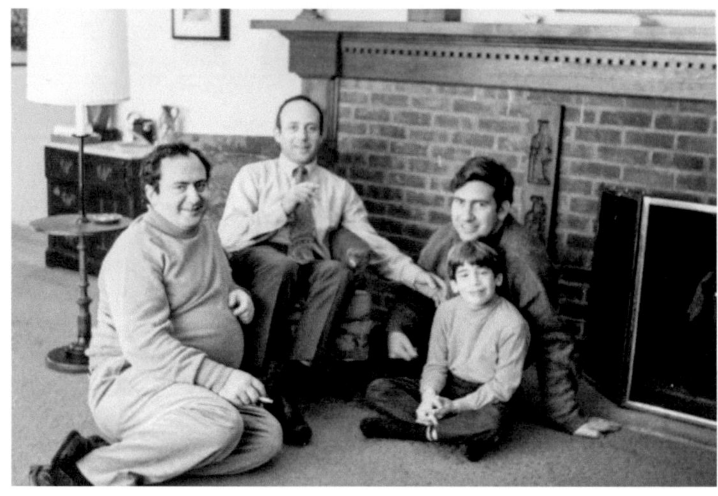

19. Weihnachten in Wilton, Conn., mit Jaap, Paul, Lou und Brian Reens, 1969

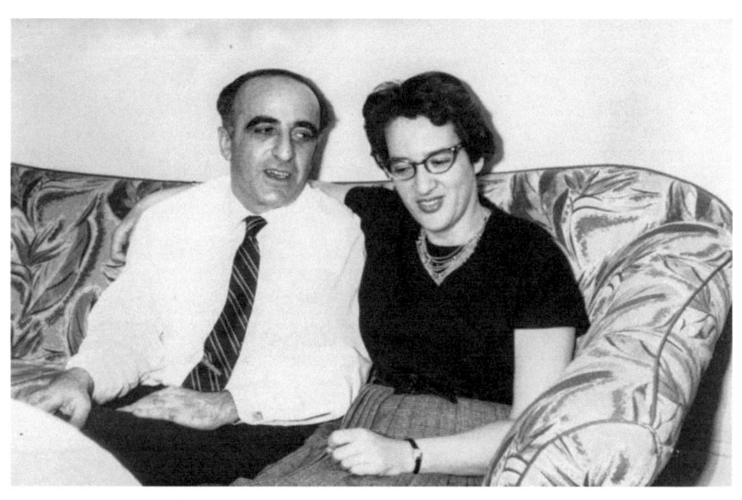

20. Hochzeitstag von Theo und Myra Pinkowitz-Frenk, New York, am 22. Februar 1962

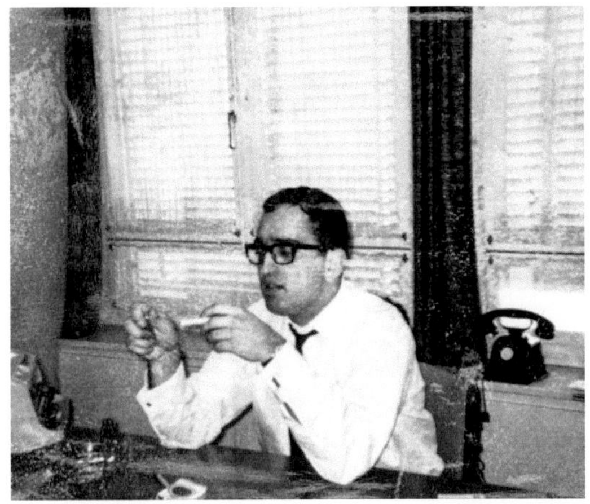

21. Paul Spier bei Magnus, Amsterdam 1965

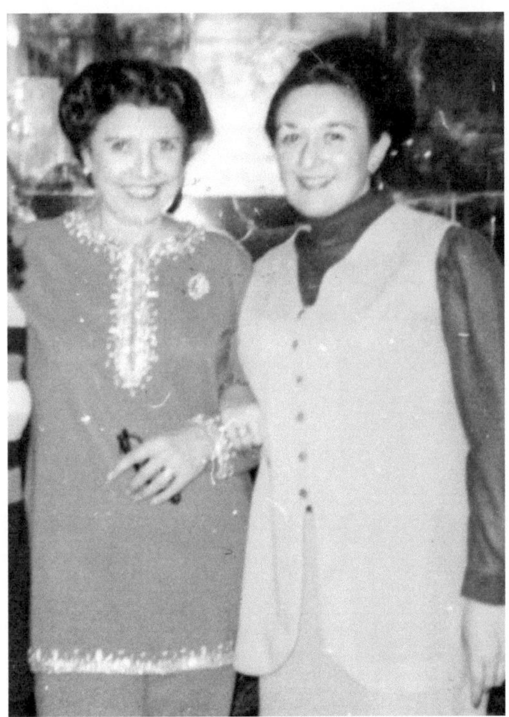

22. Rose Bampton und Ruth, X-mas, Trimm the Tree Party, New York 1969

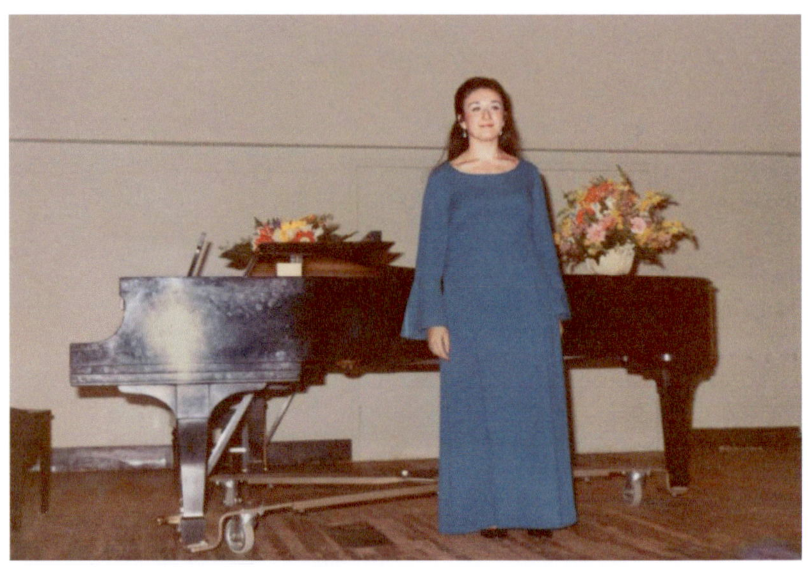

23. Graduation Recital, 22. April 1972

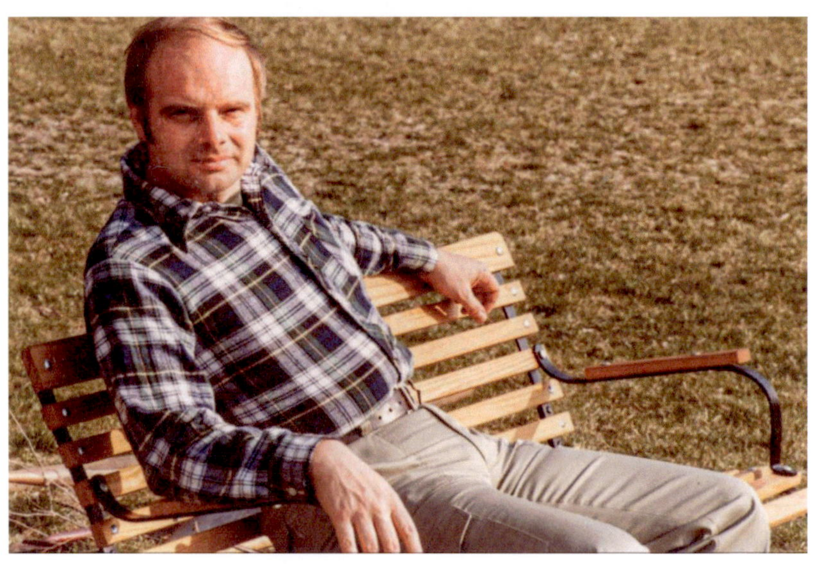

24. Theo Post van den Burg

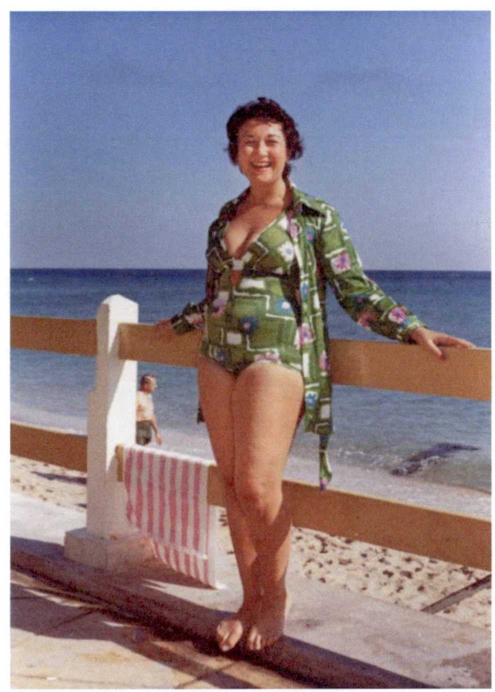

25. Ruth in Miami Beach, Dezember 1973

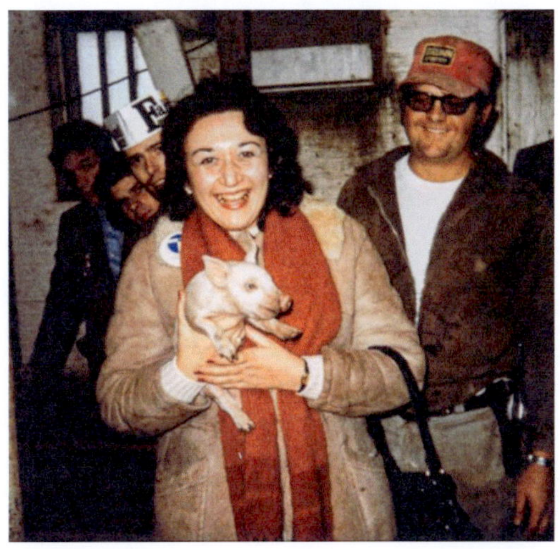

26. Ruth mit 30 holländischen Metzgern, Midwest, November 1973

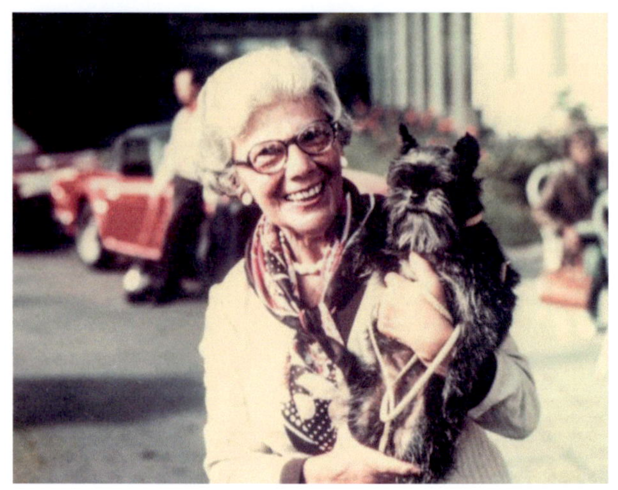

27. Else Seyfert, Konstanz 1976

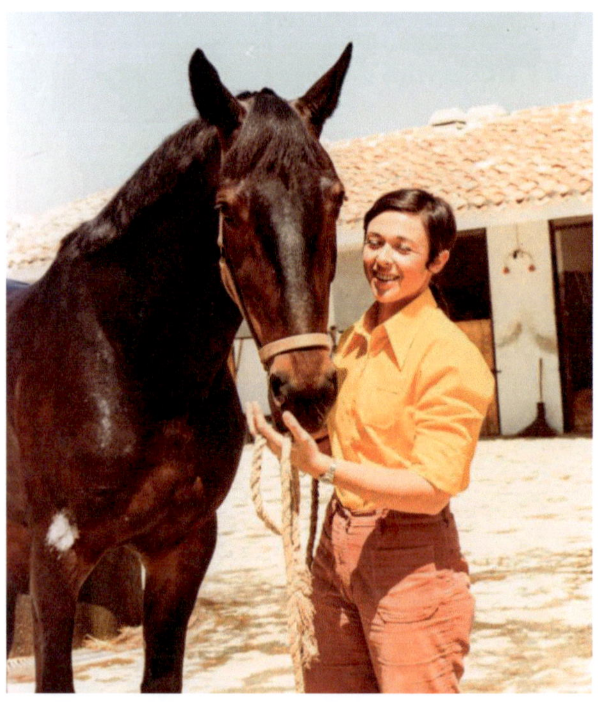

28. Miriam mit ihrem Pferd Guacho, 1976

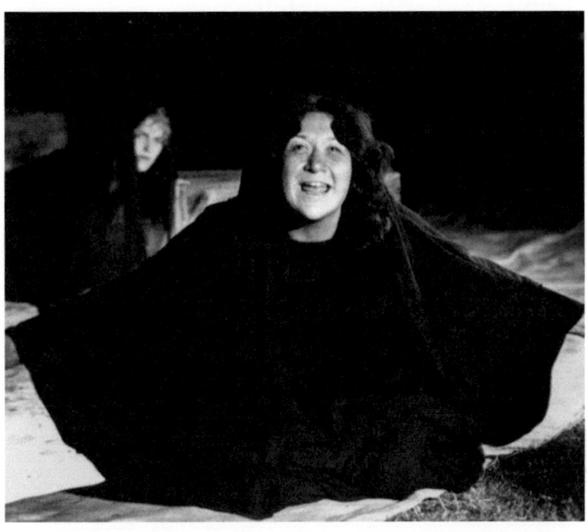

29. Ruth, die Frauen von Troya am Uni-Theater Konstanz, 1981

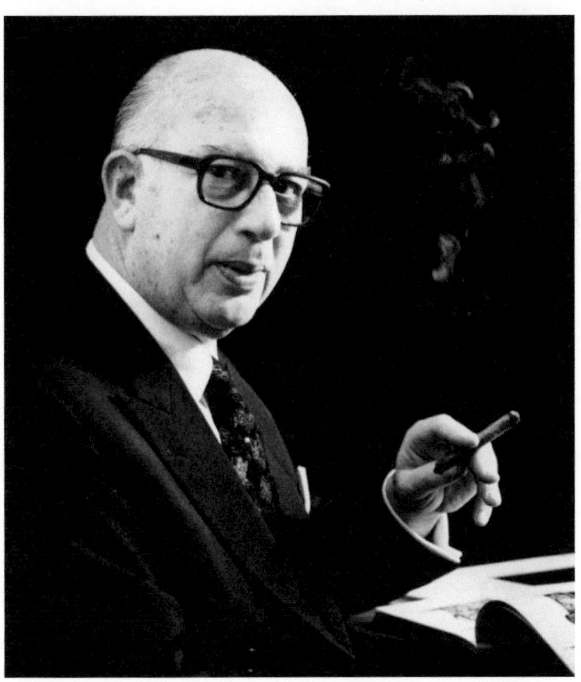

30. Salomon (Boy) Frenk in Konstanz, 1982 (Foto: Franzis von Stechow)

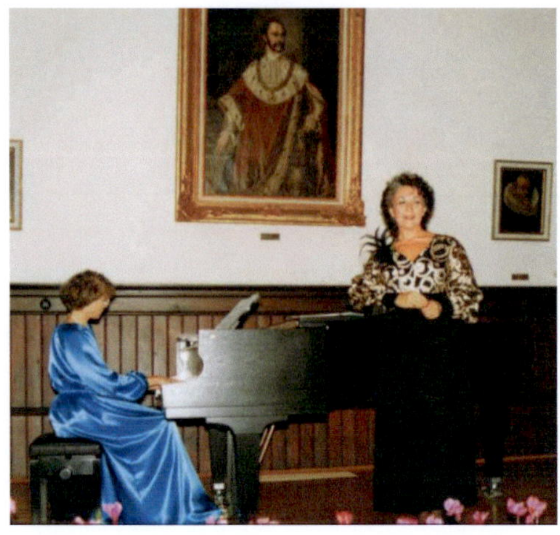

31. Jüdischer Liederabend mit Karin Strehlow am Klavier, Kronach, 24. Oktober 1986

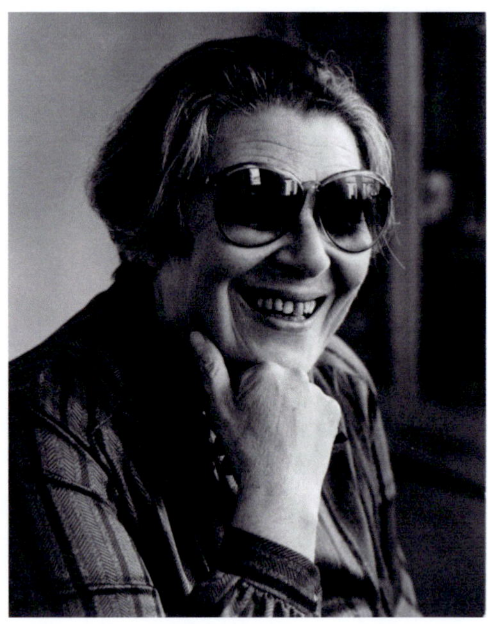

32. Tante Emma in Konstanz, 1987 (Foto: Franzis von Stechow)

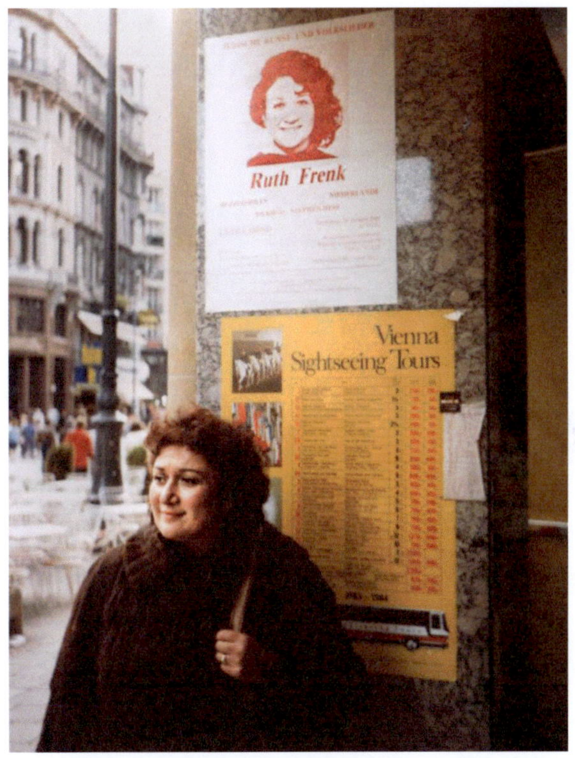

33. Liederabend in Wien, 20. Oktober 1983

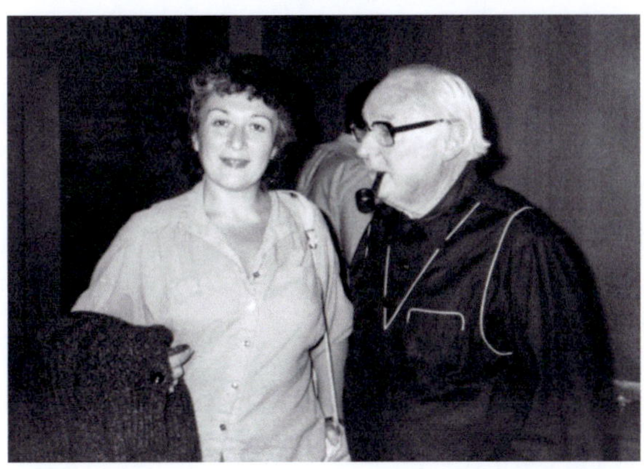

34. Ruth mit Dr. Klaiber bei AIMS, Graz 1984

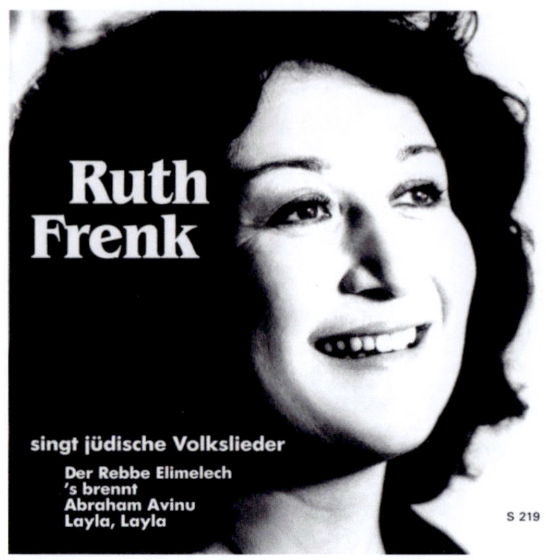

35. Ruth singt jüdische Volkslieder, 1986 (Cover: Ruth Fendel)

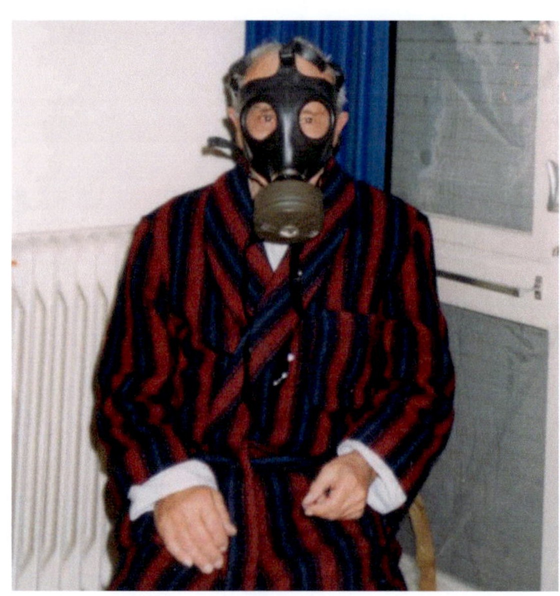

36. Fred Simons mit Gasmaske im abgedichteten Zimmer in Ra'anana (Israel) während des zweiten Golfkriegs, 1991

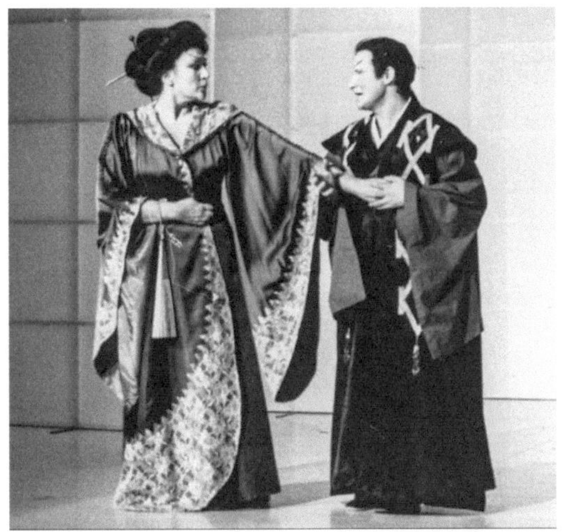

37. Katisha in Mikado, Gilbert und Sullivan, Möriken (Schweiz), 1991 (Foto: Franzis von Stechow)

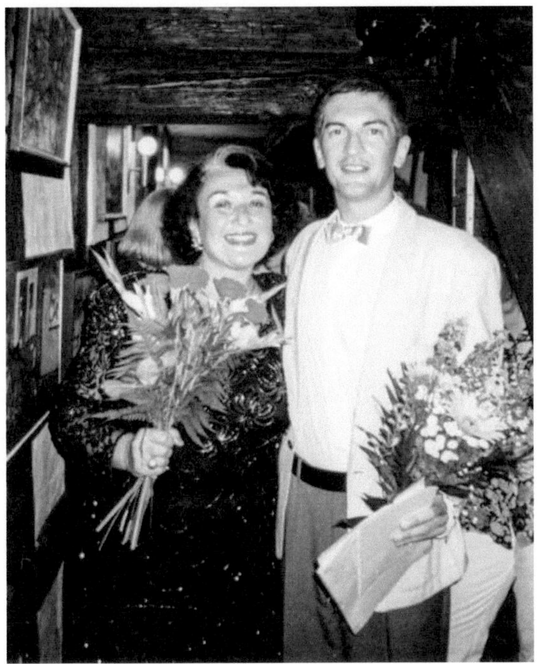

38. Konzert mit dem Pianisten Fabio Luz, Sommer 1994

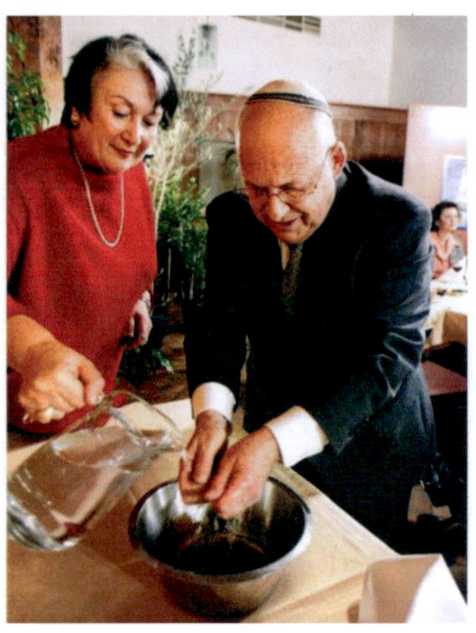

39. Pessach-Seder mit Rabbiner Tovia Ben-Chorin im Konzil von Konstanz, 2005 (Foto: Monika Flückiger)

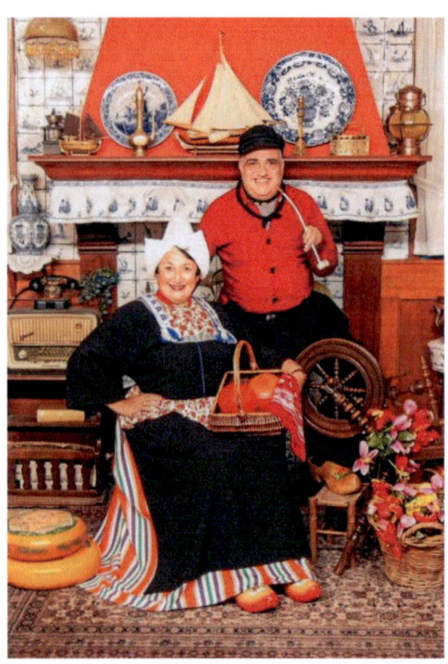

40. Ruth und Paul in Volendam, 2011

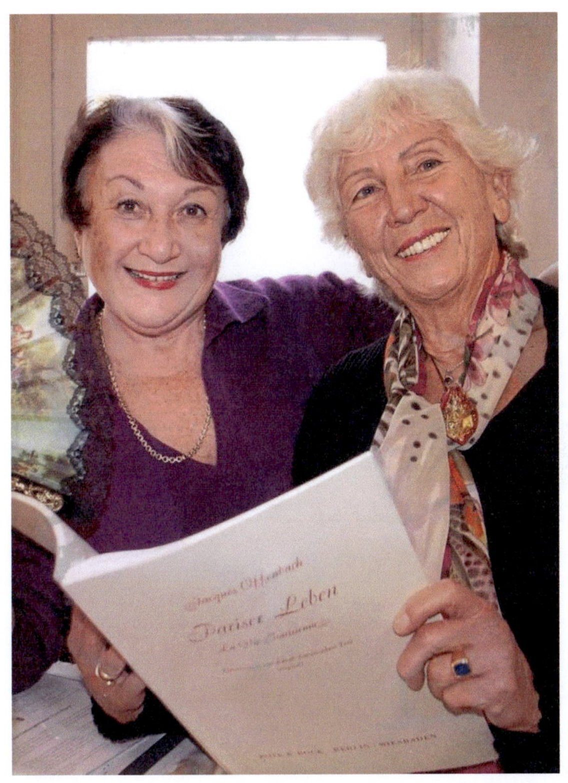

41. Ruth und Athi: "Da geh ich zu Maxim", im ZPR Reichenau am 5. November 2011

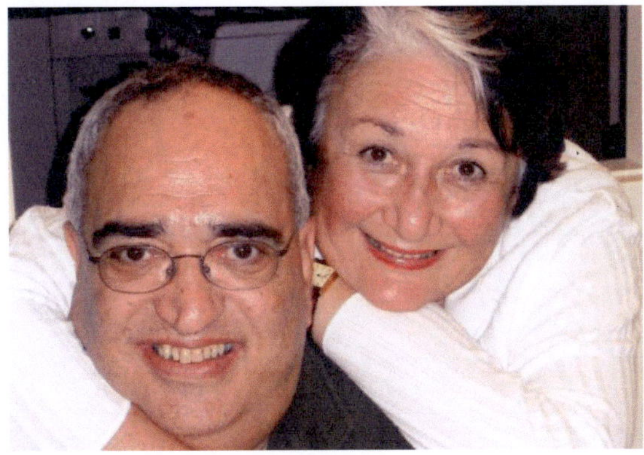

42. Paul und Ruth in Tel Aviv, 2012 (Foto: Cordula Böhm)

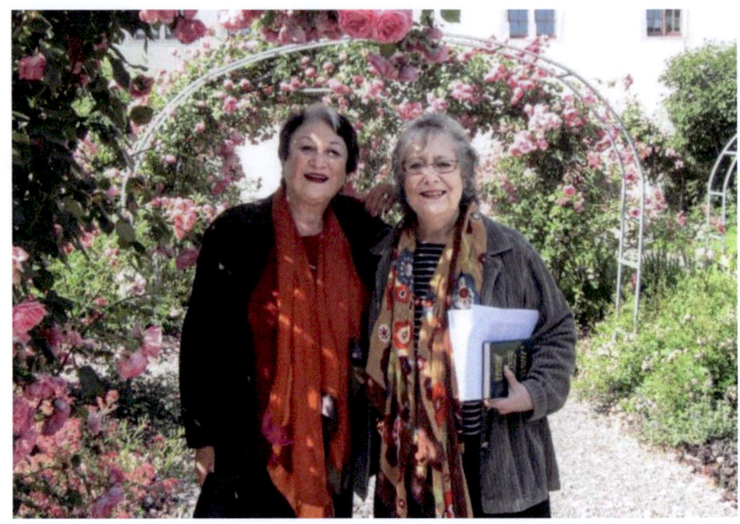

43. Ruth und Mira Zakai in Konstanz, 30. Juni 2013

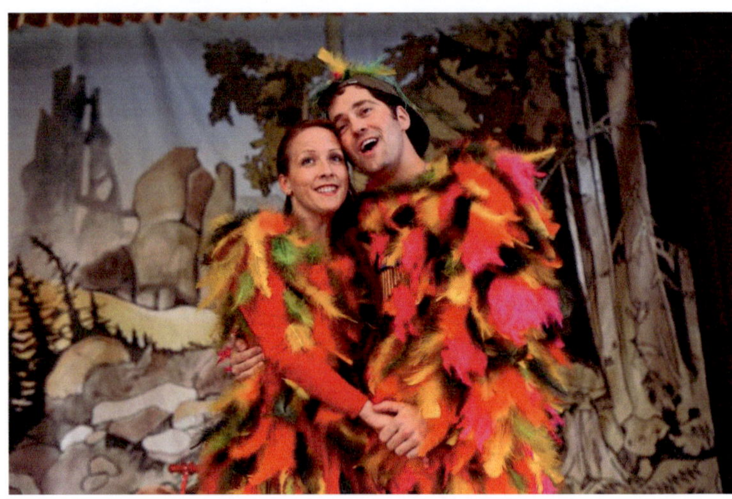

44. Papagena und Papageno aus Mozarts Zauberflöte, Ruths Gesangsklasse 2013 (Foto: Oliver Hanser)

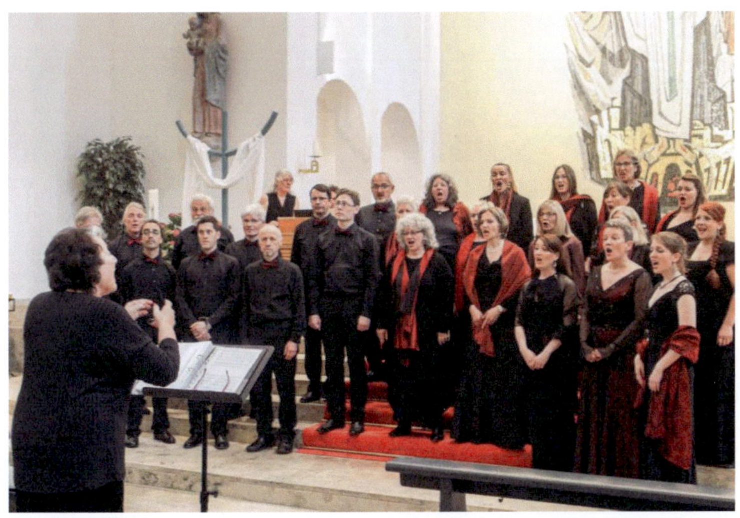

45. Musik der Religionen in Ermatingen (Thurgau/Schweiz) am 21. Mai 2017 (Foto: Oliver Hanser)

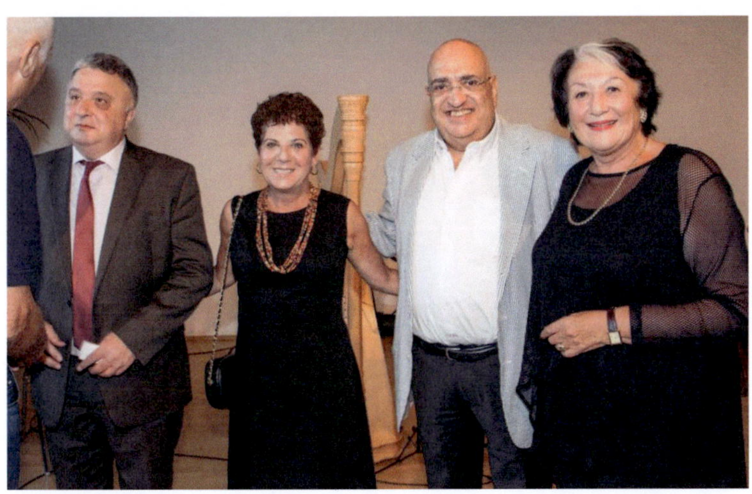

46. Mit dem israelischen Botschafter Jeremy Issacharov, Frau Laura Kamm, Paul und Ruth, am 17. Juli 2018 (Foto: Beate Steg-Bayer)

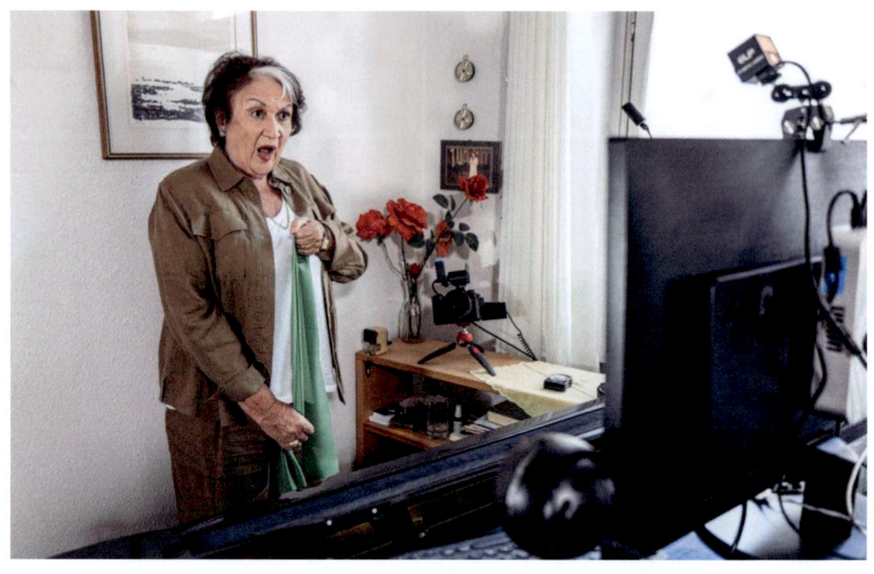

47. Ruth in Aktion am 7. August 2020 (Foto: Joachim Sauer)

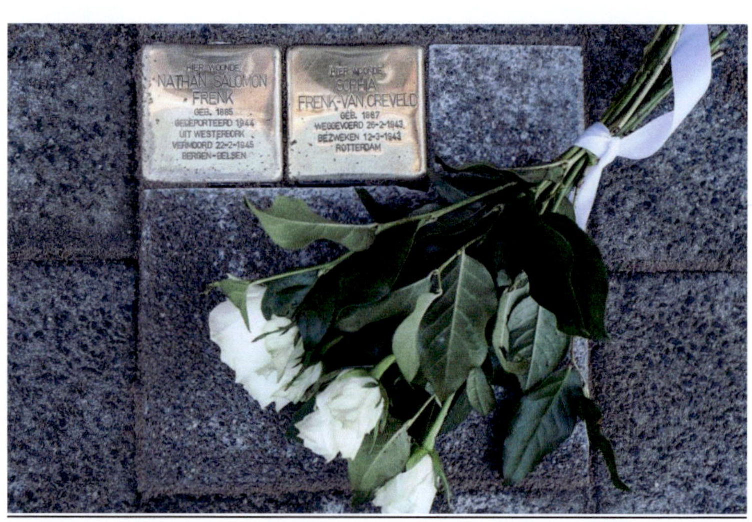

48. Stolpersteine für meine Großeltern, Heemraadssingel 9, Rotterdam, 22. November 2001

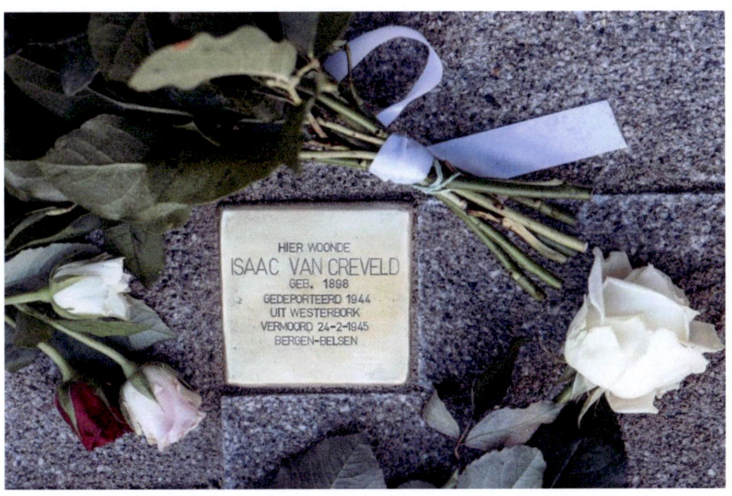

49. Stolperstein für Isaac van Creveld, Frank van Borselenstraat 11, Rotterdam, 22. November 2021

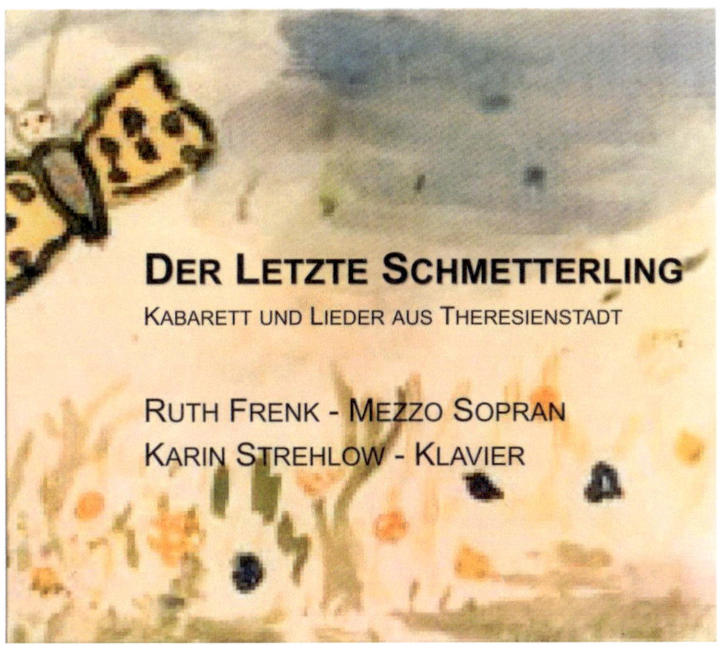

50. Cover der CD *Der letzte Schmetterling*, Erasmus producties b.v. Rotterdam, 1992

Anhang

Brief meiner Mutter vom 2. Mai 1945

Ich habe den Brief abgeschrieben genauso, wie meine Mutter ihn geschrieben hat, keine Änderungen oder Schreibfehler korrigiert.

Von S. Frenk und L. Frenk-Kann an Herr und Frau R. Fried (Alte Lagerinsassen in Westerbork)

Maastricht, 22 Mei 1945

Werte Familie Fried,

Gesternabend erhielten wir den ersten ausführlichen Bericht über das Lager Westerbork und seine Bewohner. Wir gratulieren Ihnen von Herzen, dass Sie diese schwere Zeit so glücklich überlebt haben und müssen Sie hierin eine Kompensation für frühere schwere Zeiten finden.

Wir möchten Ihnen eine kleine Schilderung, soweit dies in Worten möglich ist, von unseren und denen ihrer Freunde gemachten Erlebnissen und Erfahrungen geben. Am 15. September sind wir aus Westerbork abgefahren. Die Reise nach Bergen-Belsen dauerte 3 Tage und 3 Nächte, es war mehr stillstehen als fahren. Schon damals war Bremen ein Trümmerhaufen und hofften wir das unser Aufenthalt in Deutschland ein kurzer sein würde. Dies war leider nicht der Fall. Am 4. Tag kamen wir gegen 3 Uhr in B.B. an, d.h. am Bahnhof Bergen, von wo aus man ungefähr 1½ bis 2 Stunden zu Fuss nach dem Kamp laufen muss. Der Empfang war, nachdem wir bis jetzt nur Westerbork kannten, sehr ungewohnt. Alles S.S. schreien, schimpfen, schlagen. Erstaunlicherweise ist alles Gepäck ins Kamp gekommen und zu unseren eignen Verfügung geblieben. Man hat uns niemals etwas abgenommen.

Das Kamp ist in Barakken eingeteilt, viel primitiver als Sie alle es gewohnt sind. z.B. wurden in einer Barakke halb so gross als die 64 (*Austauschbaracke 64 in Westerbork - R.F.*) zirka 500 Frauen und Kinder untergebracht. Männerbarakken waren nicht wasserdicht mit dem Resultat dass, besonders in den Wintermonaten darin nicht zu schlafen war. Es war Vorschrift das 2 Personen in einem Bett lagen. Waschgelegenheiten entsetzlich, ein Waschraum für zirka 3000 Menschen, dazu kam das besonders in den letzten Monaten das Wasser nur einige Stunden am Tage lief. Das grösste Problem waren die W.C.'s, die praktisch nicht vorhanden waren. Das Resultat dieser bezaubernde Hygiene war: Krankheiten, Läuse in jeder Form. Flöhe und so viel Schmutz und Unrat das es beim besten Willen nichtmöglich war dagegen anzukämpfen. Noch schlimmer als all diese Plagen war der Hunger. Wir wissen das wir oft in Westerbork gesagt haben "was hab´ ich doch für Hunger!" Wir können Ihnen sagen dass wir damals noch nicht wussten was es bedeutet Hunger zu haben". Die Ernährung bestand aus 4 cm. Brot pro Tag. ½ bis ¾ L.[*Liter*] Steckrüben in Wasser gekocht und Abends eine Wassersuppe. Von September bis November war es, was die Ernährung betrifft, noch insofern zu ertragen das das Essen gebunden war mit etwas Kartoffeln. Von Dezember bis zu unsere Abreise in April haben wir nichts anderes gesehen als Steckrüben und Wasser, wozu noch kam dass die Brotration halbiert resp. Für 3 Tage ausreichen musste. Bei diese Ernährung mussten wir 12 Stunden am Tag arbeiten, die üblichen Kamptätigkeiten, aber vor allem Kommando's. Die Frauen gingen zum Schuhkommando, mussten Schuhe auseinanderschneiden und später alte Uniformen. Die Männer gingen zum Bahnhof um Steckrüben abzuladen, in den Wald Stubben zu graben, und mussten Holzbretter die für den Barakkenbau bestimmt waren, von der einen Seite des Kampes auf die andere tragen und von der andern wieder zurück. Dies alles ging unter ständigen Schimpfen, Schlagen und Treten der S.S.-Bewachung die ein besonderes Vergnügen darin fand, die müden und ausgehungerten Männer am Abend ihre eignen verletzten oder toten Kameraden mit nach Hause schleppen zu lassen.

-2-

Das Krankenrevier war natürlich ein Fiasko. Es gab wohl Ärzte aber keine Heilmittel, Operationen wurden auf den Küchentisch verrichtet und missglückten durchschnittlich. Die Hauptbehandlung bestand darin die schweren kranken zu entlausen und sie glücklich zu preisen wenn ein schneller Ende ein langes verfaulen ersparte. Die meisten Todesfälle kamen durch "Erschöpfung", d.h. langsames Verhungern und plötzliches Einschlafen. Hungerödeme in der abscheulichsten Form waren an der Tagesordnung. Geschwüre, Flegmonen heilten nicht mehr da die Menschen keinerlei Widerstandskraft mehr in sich hatten. Die Leichen gingen zum Krematorium aber nicht in der Weise wie Sie das dorten gewohnt sind, sondern einfach übereinander auf einen Wagen geschmissen. Im sogenannten Sternenlager zirka 3000 Menschen, starben <u>täglich</u> zirka 16-20 Personen.

Das Lager B.B. bestand aus zirka 50.000 Menschen, es war eingeteilt in verschiedenen Gruppen, z.B. Frauenlager, Häftlingen-lager, Sonderlager, Polenlager, Ungarnlager, Sternenlager, Benedonlager, Russenlager. Was sich in den Häftlingen - und Frauenlager abgespielt hat, ist so unbeschreiblich, dass es unmöglich ist um auf Papier zu setzen. Das Wort Grausamkeit und Sadismus deckt diese Handlungen noch lange nicht. Die von Westerbork ankommenden

Transporte gingen in das Sternenlager. Die sogenannte Dienstleiter waren Häftlinge, die stets mit dem Stock in der Hand herumliefen. Das Lager befasste zirka 3000 Juden, das Ungarnlager, & Sonderlager waren ebenfalls Juden, bei Benedon teilweise Juden, in den andern großen Lägern vereinzelte Fälle. Die bei der Aufräumung von Auschwitz nach B.B. abgeschoben worden sind. Die vorstehend gegebene Umschreibung über das Leben in B.B. bezieht sich vor alles auf das Sternenlager. Benedonlager hatte es, was Behandlung betraf, etwas besser, die andern Läger noch unbeschreiblich viel schlechter.

Sie wissen dorthin wieviel tausende Menschen von Westerbork nach B.B. abgereist sind und können wir Ihnen leider sagen, dass bei unserer Ankunft in September ein sehr großer Prozentsatz umgekommen war dass jedoch das sterben in den Monaten Dezember bis April einen derartigen Umfang annahm, das die überlebenden der Verzweiflung nahe waren. Dazu kamen Typhus und Flecktyphus die auch nur mit Steckrüben und Wasser behandelt werden konnten.

Die als Diamantgruppe von Westerbork abgereisten Menschen sind im Dezember plötzlich geplatzt, die Männer gingen Deutschland in Konzentrationslager, die Frauen und Kinder separat in das K.L. Bergen-Belsen. Einige Männer worunter auch Arnaud Schiff sind im März plötzlich im K.L. B. B. erschienen, wo sie nach einigen Tagen an Erschöpfung zufolge der übermenschlichen Anstrengung und unbeschreiblichen Behandlung gestorben sind. Von dieser Gruppe sind nur die Familien Ascher und Soep intakt geblieben und wurden diese als Leiter der Diamantindustrie in Benedonlager überstellt. Die 53 Waisenkinder, die am 25. September aus Westerbork gegangen sind, wurden 4 Wochen später auf einen

Frachtwagen geschmissen mit unbekannter Bestimmung und ist wohl anzunehmen, dass dieselben nirgends mehr zu finden sind.

Das Thema Austausch kam auch in B.B. von Zeit zu Zeit zur Sprache. Ausser dem ersten guten Palestina-Transport sind echte Engländer und Amerikaner anfangs 1945 abtransportiert und ein Transport mit unbekannter Bestimmung, wovon später ein Teil im K.L. B.B. wieder auftauchte. Im Februar ging eine Transport nach Bieberach bestehend aus Menschen mit ausländischen Pässen von den Staaten, die bereit erklärt hatten Unterhandlungen über die die Auslieferung von deutschen Staatsbürgern aufzunehmen. Einzelne dieser Leute sind inzwischen bis Algier gekommen.

Im K.L. B.B. haben wir im Monat März am Zaun gesprochen: Dr. Waldbaum (sehr schwer krank) Frau Heimans v. Amstel, Fietje Huisman, Hetti Brandel (diese hat die Hölle von Auswitz überstanden) kam krank an und ist wahrscheinlich an Typhus am 20. April, also nach der Befreiung des Lagers in B.B gestorben), Jo Seelman (die Eltern und weitere Familien haben laut ihrer Aussage Auswitz nicht überstanden). Dies sind die Namen die uns im Augenblick noch vor Augen stehen, vielleicht sind noch einige Einzelfälle angekommen, aber nennenswert ist es nicht.

Unsere grosse Angst war stets die Reaktion der SS.-Bewachung beim Anrücken der Amerikaner. Am 7. April wurden das Ungarnlager, der Sonderlager, das Benedonlager, sowie die Transportfähigen Menschen des Sternenlagers mit unbestimmter Bestimmung auf Transport gestellt. Es blieben im Sternenlager zirka 2200 Freunde zurück. Aus inzwischen erhaltenen Mitteilungen wissen wir dass diese Freunde per Zug am 9. Und 10. April evakuiert wurden. Diese Züge sind bis Wittenberg a.d. Elbe auffindbar, dann verschwindet jede Spur. Es besteht eine kleine Möglichkeit dass die Züge über die Elbe gekommen sind und die Insassen sich auf den von Russen besetztem Gebiet befinden, wahrscheinlicher ist jedoch, dass die Züge ihr Schicksal in der Elbe und in den Händen der Hitler-Jugend gefunden haben. In diesen Zügen müssen gewesen sein der Sohn von Samson und Frau, die Mutter und Schwester von Helga Klau (der Vater ist in B.B. gestorben), Mr. Leo de Wolf und Frau, Dr.v.d. Reiss u. Familie und viele andere.

Unser Zug war 7 Tage u Nächte unterwegs. Die einzige Nahrung die man uns gab war 4 cm. Brot pro Tag und 10 Gr. Margarine. In diesen 7. Tagen sind wir von der Station Bergen bis ungefähr 20 KM vor Magdeburg gekommen, die Absicht war, uns nach Theresienstadt zu bringen. Am 13. April lautete die Order, die der SS. Zugleiter hatte: Wenn bis 6 Uhr abends keine Lokomotive für den Zug zur Verfügung stehen die Insassen nach der Elbe zu bringen, denn es dürfte keine Spuren von grossen Transporten, ausgehungerten Menschen etc. in die Hände des Feindes fallen. Am 13. April um 3 Uhr mittags kam die 9. Armee der Amerikaner und hat den Zug befreit. Dies bedeutete die Rettung von 2400 Menschen. Was wir in diesen Augenblick erlebten, werde wir unser ganzes Leben, ungeachtet was sich noch auf unseren Weg stellen wird, niemals mehr vergessen. Am 14. April verliessen wir den Zug und blieben noch zirka 4 bis 5 Wochen in Deutschland untern den Amerikanern. Am 10. Mai ds.J. sind wir in Holland eingetroffen, mit uns die Familien Ascher, Soep (teilweise), Cats Rotterdam, Mogendorff Rotterdam, Gersons Amsterdan, Lissauer Amsterdam, total zirka 100 Holländer und früher in Holland ansässig gewesen Menschen.

Ein Ding steht uns deutlich vor Augen: das Vorzugslager B.B. war eine Hölle und diese verhungerten Skelettartigen Menschen konnten nicht mehr für Austausch gebraucht werden. In den letzten 2 Monaten war der Gesundheitszustand der Kampinsassen derartig, dass ausser den zur Erhaltung des Kamps notwendigen Arbeiten keine Arbeit mehr verrichtet werden musste.

Wir sind glücklich, zu den wenigen Überlebenden zu gehören, jedoch ist dieses Glück sehr beeinflusst und gedrückt durch die Gedanken an die unzähligen Toten und das tragische Schicksal der Freunde, mit denen wir die letzten Monate im gemeinsamen Kampf um die Erhaltung des Lebens verbracht haben. Unsern Vater haben wir ebenfalls in B.B. sterben sehen und fehlten uns die Medikamente, die ihm Hilfe und Linderung hätten bringen müssen.

Wir selbst beabsichtigen, so bald wie möglich nach Rotterdam zurückzukehren, und werden dann versuchen wieder ein normales Leben aufzubauen und das Erlebnis B.B. mit all seinen Grausamkeiten und Schreckensbildern aus unserer Erinnerung zu verbannen.

Berichten Sie uns ausführlich wie es mit Ihnen allen, besonders Frau Tevs, Herrn Jacobsohn geht. Wir hören das Dr. Spanier mit vielen Mitarbeitern schon am Helfen ist. Haben Sie bereits von ihm Nachrichten und wissen Sie ob er nach der Lühneburgerheide ist?

Recht viel herzliche Grüsse für Sie alle,
Ihre Liselotte

Brief, den Ies van Creveld aus dem Zug von Westerbork nach Bergen Belsen(Juli 1944) geworfen hat und der vom Finder an seinen Freund Theo van Scholten geschickt wurde. Dieser gab nach dem Krieg meinem Vater eine Kopie und schrieb darauf: "Empfangen von deinem Onkel Ies, aus dem Transportzug nach Bergen Belsen geworfen, von jemandem gefunden und an Theo Scholten weitergeschickt."

Mijn beste Theo,
Morgenochtend zal ik naar Zelle (dat is een plaatsje bij Hannover) vertrekken. Er gaat zooveel in me om, dat ik geen behoorlijke brief kan schrijven. Ik ben altijd vol hoop geweest je nog eens terug te zien, maar nu wordt mijn hoop wel heel gering. In het wonder hopen doe ik niet meer, dat leer je wel af.
Mijn neef en nicht hebben hun uiterste best voor me gedaan en ik zou erg tevreden kunnen zijn. Maar ik ben alleen maar ongelukkig. Iedereen vindt mij reuze flink, maar dat is van binnen niet zoo erg. Ik verlang ontzettend naar een praatje met jou, gelukkig dat ik jou nog niet zoo lang geleden gesproken heb. Maar het lijkt mij jaren na al mijn ervaringen.
Ik kwam hier met niets in het kamp (Westerbork) aan. Zelfs mijn ring heb ik op mijn tocht verloren. En nu heb ik weer een heleboel onmisbare dingen. Ik heb de laatste dagen bij mijn fam. hier doorgebracht. Nee, familieleven is ook niet alles. Trouwens als ik hier in Westerbork bleef zou ik toch niet veel bij hen kunnen komen, want zij hebben maar één heel klein kamertje en zouden ze heel gauw genoeg van hun oom hebben. Maar ze zijn geweldig en dat niet alleen voor mij, maar voor heel veel mensen die doorgaan of doorgegaan zijn. Zoo´n kamp is een onaantrekkelijk wereldje, waar je geen voorstelling van hebt.
Er zijn hier 2 cafés. Eens in de week Cabaret, een voetbalveld, een winkel waar je meer kunt kopen dan in welke winkel in het land.

Het eten is een enkele keer slecht, maar meestal goed, niet veel. Heb je echter iets schadelijk voor de gezondheid, dan krijg je melk (1/2 liter) per dag en meer voedsel. Vandaag regent het met bakken, dat is erg vervelend, nu is iedereen in de barak en word je crazy.
Mijn allerbeste, ik moet nog veel doen en schei er mee uit. Mijn hart is nog vol van dingen die ik zou willen zeggen, maar dan zou ik wel erg sentimenteel worden. Dus blijven zij ongezegd. Beste Theo, ik zal je altijd vol genegenheid en dankbaarheid gedenken en zal je wanneer ik in Zelle mag Schrijven, berichten. Je toegenegen vriend, Ies.

Isaac (Ies) van Creveld. Geboren te Rotterdam 14.01.1898
Overleden te Bergen Belsen 24.02 1945
Oom van Salomon (Boy) Frenk en Liselotte Frenk-Kann

Deutsche Übersetzung

Mein lieber Theo, morgen früh fahre ich nach Zelle (das ist eine Stadt in der Nähe von Hannover). Es geht so viel in mir vor, dass ich keinen richtigen Brief schreiben kann. Ich war immer voller Hoffnungen auf ein Wiedersehen, aber jetzt sind meine Hoffnungen sehr klein. Ich hoffe nicht mehr auf das Wunder, das gewöhnt man sich ab. Mein Cousin und meine Cousine haben sich sehr um mich gekümmert und ich könnte sehr zufrieden sein. Aber ich bin nur unglücklich. Alle halten mich für sehr tapfer, aber innerlich ist das gar nicht so. Ich sehne mich nach einem Gespräch mit dir, froh, dass ich vor nicht allzu langer Zeit mit dir gesprochen habe. Aber all meine Erfahrungen scheinen

Jahre her zu sein. Ich bin hier im Lager (Westerbork) mit nichts angekommen. Ich habe sogar meinen Ring auf meiner Reise verloren. Und jetzt habe ich wieder viele unverzichtbare Dinge. Ich habe die letzten Tage hier mit meiner Familie verbracht. Nein, Familienleben ist auch nicht alles. Außerdem, wenn ich hier in Westerbork bleiben würde, könnte ich sie sowieso nicht viel besuchen, weil sie nur ein sehr kleines Zimmer haben und bald genug von ihrem Onkel haben würden. Aber sie sind großartig und nicht nur für mich, sondern für viele Leute, die weitergehen oder schon weitergegangen sind. So ein Lager ist eine unattraktive Welt, die man sich nicht vorstellen kann. Hier gibt es 2 Cafés. Einmal in der Woche Kabarett, ein Fußballfeld, ein Geschäft, in dem man mehr kaufen kann als in jedem Geschäft des Landes. Das Essen ist manchmal schlecht, aber meistens gut, nicht viel. Wenn man jedoch etwas Gesundheitsschädliches hat, bekommt man Milch (1/2 Liter) pro Tag und mehr Nahrung. Heute regnet es, was sehr ärgerlich ist, jetzt sind alle in der Baracke und man wird verrückt. Mein Bester, ich habe noch viel zu tun und bin fertig. Mein Herz ist noch voll von Dingen, die ich gerne sagen würde, aber dann würde ich sehr sentimental. Sie bleiben also unausgesprochen. Lieber Theo, ich werde mich immer mit Zuneigung und Dankbarkeit an dich erinnern und dir eine Nachricht senden, wenn ich in Zelle schreiben darf. Dein liebevoller Freund, Ies.

Isaac (Ies) van Creveld.
Geboren in Rotterdam 14.01.1898.
Gestorben in Bergen Belsen 24.02.1945
Onkel von Salomon (Boy) Frenk und Liselotte Frenk-Kann

Bief van Lion van Dijk voor zijn Familie en Vriende

Jerusalem 15 december 1983
Op 5 mei 1983 werd de bevrijding van Nederland van de Duitse bezetting, voor de 38e maal gevierd. Het lijkt ons gewenst om voor onze (klein)-kinderen en voor het nageslacht van hen, die ons in de moeilijkste jaren van ons leven hebben geholpen, vast te leggen, hoe wij op 6-7 juni 1943 zijn ondergedoken.
Zoals bekend mag worden, werden Joden volkomen geïsoleerd en mochten zo min mogelijk met Niet-Joden in aanraking komen. Ondanks dat hadden mijn vrouw en ik in de periode 1942- April 1943 een aanbod gelregen om onder te duiken. Wij hadden dit aanbod afgewezen, omdat wij ons niet wilden blootstellen aan het verwijt, dat het in feite onze eigen schuld was, dat wij zo in de wereld werden vervolgd. Immers wij, de Joden, de Stichter van het Christendom, Jezus van Nazareth, gekruisigd en over ons zou zijn bloed komen. Een aanbod om ons kind alleen te doen onderduiken hadden wij afgeslagen omdat wij er niet van wilden scheiden.
In April 1942 was ons iets wonderlijk overkomen. Op de derde dag Pesach had het restant Joden in Rotterdam zich moeten melden om naar het concentratiekamp Vught te worden getransporteerd. In de middag van de tweede dag Pesach kwam onze huisdokter, Dr. Hausdorff destijds wonende aan de Kruiskade 6, Rotterdam, naar ons huis gelopen in de Navanderstraat 112, en vertelde ons dat Ruben Cohn, een zeer vooraanstaand Misrachist in Nederland wiens naam op de zogenaamde uitwisselings lijst was gezet, en in het bezit van een visum voor Zweden en Portugal was, uitstel had gekregen en zich niet voor het transport naar Vught

behoefde te melden. Er waren in Rotterdam 5-6 families resp. personen, die in de Zionistische organisatie arbeid hadden verricht. Dezen hadden een brief gekregen van de Joodse Raad, waarin stond, dat ook hun naam op deze lijst was gezet. (Naderhand is gebleken dat niet alle wier naam op deze lijsten voor-kwamen, tegen Duitse krijgsgevangenen uit Palestina, zijn uitgewisseld). Ook ik had een dergelijke brief gekregen van wijlen mr. I. Cohen, voormalig emigratie Commissaris en vertegenwoordiger der Executieve der Zion. Wereldorganisatie.
Dr. Hausdorff raadde mij aan om ook naar het hoofdbureau van Politie aan het Haagseveer te gaan om met agent-majoor Schoonens (kamer 710) te spreken. Ik ging en moest meer dan een uur wachten. Eindelijk werd ik binnengelaten
Ik toonde mijn brief en vroeg hem om uitstel met het motief dat deze uitwisseling "elk ogenblik" kon afkomen. Het resultaat was verrassend, wij kregen 4 weken uitstel. Op de terug weg naar huis waarschuwde ik de mensen in het gebouw Molenwaterweg, waar onze bagage reeds aanwezig was, om deze naar mijn huis terug te brengen. Toen ik thuiskwam waren de koffers al thuis en waren wij blij dat wij "nog" niet behoefden te vertrekken. Dit uitstel kregen wij nog eens voor vier weken.

Intussen was ik met iemand, die in verbinding stond met de "illegaliteit" in contact gekomen om te trachten via de vluchtweg naar Zwitserland te ontkomen. Enige weken daarna kreeg ik bericht dat deze weg was afgesloten.
Medio mei 1943 ontmoette ik bij de enige joodse kapper te Rotterdam in Rösener Manzstraat, onze vriend Boy (S.) Frenk. In de winkel vroegen wij elkander "hoe het met elkander" ging. Buiten op straat spraken wij verder met elkander.

Ik vertelde hem van "het uitstel" en van de informatie betr. de vluchtpoging. Hij antwoordde mij: "Denk er om, ik geloof niet dat je opnieuw uitstel krijgt, daarvoor zijn de aanwijzingen te sterk en de vluchtweg naar Zwitserland is inderdaad afgesloten.
Ik vroeg hem daarop wat te doen in mijn geval. Hierop antwoordde hij dat hij de volgende morgen bij mij zou komen. De volgende morgen kwam hij ons bezoeken. Mijn vrouw lag in bed met pijn veroorzaakt door een maagzweer. Na de wederzijdse begroeting, vertelde hij, dat hij een onderduikplaats had voor ons tweeën; zijn twee tantes hadden nl. andere plaatsen gevonden en Boy bood deze aan. Indien wij zouden accepteren dan zou er eerst moeten worden geïnformeerd of voor ons kind eveneens een onderduikplaats zou worden gevonden. Het kind was op dat ogenblik nog 3 jaar. Wij zouden dan de volgende avond van een dame bezoek krijgen. Inderdaad kwam deze dame de volgende avond bij ons. Het bleek Mr. Johann Simons te zijn. Zij deelde ons mede dat de toekomstige onderduikouders hadden geantwoord dat "waar de ouders waren, ook het kind moest zijn". Dus Jehoeda kon met ons mee. Nu ging alles snel in zijn werk, want Boy had ons gezegd, dat wanneer er op Vrijdagavond geen razzia zou zijn, alles snel zou gaan. Wij hadden geluk dat er op Vrijdagavond geen razzia op de zéér, zéér weinige Joden die er nog waren, werd gehouden. Zaterdags morgen werden enkele koffers met lijfgoederen gehaald en mr. Simons had ons medegedeeld waar wij ons ´s Zondagsmiddags moesten vervoegen.
´s Zondagsmiddags 6. Juni 1943 om 17.30 uur verlieten wij met z´n drieën ons huis aan de Navanderstraat 12 te Rotterdam. Wij hadden slechts een tas met wat goed bij ons en liepen naar het huis van mevr. Snatager aan de Schie-

kade, Zij was een niet joodse vrouw, weduwe van een Joodse man. Dit was voor Zondagnacht ons tussenadres. Aangekomen kregen wij eerst wat te drinken, mej. Simons kwam ons daarna opzoeken en de gele sterren met het woord Jood erop, werden van onze kleren gehaald en vernietigd. Die avond gingen wij vroeg naar bed in de slaapkamer van mevr. S. Natuurlijk konden wij niet slapen. In de kamer ernaast hoorden wij de beide dames spreken. Die hadden belangrijke zaken te bespreken. Maandagsmorgen 7 juni stonden wij heel vroeg op. Om tien voor zes ging de telefoon en een stem vroeg of "de aardappelen klaar stonden". Wij gingen naar beneden en tien meter verder bij een benzinepomp stond een open vrachtwagen. Wij stapten in de cabine en weg reden wij. De spanning in de cabine was om te snijden. Geen woord werd gewisseld. Mr. Simons had ons gezegd dat wij op de hoek van de Hofsingel in Vlaardingen zouden worden afgezet. En dan zouden wij voor een huis aan deze singel een dame zien staan met de armen in de lucht.
Op de Rotterdamse dijk onder Schiedam schrokken wij geweldig. Duitse soldaten liepen daar. Zouden zij ons aanhouden? De chauffeur zei ook niets en reed door. Wij zaten in een open vrachtwagen hetgeen niet opviel. Na ongeveer twintig minuten kwamen wij op de hoek van de Hofsingel in Vlaardingen. De chauffeur zette ons af; zei niets en reed weg. Pas in het jaar 1982, na afloop van de begrafenis van onze onderduik vrouw is ons verteld dat deze chauffeur een broer van haar was, die evenals haar man bij de Sunlightzeepfabriek in Vlaardingen werkte.
Wij liepen zoals gezegd in de richting van de Hofsingel en zagen een kleine figuur staan, die ons toezwaaide. Bij het huis (nr. 51) met

openstaande deur aangekomen werden wij onmiddellijk begroet door de heer en mevrouw Don, die zoals naderhand bleek, reeds 3 joodse kinderen als onderduiker in huis hadden en die ons naderhand van bonkaarten voor levensmiddelen voorzagen, de haren van ons knipte enz. enz. Wij bleven daar tot 12 uur en werden toen via het park door mevr. Don naar ons adres Holyweg 4 in Vlaardingen Ambacht gebracht bij de heer en mevr. Ruigrok- van den Burg gebracht. Hartelijk werden wij door "tante Gre" ontvangen. ´s Avonds kwam haar man "oom Giel" van de fabriek thuis. Ongeveer op hetzelfde moment werden de koffers met lijfgoederen gebracht. Op 7 juni 1943 was de onderduikperiode begonnen.

Na een paar weken deden we een poging om de moeder van mijn vrouw, alsmede de broer van mijn vrouw met zijn twee kindertjes bij ons on het kleine huisje onder te brengen. Helaas mislukte deze poging, omdat juist een dag tevoren de hele familie uit Amsterdam naar Westerbork was overgebracht. Een paar dagen hierna kregen wij van dr. Hausdorff het verzoek om te trachten ook voor hem, zijn vrouw en drie kinderen een onderduikadres te vinden. Mijn vrouw heeft toen met "Oom Giel" en "Tante Gre", onze onderduikouders, gesproken en zij vonden het goed dat de hele familie voorlopig als tussenadres in het kleine huis aan de Holyweg 4 zouden kunnen verblijven. Begin Augustus 1943 kwam plotseling de gehele familie opdagen en namen ook deze 5 personen hun intrek bij de heer en mevrouw Ruigrok. Het verblijf van in totaal 8, 4 volwassenen personen met 4 kinderen, Joden, bij deze familie heeft geduurd tot de bevrijding in mei 1945.

Wanneer wij zien dat uit deze beide families thans een groot aantal klein- en achter kleinkinderen (in totaal meer dan 40) dan kan men pas beseffen wat deze onderduikouders hebben gedaan, die volgens hun opvatting een werktuig waren in de handen van God. Maar tevens de mannen en vrouwen, die ons hebben geholpen, n.l. BOY (S) FRENK, MEVR. SNATAGER, MEJ. MR. JOH. SIMONS, DE HEER S. VAN DEN BURG, MR. DE HEER EN MEVROUW G. DON.
Jerusalem. 15 december 1983
w.g. L. van Dijk
B.A. van Dijk, van de Heijden

Deutsche Übersetzung von Katja Zaich

Brief von Lion van Dijk an seine Familie in Jerusalem, den 15. Dezember 1983

Am 5. Mai 1983 wurde die Befreiung der Niederlande von der deutschen Besatzung zum 38. Mal gefeiert. Es erscheint uns wünschenswert, für unsere (Enkel-)Kinder und für die Nachkommen derer, die uns in den schwersten Jahren unseres Lebens geholfen haben, festzuhalten, wie wir am 6.-7. Juni 1943 untergetaucht sind.
Wie bekannt sein wird, wurden Juden vollkommen isoliert und sie durften so wenig wie möglich mit Nichtjuden in Kontakt kommen. Trotzdem hatten meine Frau und ich in der Zeit 1942 bis April 1943 ein Angebot bekommen unterzutauchen. Wir hatten dieses Angebot abgelehnt, weil wir uns nicht dem Vorwurf aussetzen wollten, dass es eigentlich unsere eigene Schuld sei, dass wir in der Welt so verfolgt wurden. Schließlich haben wir, die Juden, den Gründer des Christentums, Jesus von Nazareth, gekreuzigt, und sein Blut sollte über uns kommen. Ein Angebot, unser Kind allein zu verstecken, hatten wir ausge-

schlagen, weil wir uns nicht von ihm trennen wollten.
Im April 1943 war uns etwas Wunderbares widerfahren. Am dritten Tag von Pessach hatten sich die übriggebliebenen Juden in Rotterdam melden müssen, um ins Konzentrationslager Vught (KZ Herzogenbusch) transportiert zu werden. Am Nachmittag des zweiten Tages von Pessach kam unser Hausarzt, Dr. Hausdorff, damals wohnhaft an der Kruiskade 6 in Rotterdam, zu unserem Haus in der Navanderstraat 112 und erzählte uns, dass Ruben Cohn, ein sehr bekannter Misrachist in den Niederlanden, dessen Name auf der so genannten Austauschliste stand und der im Besitz eines Visums für Schweden und Portugal war, zurückgestellt worden war und sich nicht zum Transport nach Vught zu melden brauchte. Es gab in Rotterdam 5-6 Familien bzw. Personen, die in der zionistischen Bewegung aktiv gewesen waren. Diese hatten einen Brief vom Judenrat bekommen, in dem stand, dass auch ihre Namen auf diese Liste gesetzt worden waren. (später hat sich herausgestellt, dass nicht alle, deren Namen auf diesen Listen standen, gegen deutsche Kriegsgefangene aus Palästina ausgetauscht wurden). Auch ich hatte einen solchen Brief bekommen vom inzwischen verstorbenen Juristen I. Cohen, ehemaliger Emigrationskommissar und Vertreter der Exekutive des Zionistischen Weltbunds.
Dr. Hausdorff riet mir, auch zur Polizeiwache am Haagseveer zu gehen, um mit Polizeimajor Schoonens (Zimmer 710) zu sprechen. Ich ging hin und musste mehr als eine Stunde warten. Endlich ließ man mich hinein.
Ich zeigte ihm meinen Brief und erbat Rückstellung mit der Begründung, dass dieser Austausch "jeden Augenblick" stattfinden könne. Das Ergebnis war überraschend, wir wurden 4 Wochen

zurückgestellt. Auf dem Weg zurück nach Hause wies ich die Leute im Gebäude Molenwaterweg, wo unser Gepäck schon stand, an, dieses wieder zu mir nach Hause zu bringen. Als ich nach Hause kam, waren die Koffer schon da und wir waren froh, dass wir "noch" nicht weggehen mussten. Diese Rückstellung bekamen wir noch einmal für vier Wochen.

Inzwischen hatte ich Kontakt mit jemandem, der mit der "Illegalität" [*dem Widerstand*] in Verbindung stand, um zu versuchen, über eine Fluchtroute in die Schweiz zu entkommen. Einige Wochen danach bekam ich die Mitteilung, dass diese Route gesperrt war.
Mitte Mai 1943 traf ich bei dem einzigen jüdischen Friseur in Rotterdam in der Rösener Manzstraat unseren Freund Boy (S.) Frenk. Im Laden fragten wir uns gegenseitig, "wie es uns ging". Draußen auf der Straße redeten wir weiter miteinander. Ich erzählte ihm von "der Rückstellung" und von den Neuigkeiten bezüglich des Fluchtversuchs. Er antwortete mir: "Denk dran, ich glaube nicht, dass du noch einmal zurückgestellt wirst, dafür sind die Anzeichen sehr klar, und der Fluchtweg in die Schweiz ist tatsächlich gesperrt."
Ich fragte ihn darauf, was in meinem Fall zu tun sei. Darauf antwortete er, dass er am nächsten Morgen zu mir kommen würde. Am nächsten Morgen kam er uns besuchen. Meine Frau lag mit Schmerzen, die von einem Magengeschwür herrührten, im Bett. Nach der Begrüßung berichtete er, dass er für uns beide einen Untertauchplatz hätte; seine Tanten hätten nämlich andere Plätze gefunden und Boy bot uns ihre an. Wenn wir die Plätze nehmen würden, müsste man sich erst noch erkundigen, ob es auch für unser Kind einen Untertauchplatz gebe. Das Kind war damals

erst 3 Jahre alt. Wir würden dann am nächsten Abend Besuch von einer Dame bekommen. Tatsächlich kam diese Dame am nächsten Abend vorbei. Sie stellte sich als die Anwältin Johanna Simons heraus. Sie teilte uns mit, dass die künftigen Untertauchеltern geantwortet hätten, dass "wo die Eltern sind, auch das Kind sein muss." Jehoeda konnte also mit uns gehen. Jetzt ging alles ganz schnell, denn Boy hatte uns gesagt, dass, wenn es am Freitagabend keine Razzia gebe, alles schnell gehen würde. Wir hatten Glück, dass am Freitagabend keine Razzia nach den sehr, sehr wenigen Juden, die noch da waren, stattfand. Am Samstagmorgen wurden einige Koffer mit persönlichen Gegenständen abgeholt, und Fräulein Simons hatte uns gesagt, wohin wir am Sonntagnachmittag gehen sollten.
Am Sonntagmittag, 6. Juni 1943, um 17:30 Uhr verließen wir zu dritt unser Haus in der Navanderstraat 12 in Rotterdam. Wir hatten nur eine Tasche mit ein paar Sachen dabei und liefen zum Hause von Frau Snatagar an der Schiekade. Sie war keine Jüdin und Witwe eines jüdischen Mannes. Das war in der ersten Nacht unsere Zwischenadresse. Dort angekommen, bekamen wir etwas zu trinken. Danach kam Fräulein Simons vorbei und die gelben Sterne mit dem Wort "Jude" darauf wurden von unseren Kleidern entfernt und vernichtet.

An dem Abend gingen wir früh zu Bett. Wir schliefen im Schlafzimmer von Frau S. und konnten natürlich nicht schlafen. Im Zimmer neben uns hörten wir die beiden Damen sprechen. Sie hatten wichtige Dinge zu besprechen. Am Montagmorgen, den 7. Juni, standen wir ganz früh auf. Um zehn vor sechs klingelte das Telefon und eine Stimme fragte, ob "die Kartoffeln fertig" seien. Wir gingen hinunter und zehn Meter weiter an einer Tankstelle stand ein offener Lastwagen. Wir stiegen in die Fahrerkabine und fuhren weg. In der Fahrerkabine herrschte Hochspannung. Kein Wort wurde gewechselt. Die Anwältin Simons hatte uns gesagt, dass wir an der Ecke vom Hofsingel in Vlaardingen abgesetzt werden würden. Und dann würden wir vor einem Haus an dieser Straße eine Dame mit erhobenen Armen sehen.

Auf dem Rotterdamer Deich unterhalb von Schiedam erschraken wir furchtbar. Da liefen deutsche Soldaten. Würden Sie uns festnehmen? Der Fahrer sagte auch nichts und fuhr weiter. Wir saßen in einem offenen Lastwagen, was nicht auffiel. Nach ungefähr zwanzig Minuten kamen wir an die Ecke vom Hofsingel in Vlaardingen an. Der Fahrer setzte uns ab, sagte nichts und fuhr weg. Erst 1982 nach der Begräbnisfeier unserer Untertauch-Gastgeberin wurde uns erzählt, dass dieser Fahrer ein Bruder von ihr war, der genau wie ihr Mann bei der Sunlight-Seifenfabrik in Vlaardingen arbeitete.

Wir liefen wie gesagt in Richtung Hofsingel und sahen eine kleine Person dort stehen, die uns zuwinkte. Beim Haus (Nr. 51) mit offenen Türen angekommen, werden wir sofort von Herrn und Frau Don begrüßt, die, wie sich herausstellte, bereits 3 jüdische Kinder als Untertaucher im Haus hatten und die uns dann mit Lebensmittelkarten versorgten, unsere Haare schnitten usw. Wir blieben dort bis 12 Uhr und wurden dann durch den Park von Frau Don zu unserer Adresse Holyweg 4 in Vlaardingen-Ambacht zu Herrn und Frau Ruigrok-van den Burg gebracht. Herzlich wurden wir von "Tante Gre" empfangen. Abends kam ihr Mann, "Onkel Giel", von der Fabrik nach Hause. Ungefähr zur selben Zeit wurden die Koffer mit persönlichen Gegenständen gebracht. Am 7. Juni 1943 begann unsere Untertauchzeit.

Nach ein paar Wochen versuchten wir, die Mutter meiner Frau und den Bruder meiner Frau mit seinen zwei Kindern bei uns in dem kleinen Häuschen unterzubringen. Leider misslang dieser Versuch, weil am Vortag die ganze Familie aus Amsterdam nach Westerbork deportiert worden war. Ein paar Tage danach bekamen wir von Dr. Hausdorff die Bitte, auch für ihn, seine Frau und die drei Kinder eine Untertauchadresse zu suchen. Meine Frau hat dann mit "Onkel Giel" und "Tante Gre", unseren Untertaucheltern, gesprochen und sie waren damit einverstanden, dass die ganze Familie vorläufig als Zwischenadresse in dem kleinen Haus am Holyweg 4 blieb. Anfang August 1943 kam plötzlich die ganze Familie an und auch diese 5 Personen zogen bei Herrn und Frau Ruigrok ein. Der Aufenthalt von insgesamt 8 Juden - 4 Erwachsenen mit 4 Kindern - bei dieser Familie hat bis zur Befreiung im Mai 1945 gedauert.
Wenn wir sehen, dass aus beiden Familien später eine große Zahl von Enkel- und Urenkelkindern (insgesamt mehr als 40) hervorgegangen sind, dann wird man sich dessen bewusst, was diese Untertaucheltern getan haben, die sich selbst als ein Werkzeug Gottes betrachtet haben. Aber auch die Männer und Frauen, die uns geholfen haben, nämlich BOY (S) FRENK, FRAU SNATAGER, FRÄULEIN ANWÄLTIN JOH. SIMONS, HERR S. VAN DEN BURG, ANWALT DE HEER UND FRAU G. DON.
Jerusalem, den 15. Dezember 1983
gezeichnet L. van Dijk
B.A. van Dijk, van de Heijden

Personenverzeichnis

Gesangslehrerin	Rose	Bampton	28.11.1907 Lakewood Ohio - 21.08.2007 Bryn Mawr, Pennsylvania
Botschafter	Asher	Ben-Natan	15.02.1921 Wien als Artur Piernikarz - 17.06.2014 Tel Aviv
Musikologe	Dr. Joseph	Braunstein	09.02.1892 Wien - 10.03.1996 New York
Vorsitzender des Zentralrates	Ignaz	Bubis	12.01.1927 Breslau - 13.08.1999 Frankfurt am Main
Tenor an der Metropolitan Opera	Nico	Castel	01.08.1931 Lissabon, Portugal - 31.05.2015 New York
Vater	Salomon (Boy)	Frenk	29.03.1915 Rotterdam - 02.11.1999 Rotterdam
Großvater	Nathan Salomon	Frenk	25.05.1885 Zierikzee - 22.02.1945 Bergen-Belsen
Schwester	Miriam	Frenk	06.02.1948 Rotterdam, lebt in Madrid
Mutter	Liselotte	Frenk-Kann	25.12.1910 Frankfurt a. Main - 01.10.1962 Rotterdam
Stiefmutter	Lilian	Frenk-Stromer-Klein	31.08.1910 Budapest - 10.02.1999 Rotterdam
Großmutter	Sophia	Frenk-van Creveld	09.04.1987 Rotterdam - 12.03.1942 Rotterdam
Präsident der D.I.G.	Johannes	Gerster	02.02.1942 Mainz - 21.08.2021 Mainz
Kabarettist und Komponist	Dieter	Gogg	15.04.1938 Leoben - 02.08.2000 Graz
Tante von Ruth, Schwester der Mutter	Emma	Kann	25.05.1915 Frankfurt am Main - 19.01.2009 Konstanz
Intendant	Dr. Joachim	Klaiber	07.03.1908 Stuttgart - 23.09.2003 Kiel
Vorsitzender der DIG, AG Frankfurt a.M.	Hans-Ulrich	Korenke	24.06.1926 Danzig - 16.11.2016 Frankfurt a.M.
Kammersängerin	Erika	Köth	15.09.1925 Darmstadt - 20.02.1989 Speyer
Landesrabbiner	Nathan Peter	Levinson	23.11.1921 Berlin - 27.11.2016 Berlin
Regisseur	Thomas	Lewy	08.12.1935 Berlin, lebt in Tel Aviv
Zeitzeuge	Max	Mannheimer	06.02.1920

			Neutitschein, Tschechoslowakei - 23.09.2016 München
Onkel von Ruth, Ehemann der Tante Myra	Theo	Pinkowitz	01.07.1915 Berlin - 05.06.2004 Orange, Orange County, CA
Tante von Ruth, Schwester des Vaters	Myra	Pinkowitz-Frenk	13.02.1920 Rotterdam - 04.07.2003 Orange County, CA
Komponist	Hans	Posegga	31.01.1917 Berlin - 19.05.2002 Wien
Gesangslehrerin	Else	Seyfert-Grünwald	22.01.1902 Stuttgart - 26.09.2000 Konstanz
Ersatzmutter	Vida	Simons	26.08.1922 New York - 25.06.2014 Ra'anana
Anthroposoph	Albert	Steffen	10.12.1884 Wynau - 13.07.1963 Dornach
Lieblingsonkel des Vaters	Isaac	van Creveld	14.01.1898 Rotterdam - 24.02.1945 Bergen-Belsen
Sekretär der Jüdischen Gemeinde in Rotterdam	Lion	van Dijk	24.12.1903 Rotterdam - 03.12.1987 Jerusalem
Freund der Eltern aus dem Lager	Jules Elias	Vleeschhouwer	11.01.1896 Deventer - 25.03.1973 Jerusalem
Bariton	Leonardo	Wolovsky	August 1923 York, Pennsylvania – Mai 2008 Florenz (Italien)
Altistin und Soulsister	Mira	Zakai	21.09.1942 Jerusalem - 20.05.2019 Tel Aviv

***

Prof. u. Hon. Prof. Dr. Drs. h.c. Erhard Roy Wiehn, M.A.
Prof. (em.) Fachbereich Geschichte u. Soziologie der Universität Konstanz;
Veröffentlichungen vor allem zur Schoáh & Judaica:
https://de.wikipedia.org/wiki/Erhard_Roy_Wiehn
www.uni-konstanz.de/soziologie/judaica

Gedichtbände von Emma Kann
im Hartung-Gorre Verlag, Konstanz

Zeitwechsel. Gedichte 1981 - 1985
2. Aufl. 2023, 1. Aufl. 1987, 60 Seiten;
ISBN 978-3-89191-109-9

Im Anblick des anderen. Gedichte
2. Aufl. 2023, 1. Aufl. 1991, 82 Seiten;
ISBN 978-3-89191-315-4

Strom und Gegenstrom. Gedichte
Erste Auflage 1993, 82 Seiten;
ISBN 978-3-89191-660-5

Im weiten Raum. Gedichte 1992 - 1996
Erste Auflage 1998, 86 Seiten;
ISBN 978-3-89649-250-0

„Heimatlos“ Emma Kann - Gesammelte Werke
Vorwort von Carola Hilmes
Herausgegeben von Ruth Frenk
Erste Auflage 2025, 314 Seiten;
ISBN 978-3-86628-825-6

„Heimatlos“

Emma Kann

Gesammelte Werke

Herausgegeben von Ruth Frenk • Vorwort von Carola Hilmes • Hartung-Gorre Verlag